2020年に挑む中国

超大国のゆくえ

厳 善平／湯浅健司／日本経済研究センター【編】

文眞堂

はしがき

　本書は，日本経済研究センターが日本経済新聞社からの受託研究として2015年度に実施した「中国研究プロジェクト」の報告書を加筆し，まとめたものである。

　昨今の中国を巡る様々な報道は冷静さや公平さを欠いて，極端に悲観的であったり，あるいは楽観的過ぎたりするものも少なくない。中国への関心が高まる一方で，イメージだけに捉われず，その実像を真正面から捉えよう，というのが，「中国研究プロジェクト」の狙いであり，そのために，習近平国家主席が唱える「新常態（ニューノーマル）」という言葉をキーワードとして，中国の指導部が何を考え，中国をどのような方向に導こうとしているのかについて，研究，分析することを目的とした。

　研究会にはそれぞれの分野で優れた業績を残されている第一線の研究者が参加した。座長は中国の労働・人口問題の権威で中国経済経営学会の会長でもある厳善平・同志社大学大学院教授と日本経済研究センターの湯浅健司が務め，報告書および本書のとりまとめは湯浅が担当した。

　中国では新しい5カ年計画を決定し，習政権は2020年という節目の年をめがけて動き始めた。大きな転換期は迎えた中国がどうなっていくのか。本書が少しでも読者の参考になれば幸いである。なお，文中で習近平氏の肩書きは「国家主席」に統一した。共産党トップである「党総書記」の肩書き併用による混乱を避けるためである。

日本経済研究センター中国研究室長兼主任研究員
湯浅健司

目　次

はしがき …………………………………………………………………… i

第1章
「新常態」の中国と改革の意味
――「100年目標」へ避けられぬ構造転換 ………………………… 1
 1．はじめに ……………………………………………………… 2
 2．高度成長のプロセスと要因 ………………………………… 3
 3．新常態と新たな政策課題～第13次5カ年計画の狙い ……… 8
 4．持続的経済成長の可能性と課題 ……………………………… 15

第2章
中国経済の現状と将来のリスク
――2020年までは安定成長を維持 ………………………………… 23
 1．構造変化を遂げながら安定成長を目指す中国経済 ………… 24
 2．消費主導の中高速成長時代の到来 ………………………… 29
 3．中国の安定成長と日本・韓国との連携 …………………… 33
 4．2020年以降に中国が直面するリスク ……………………… 36

第3章
中央と地方の関係見直す税財政改革
――財源調達を多様化，基礎年金の確立も ……………………… 45
 1．三中全会で動き始めた税財政改革 ………………………… 46
 2．マクロ経済政策と財政改革の関係 ………………………… 48
 3．改革の根幹を成す予算法の改正～財政制度の近代化に道筋 … 50
 4．本格化する地方政府債務問題への対応 …………………… 53

5．税制改革の状況 …………………………………………………… 55
　　6．サプライサイド構造改革と財政改革 …………………………… 56
　　7．今後の税財政改革のポイント …………………………………… 58

第4章
段階的に進む金融システムの改革
　──資本の完全自由化には慎重姿勢も ………………………………… 65
　　1．中国の金融改革の変遷〜習近平政権で自由化が一気に加速 … 66
　　2．金融機関の経営メカニズム改革 ………………………………… 67
　　3．金利自由化と金融市場整備 ……………………………………… 70
　　4．為替管理の自由化，為替レートメカニズム改革 ……………… 73
　　5．金融改革の今後の展望 …………………………………………… 77

第5章
国有企業改革，市場経済化の焦点に
　──微妙に揺れる政府の姿勢，進展に時間 …………………………… 87
　　1．はじめに …………………………………………………………… 88
　　2．国有企業の基本的な状況 ………………………………………… 88
　　3．「新常態」における国有企業改革の意味 ……………………… 92
　　4．いかに国有企業改革を進めるか
　　　〜政府が打ち出したマスタープラン …………………………… 95
　　5．改革の進展状況と今後の展望 …………………………………… 100

第6章
人口問題，少子高齢化への挑戦
　──カギ握る戸籍・定年制度改革の成否 ……………………………… 109
　　1．はじめに …………………………………………………………… 110
　　2．中国の人口転換〜日本並みのスピードで進む少子高齢化 …… 110
　　3．急速な少子高齢化のインパクト ………………………………… 112
　　4．人口問題に立ち向かうための制度改革 ………………………… 117

第7章
2017年党大会と習近平政治の今後
──独自色打ち出し，闘争を乗り切る ………………………………… 129
 1．習近平政権発足から今日までの再検証 ………………………… 130
 2．本格化する「全面的小康社会」への取り組み ………………… 137
 3．これからの習近平政権～2017年と2022年の党大会に向けて ……… 141
 4．2022年に向けた長期的展望～習主席は歴史に名を残せるか ……… 148

第8章
中国の外交，積極展開で影響力拡大
──「一帯一路」で広域協力圏を構築 ………………………………… 151
 1．「中華民族の偉大なる復興」を目指す習近平政権の積極外交 ……… 152
 2．「一帯一路」構想とはなにか ……………………………………… 153
 3．グローバル戦略としての「一帯一路」構想の特徴 …………… 156
 4．「一帯一路」構想がもたらした外交姿勢の変化～強硬から協調へ …… 158
 5．「一帯一路」構想の進展と課題 …………………………………… 161
 6．「一帯一路」と中国経済の構造改革
  ～インフラ輸出で過剰生産能力解消 ………………………………… 167
 7．ユーラシアからグローバルへ～世界全体に及ぶ中国外交 ……… 168
 8．習近平外交の行方 ………………………………………………… 168
 〈Box.〉政府主導で開発が進む「一帯一路」西の窓口 …………… 170

第9章
環境問題と向き合う中国
──関連産業の育成で巨大市場が出現 ………………………………… 173
 1．はじめに …………………………………………………………… 174
 2．中国が抱える環境問題の深刻さ ………………………………… 174
 3．地球の環境に及ぼす影響 ………………………………………… 180
 4．環境問題に挑む習近平政権 ……………………………………… 184

5．第13次5カ年計画における環境対策 …………………………… *188*
　　6．国際協力と技術革新 …………………………………………… *190*

第10章
世界の中の「日中関係」
――2020年に向け信頼築き「王道」を ………………………………… *193*
　　1．「経済大国」として並立する日中両国 ……………………… *194*
　　2．日中の緊張関係と改善の兆し ………………………………… *197*
　　3．世界の中の「日中関係」構築へ構想力を …………………… *205*

第11章
中国ビジネスの将来像
――成熟化, 高度化の波を捉えよう ……………………………………… *215*
　　1．中国はいまだに「もうかる市場」
　　　～日本企業の収益は2015年も増加 ………………………… *216*
　　2．避けられぬ「輸出」から「内需」への転換
　　　～高収益あげる食品メーカー ………………………………… *217*
　　3．「産業高度化」の潮流にのろう ……………………………… *224*
　　4．成熟化, 多様化する消費をとらえる ………………………… *227*
　　5．新たな成長分野を求めて～介護事業の台頭 ………………… *231*
　　6．日本にいながら中国の需要を取り込む ……………………… *234*
　　7．広がるビジネスチャンス～内需開拓にはパートナーが大切 ………… *236*

終章
第13次5カ年計画の概要 …………………………………………………… *239*
　　1．第13次5カ年計画の構成 …………………………………… *239*
　　2．主な指標 ……………………………………………………… *240*
　　3．2編以降の主な内容 ………………………………………… *242*

索　　引 ………………………………………………………………………… *258*

第1章

「新常態」の中国と改革の意味
——「100年目標」へ避けられぬ構造転換

同志社大学大学院グローバル・スタディーズ研究科教授

厳　善平

◉ポイント

- ▶ 改革開放以降の30年余り，中国経済は毎年10％前後の高度成長を続けた。背景には生産年齢人口の急増，貯蓄率の上昇および人的資本の蓄積（教育）に反映される人口ボーナスの貢献と，後発者の利益を自らの経済発展に活用する政府の高い執政能力があった。
- ▶ 2012年を境に16～59歳の労働人口が減少に転じ，人口ボーナス依存型の成長モデルは重要な調整局面を迎えた。産業構造が大きく変貌する中，都市内における農民工と地元住民の二重構造が残存し，絶対貧困が根絶されず，都市農村間の経済格差も大きくなっている。
- ▶ 高度成長から中高速の成長への移行を「新常態」と捉える中国政府は，全面的小康社会への移行を目指す。その決め手は労働生産性の向上と新型都市化の推進にある。様々なイノベーションを通して産業構造のグレードアップを実現することも不可欠である。

◉注目データ ☞ 1人当たりGDPの要素分解にみる経済成長の可能性

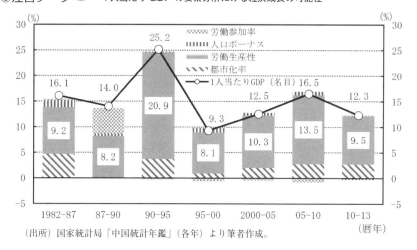

（出所）国家統計局「中国統計年鑑」（各年）より筆者作成。

1. はじめに

　2012年11月，中国共産党第18回党大会が開かれ，10年間続いた胡錦濤指導部が退任して，後任に習近平総書記が選出された。翌年3月の第12回全国人民代表大会（全人代）では習近平，李克強両氏がそれぞれ国家主席，国務院総理（首相）に就任し，「習・李体制」が本格的に動き出した。

　新指導部は「2つの100年目標」を主な内容とする「中国の夢」すなわちチャイニーズ・ドリームの実現を目指すことを宣言した。「100年目標」の1つ目は，中国共産党が建党100周年を迎える少し前の2020年に，国内総生産（GDP）および国民1人当たり所得を2010年比で倍増して，全面的小康社会（ゆとりのある生活）を実現することである。2つ目は，中華人民共和国の建国100周年に当たる2049年に，富強で民主的，文明的，調和的な社会主義近代国家を作り上げ，中華民族の偉大な復興を成し遂げることである。

　華々しくスタートした習近平政権だが，発足後から経済の下振れ圧力が強まり，現在では成長減速の傾向が鮮明になっている。1980年代以降，30年余りも続いた年平均10％近い経済成長率は2013年には7.7％，14年は7.4％に低下し，15年には6.9％と25年ぶりの低水準となった。国際社会は，世界第2位の経済大国である中国を不安視し，不動産バブルがはじけて経済全体も崩壊するのではないか，と懸念する声もある。

　一方で，習政権は中国の現状を高度成長から中高速の成長へと変化しつつある「新常態＝ニューノーマル」と捉えている。制度改革を進め，産業構造を高度化することで中高速の成長を保てば，2020年の全面的小康社会の実現は可能だとする。そうした考えを体系的に示し，改革の方向性を明確にしたのが，2013年11月に開かれた共産党第18期中央委員会第3回全体会議（三中全会）での「全面的改革の深化に関する若干の重大問題の決定（60条決定）」であり，2015年10月の五中全会における「第13次5カ年計画建議」であろう。

　本章では，上述した時代背景を踏まえ，3つの研究課題を設定する。第1に，改革開放下の中国を振り返り高度成長のプロセスと要因を分析する。第2に，2015年の五中全会で示された国民経済と社会発展に関する状況認識，新

たな発展理念および具体的な発展戦略を整理して，その妥当性と実現可能性を検討する．第3に，「新常態」における中国の可能性と課題を考える．これらのテーマを通じて，現在の中国の全体像を俯瞰したい．

2．高度成長のプロセスと要因

　1978年から始まった改革開放路線の下で，中国は急速に発展し，2010年には日本を抜いて世界第2位の経済大国に躍り出た．海外ではこの間，常に中国の成長を危ぶむ論調が見られたし，中国人の多くもつい最近まで自国がこれほど発展するとは想像していなかった．中国の成功は日本，韓国，台湾に続く，東アジアの新たな奇跡といえる．もっとも，改革開放下の30年は決して地図のない航海だったわけではない．指導部は当初から明確な発展戦略を打ち出し，中長期的な数値目標を掲げていた．農業，工業，国防および科学技術の近代化路線や，幾度となく打ち出してきた「GDP倍増計画」，さらに冒頭で述べた2つの100年目標がそれに当たる．

2.1　経済成長の諸段階～発展とともに中長期目標を引き上げ

　清華大学国家発展研究院の胡鞍鋼院長によれば，鄧小平氏は改革開放を決めた当初から国民経済の中長期的な発展目標を語り，党および中央政府は5カ年計画の中でそれを具体化し，社会経済情勢の変化に応じて発展目標を絶えずに修正してきたという[1]．

　1979年末，鄧小平氏は訪中した大平正芳首相との会談で，中国が20世紀末に「小康社会」を実現する考えを初めて披露し，国民1人当たりGDPを1000ドルとする数値目標も挙げた．中国の1人当たりGDPは当時，250ドル程度で，それを1000ドルに引き上げるということは，20年間で国民所得を4倍に増やすことを意味した．

　鄧小平氏の考えを受け，1987年の第13回党大会は社会経済の段階的発展目標を打ち出した．1990年のGDPを1980年の規模に比べて倍増させ貧困から脱却するというのが第1段階の目標，その後の10年間で1990年のGDPを2倍に増やし「小康社会」を実現するのが2番目の目標，そして，21世紀半ば

図表1　中国経済の長期成長と変動

(出所) 国家統計局「中国統計年鑑」より筆者作成。

には比較的豊かな生活を送るような中進国と肩を並べる国にするというのが第3段階の目標である。鄧小平氏の「3段階発展論」ともいえる。

その後の党大会では，発展目標のバージョンアップが繰り返し行われた。1997年の第15回党大会は2010年と2020年の発展目標を示した。GDPを対2000年比でそれぞれ2倍増，4倍増させ，経済規模の量的拡大と国民生活の顕著な改善，総合的国力の増強を実現するとした。さらには2050年頃には豊かで民主的，文明的な社会主義国家を作り上げることを目指した。これはポスト鄧小平の新たな3段階発展論と言えよう[2]。この党大会から建党100周年に当たる2021年と建国100周年に当たる2049年が発展目標の中で強く意識されるようになり，第16，第17回党大会も「2つの100年目標」に言及している。

これらの中長期的な発展目標は，改革開放の過程において一定の役割を果たしている。図表1は中国経済の長期的成長と変動を表すものだ。棒グラフは1978年を境として，計画経済期と改革開放期における経済規模の拡大状況を1952年，1978年をそれぞれ1とした指数で示している。1952年から1978年の計画経済期では，中国のGDPは年平均で6.1%成長した。同期間の日本の成長率（年平均7.8%）よりは低いが，世界的には決して低くはなかった。問題だったのは大躍進運動や文化大革命といった政治的な混乱とそれによる経済の大幅な起伏である。

改革開放後は天安門事件前後の1988〜89年を除いて，振幅しながらも高成長を維持した。アジア経済を襲った1997年の金融危機の際や2008年のリーマン・ショックの後も，中国は成長を維持し世界経済の回復に貢献した。1978年から2015年の年平均伸び率は9.6％に達し，36年間で経済規模は29.9倍に増大したことは奇跡としかいいようがない。

　「10年間でGDPの倍増」「20年間でGDPの4倍増」といった中長期目標を達成するには年平均7％の実質成長率を10年から20年続ける必要がある。目標を打ち出した当時はスローガン以上の意味があるとは思われていなかったが，実態はスローガンを上回るペースで進行した。中国国家統計局によれば，GDPは1980年に比べて1987年に倍増し，1995年に4倍増となった。倍増，倍々増の政府目標はそれぞれ3年，5年前倒しで達成したことになる。

　日本経済の高度成長は1950年代から20数年で終焉を迎え，韓国，台湾もほぼ同じような軌跡をたどった。それとは対照的に，中国は改革開放が始まってから20年間，高度成長を続け，その後もより一層の高い成長を見せた。世界貿易機関（WTO）に加盟した2001年を境に，対中投資が拡大し輸出入も急増した結果，2000年からの10年間は年平均10.4％の2ケタ成長が実現した。この間，リーマン・ショックの打撃を受けた欧米の経済が弱体化し，人民元の為替レートが上昇したこともあって，中国は一気に日本を抜いて世界第2位の経済大国に躍り出た。

　そうした高度成長も2011年以降は陰りを見せ，現在は減速傾向が強まっている。中国は今後，どうなっていくのだろうか。将来を展望するには，まず，中国はなぜ高度成長を果たせたのか，言い換えれば，高度成長がもたらされた源泉がどこにあったかという根本的な問題を考える必要がある。もし，成長の源泉がすでに枯渇し，あるいは枯渇する方向にあるならば，成長の持続も難しいだろう。成長をあきらめるか，新たな源泉を探し出し成長維持を図るか。習政権は今，選択を迫られている。

2.2　なぜ，中国は高度成長を続けられたのか
〜1人っ子政策がもたらしたもの

　経済成長論が教えるように，労働と資本の投入拡大，技術進歩あるいは総要

素生産性の向上は経済成長を生み出す源泉であり，経済の発展段階が上がるにつれ，成長をけん引する主エンジンは労働から資本に，さらには技術進歩へと移っていく。多くの低開発国は過剰な労働力を抱えており，「貧困の悪循環」から脱却するためには投資を拡大し，雇用機会を創出して過剰労働力を吸収しなければならない。労働生産性を高め国民の収入を引き上げる一方で，出産制限によって出生率を下げて資源不足の圧力を緩和する必要もある。技術進歩には国民の教育水準の向上も大切である。

戦後の日本では，合計特殊出生率（女性1人が生涯にわたって出産する子供の数）は1940年代末の4.5から1950年代の中ごろには半減して2超となった。ベビーブーム後の少子化が進み，全人口に対する生産年齢人口（15〜64歳）比率も上昇し続けた（1947年の59.9％から1968年がピークの69.1％）。稼ぐ者が多く，子供や高齢者が少ない中で，家計も社会全体も余裕のある状態に入った。家計は消費以上の収入は貯蓄に転化し，可処分所得に対する貯蓄の割合（貯蓄率）が上昇する状況下で，設備投資が拡大し，雇用も創出された。農村部の余剰労働力が都市部に移動して資本と結合し，資本と労働の投入拡大が続くことで高度経済成長を実現させた[3]。

全人口に対する生産年齢人口比率の上昇により経済成長が促進される効果を「人口ボーナス」と呼ぶ。人口ボーナス論と経済成長論を用いれば，日本だけでなく，中国についても成長要因を分析することができる。

新中国が建国した1949年以降の20年間，合計特殊出生率は大躍進運動が失敗した直後の1959〜61年を除いて6前後に高止まりしていた。人口爆発による食糧問題を緩和するために，政府は1970年代に入ってから出産抑制への協力を国民に呼びかけ，1979年以降は原則一組の夫婦で1人だけの子供の出産を認めるという「1人っ子政策」を実施した。その結果，合計特殊出生率は1970年の5.8から1980年の2.2に急落し，1993年には人口規模を維持するのに必要な2.1を下回って1.9となった。

1人っ子政策による少子化は3つの経路を通じて経済成長に寄与した。第1に，14歳以下の年少人口と65歳以上の高齢人口（被扶養人口）が少なくなり，それを支える生産年齢人口が多くなる。生産年齢人口に対する被扶養人口比率が下がり，社会は全体として負担の軽い状態に入る。家計の可処分所得

から消費支出を差し引いた残りが貯蓄に回され，家計貯蓄率が上昇する（図表2）。高い貯蓄率は投資の拡大を促し，経済成長をもたらす。

　第2に，子供が少ないと家計も国も学校教育への投資を増やすことができる。教育事業が発展すれば国民の教育水準が高まり，人々の持つ潜在的能力が蓄積する。人的資本の蓄積に伴い研究開発も生産現場の技能形成も容易になる。これは工業化を中心とする近代的経済成長に重要な意味を持つ。中国では，15歳以上人口の平均教育年数は2011年に9年，新規就職者の平均教育年数は12年に増えた。18歳人口に占める中卒以上割合は1990年の43％から2000年は56％に，2010年には87％へと上昇した。18歳人口に対する大学（3年制の大学専科と4年制の本科）進学率も1985年の2.8％から1999年は8.4％，2014年は45.4％へと急上昇した。

　第3に，生産年齢人口が急増して労働市場に対する供給が拡大し，これが経済成長の重要な源泉となった。1950年代，60年代に生まれた世代は改革開放後に青壮年に成長し，中でも農村部の若者は無尽蔵な労働供給源として高度成長を支えた。人口センサスによれば，6億2500万人だった1982年の生産年齢人口は2010年に9億9900万人へと3億7400万人も増えた。

　もちろん，労働と投資の拡大や技術進歩（教育）が備わっていれば，経済が必ず成長するとは限らない。社会を安定させ様々な秩序も維持し，明確な発展

図表2　中国の人口ボーナス

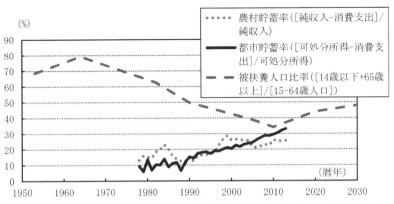

（出所）国家統計局「中国統計年鑑」等より筆者作成。2010年以降の人口は世界銀行の中位予測に基づく。

戦略とそれを実行に移す能力も併せ持つ政府が存在しなければ，持続的な経済発展は困難であろう。その意味で，平和的な国際環境を活用しながら国内の社会安定を最優先し，高度経済成長を実現させた中国共産党および政府は，非常に政権能力が高いと言える。

　中国共産党および政府の政権能力を示す具体的な点を3つ挙げたい。1点目は，近年，最高指導部の選抜を制度化したり，任期付き集団指導体制を確立したりして，各方面の意見を集約する民主集中制度の健全化を主内容とする政治改革を漸進的に進めている点である。毛沢東時代のような最高指導者の終身任期制や，個人崇拝を背景とした独裁的な政権運営を否定し，大躍進運動や文化大革命のような失敗を未然に防いでいる。

　2点目は，先行者から有益な経験や教訓を学び取り，国内外の状況変化に柔軟に対応しようとする姿勢である。欧米や日本，韓国，台湾など東アジアの近代化過程を研究し，いわゆる「後発者の利益」を存分に引き出す一方で，冷戦終結後のソ連解体や東欧社会主義諸国の混乱を反面教師として，体制改革と対外開放を深化させた。最高指導部は各分野の専門家を招いて勉強会を定例化している。

　3点目は，政府系シンクタンクの社会科学院，中央官庁直属の研究センター，大学などの専門家を組織し，様々な重要課題を調査研究し，その結果を踏まえ政権運営を執り行うというエリート政治の制度化である。アカデミックな基礎研究と問題解決型の政策研究を融合した「智庫」と呼ぶ新たな組織が既存の研究組織の中から選び出され，全国的なネットワークが構築されつつある。北京大学，清華大学，人民大学，復旦大学の国家発展研究院はその代表的存在といえる。重要課題の設定 → 調査研究 → 現状の科学的把握 → 政策提言 → 政策立案 → 各方面の意見徴収と集約 → 政策決定，というプロセスが洗練されている。

3．新常態と新たな政策課題〜第13次5カ年計画の狙い

　高い政権能力を持った党，政府の指導の下で高度成長を続けた中国も徐々に成長の速度がペースダウンしていった。習近平国家主席は2014年11月に

北京市で開かれたアジア太平洋経済協力会議（APEC）・CEO（最高経営責任者）サミットの開幕式で講演し，減速する中国経済の現状を「新常態」つまりニューノーマルと捉えて，今後も「産業構造の高度化」「投資主導から消費主導への転換」「生産要素の投入拡大から技術革新への転換」などにより，中高速の経済成長を維持することができると力説した[4]。「新常態」の概念は習主席の政権運営の中核であり，2016年から始まる第13次5カ年計画の前提条件でもある。本節では「新常態」の中国が直面する重要な政策課題を考え，それに第13次5カ年計画がどう臨もうとしているのかを点検する。

3.1 産業をいかに高度化するか～迫られる技術革新

政策課題の1つに産業の高度化がある。中国は改革開放が始まった1978年以降，急速に産業構造を転換させてきた。ペティ・クラークの法則によれば，社会経済の発展に伴い，GDPおよび総就業人口の産業別構成比は次第に農林水産業からなる第1次産業から工業などからなる第2次に，さらに商業，サービス業を中心とする第3次産業へとその重点がシフトしていく。中国の動きはペティ・クラークの法則にほぼ合致する。1980年代初めにはGDPの3分の1を占めた第1次産業は2014年には1割未満にまで下がり，1985年に第1次産業を抜いた第3次産業はその後も上昇し続け，2013年には第2次産業を抜いて最大の産業となった（図表3）。実際，1990年以降の24年間にわたり，経済成長に対する第3次産業の貢献率はほぼ年1ポイントのペースで上昇し続けた。就業者数の推移を見ても，第1次産業の比率が低下する代わりに，第2次，特に第3次産業の比率が急速に伸びた。第3次産業の就業者は1994年に第2次産業，2011年に第1次産業の就業者を上回った。

では，産業構造の転換が進んだ後は，経済成長をけん引するエンジンをどこに求めるべきだろうか。中国では第3次産業の労働生産性は第2次産業に比べて一貫して低い。第3次産業へのシフトが続くと生産性の低い産業に労働力が移動し，その結果，経済全体の効率が悪化する。それを避けるには，第2次産業も第3次産業もイノベーションにより，生産性の高い新たなビジネスを育てなければならない。産業界にいかに技術革新をもたらすかは，政府にとって大きな政策課題と言える。

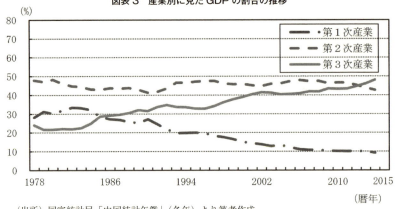

図表3　産業別に見たGDPの割合の推移

（出所）国家統計局「中国統計年鑑」（各年）より筆者作成。

3.2 減少する生産年齢人口

中国はすでに生産年齢人口が減少する局面に入っている。全人口に対する14歳以下および65歳以上人口の比率（被扶養者比率）は2010年を境に上昇し始め、反対に15～64歳の生産年齢人口は2014年から減少に転じた。退職年齢を考慮した16～59歳人口を見ると2011年にピークを迎え、翌12年には前年比で345万人の減少となった。2013年初めに国家統計局がこの事実を発表し国内外から大きな注目を集めたが、さらに農村から都市への出稼ぎ労働者（農民工）の主体を構成する20～39歳の青壮年層に絞ると、より深刻な事実が浮かび上がる。2010年人口センサスに基づき青壮年層の人口を推計すると、2002年にピークに達していた。20～39歳の青壮年層の人口は1990年の3億9000万人から2002年には6500万人増え4億5500万人となった後、ほぼ年々減少し、2025年には約8300万人減り3億7300万人になる見込みだ（第6章で詳述）。

3.3 いびつな都市化～戸籍制度の弊害

人口問題とともに、いびつな都市化の問題も政策課題である。都市部に居住する人口の割合（都市化率）は上昇傾向にあるが、移住してきた農民が都市部に戸籍を移すことは依然として厳しく制限されている。このため、大都市など

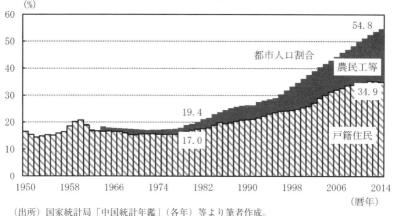

図表4 都市化の急進と新たな二重構造

（出所）国家統計局「中国統計年鑑」（各年）等より筆者作成。

では，地元の戸籍を持つ住民と戸籍を持たない外来の「流動人口」からなる，二重構造が形成されている。

故郷を6カ月以上離れて都市部に居住し働く者は，2002年には中国全体で1億470万人いたが，2014年には1億6821万人に膨れ上がった。同居する子供や親を含む流動人口の総数は2014年で3億人近くに上ると推計される。全人口に占める都市部の常住人口比率は2014年に54.8％で，1980年の19.4％に比べてほぼ毎年1ポイントのペースで上昇してきた（図表4）。

問題は，居住する都市の戸籍を持ち教育や医療，年金といった公共サービスを享受できる「都市戸籍者」が全人口に占める割合は依然として低く，2014年でも34.9％に留まる一方で，都市戸籍を持たない流動人口は全人口の20％にも達する点である。中国全体でみると，全人口13億6782万人（2014年）の20％，つまり3億人近くもの都市住民は都市戸籍を持たず，都市社会に受け入れられずにいるのだ。こうした戸籍制度は選択の自由や権利の平等といった社会正義に反するばかりでなく，労働資源の有効利用，個人消費の拡大を妨げる意味でも大きな問題である。

3.4 貧困と格差問題

農村の貧困問題も残っている。かつて計画経済期でも農村は貧しかったが，

改革開放が開始された初期には，農業改革が順調に進んだ影響で都市との所得格差は縮小した。1978 年の格差は 2.57 倍だったが 1983 年には 1.82 倍になった。しかし，それ以降の約 20 年間は都市部の経済発展が著しかったため，格差は拡大する傾向となり，胡錦濤・温家宝指導部が発足した 2003 年には都市住民 1 人当たりの可処分所得は農家の 3.23 倍に達した。食糧をはじめとする農業の生産不安，農村の疲弊および農民の低所得という「三農問題」が大きな社会問題となり，胡・温指導部は農業税の廃止や生産補助金の交付など農業支援に力を入れた。その結果，都市と農村の所得格差のさらなる拡大が抑制され 2010 年には縮小の方向に転じたが，それでも 2014 年でなお 3 倍近い水準となっている（図表 5）。

中国全体の所得格差の度合いを表すジニ係数も 1995 年に警戒水準（0.4 ＝ 社会不安が招きやすい水準とされる）を超えた後，高いレベルが続き，2009 年には 0.491 となった。所得の高い 25％の人が総収入の 75％を占める場合のジニ計数が 0.5 であることを考えると，中国では富がいかに偏在しているかがわかる。特に強調したいのは，このような格差に対する都市農村間格差の寄与率が上がり続けたことである（1988 年 37％→1995 年 41％ → 2002 年 46％ → 2007 年 51％[5]）。農村内部，あるいは都市内部では世代間の所得格差はそれぞれ比較的小さいということでもある。社会の安定を脅かす格差を是正

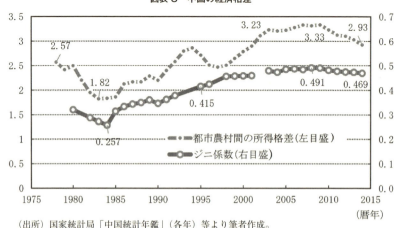

図表 5　中国の経済格差

（出所）国家統計局「中国統計年鑑」（各年）等より筆者作成。

するには戸籍制度の改革と都市化を加速し，農家所得の底上げを急ぐ必要がある。都市部と比較した農村の相対的な貧困とともに，少数民族が多く居住する辺境の農村地域の絶対的な貧困も大きな社会問題として未解決のままである。1970年代末の農村では2億5000万人もの人々が衣食すらままならぬ極貧生活を強いられ，絶対貧困の発生率は30％に上った（図表6）。政府は独自の貧困線を設定して広大な農村部の貧困削減に取り組み，1978年の貧困線で測る貧困人口数および貧困発生率は年々，減少した。しかし，貧困線の引き上げに伴い，2000年と2010年に貧困発生率はそれぞれ10.2％，17.2％に跳ね上がり，貧困対策の適用対象も2010年には一気に6倍に膨らんだ。2010年の貧困線は1人当たりの年間収入を2300元（340ドル）としており，これは世界銀行の定義した貧困線（1日1人当たり収入1.25ドル＝年間収入456ドル）の約4分の3に当たる。世界銀行の定義より低い収入にも達しない絶対貧困人口はここ5年間で半分強減少したが，それでも2014年時点で依然として7000万人が取り残されている。さらに，この貧困線を少し上回る程度の所得層に膨大な人口が集中しており，貧困線が再び引き上げられると貧困人口数および貧困発生率は大きく上昇する[6]。

新常態に突入し経済成長が減速する今後の中国にとって，所得格差を是正し辺境農村の絶対貧困を撲滅することは，全面的な小康社会の実現だけでなく，社会の安定維持のためにも喫緊の政策課題である。

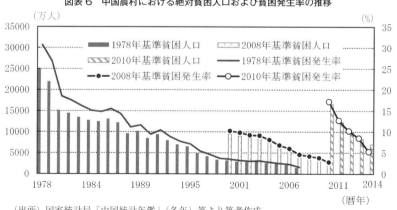

図表6　中国農村における絶対貧困人口および貧困発生率の推移

（出所）国家統計局「中国統計年鑑」（各年）等より筆者作成。

3.5 新たな5カ年計画の発展目標と理念～6.5％成長が必要

　2015年10月に開かれた五中全会は「国民経済と社会発展第13次5カ年計画の制定に関する建議」（以下，「建議」）を決定した。2万字余りの「建議」は，社会経済発展の基本状況を総括したうえで，2002年の第16回党大会で掲げた発展目標，つまり，2020年のGDPを2000年比で4倍増するという「全面的小康」目標を確認し，目標達成に向けての重要課題や具体的な政策，改革の進め方を詳細に記述している。

　「建議」ではいくつかの注目すべき点がある。まず，発展の目標である。「建議」は2020年のGDPに加えて1人当たり所得を対2010年比で倍増することも明記した。習近平国家主席は「建議」の起草と主要内容に関する報告（以下，「報告」）の中で，この目標達成には2016〜20年の年平均成長率を6.5％以上とする必要があると明言し，また，国内外の研究機関の試算を引用する形で「7％前後の成長は可能である」と強調した。世界的に見て6〜7％の成長率は決して容易ではない。中国自身も認めるように，この目標達成のために様々な努力が求められる。

　新たな発展理念も注目される。「建議」は高度成長から中高速成長への転換に合わせて，創新（イノベーション），協調，緑色（グリーン），開放，共享（発展成果の共有）という新たな発展理念を提起している。労働，資本の投入拡大に頼った成長方式から技術集約型の成長方式へと移行するためには，様々な創新，つまりイノベーションが欠かせず，都市と農村の調和的発展を図り，環境に優しい産業構造を再構築し，発展の果実を全国民が享受できるようにするということだ。いずれも既存の発展モデルが抱える欠陥を克服するためのものともいえる。

　「建議」は新たな発展理念の下，国有企業や財政金融体制，社会保障，環境，農業，対外関係など，あらゆる分野で具体的な改革目標を示している。多くは本報告書の他の章で解説されているが，ここでは「報告」でも重点分野として強調された3つの改革を例に挙げる。

　第1に，戸籍制度を改革し，都市部への戸籍転入規制を緩和して戸籍住民をベースとした都市化水準を2015年の35.9％から2020年には45％に引き上げる。つまり，第13次5カ年計画の5年間で，すでに都市部に居住している新

世代農民工，大学に進学した農家子弟，軍隊を退役した農村出身者の中で，1億人程度に都市戸籍を与えるということである。それによって都市労働市場における供給の安定と個人消費の拡大が期待でき，経済成長が促進されるという。これは前述の都市化の急進と都市内二重構造との矛盾解消に寄与すると考えられる。

　第2に，経済格差の是正と社会保障の公平にかかわる諸制度の改革である。最低賃金の決定メカニズムを健全化し，総合課税と個別課税を統合する個人所得税制の制定を急ぎ，所得の当初分配と再分配を規範化することで所得格差の縮小を図る。国民皆保険を目指し，自助，互助と公助が補完しあう社会保障制度を構築する。同時に，国有資本収益の国庫上納金比率を引き上げ，国有資本の一部を社会保障基金に組み入れることで社会保障制度の機能を強化する。法定の退職年齢を徐々に引き上げる政策も制定するとしている。「新常態」の下では，国民の収入がこれまでのように大きくは増えず，所得の不平等に対する人々の反応も敏感になる。税制や社会保障制度による再分配は社会の安定維持に欠かせず，持続的な経済成長の実現にとっても重要である。

　第3に，貧困農村と絶対的貧困の解決を目指す。前述のような7000万人に上る絶対貧困人口の解決は，2020年に全面的な小康社会を実現するために，政府が果たすべき当然の責務になる。7000万人のうち5000万人は中央政府が財政支援して貧困地域の自助努力を促し貧困から脱却させる。働く能力がないなどの理由で貧困に陥っている残りの2000万人は生活保護政策で対処するとしている。少数民族が比較的多く居住する貧困地域をなくすことは，大きな政治的意義も併せ持つ。

　1人っ子政策を柱とする計画生育政策を見直し，一組の夫婦で2人の子供を儲けることを無条件に認めるという「2人っ子政策」の全面実施も長期的な社会経済の発展にとって大きな意味を持つ。これについては第6章で詳しく考察する。

4．持続的経済成長の可能性と課題

　1970年代末以降の30数年間，中国は膨大な人口ボーナスを背景に改革開放

を推進し，後発者の利益も活用して日本や韓国，台湾を上回る経済的奇跡を起こした。しかし，1人っ子政策の影響もあり，1人当たりGDPがまだ低い水準なのに労働力人口の減少が始まり高齢者比率が急速に上昇するという「未富先老（豊になる前に老いる）」の状況を迎えつつある。政府は新しい5カ年計画で政策課題を明示したが，果たして持続的な経済成長は可能なのだろうか。

4.1　「中所得国の罠」と習近平政権が目指す構造改革

世界銀行は2007年に発表した「An East Asian Renaissance: Ideas for Economic Growth」という報告書の中で，中南米などが中所得国から高所得国への飛躍を果たせずにいる状態を「中所得国の罠」という言葉を使って指摘し，世界で大きな関心を呼び起こした。

低所得国が豊富で安価な労働力により経済発展すると，やがて農村余剰労働力の枯渇や賃金の急上昇を招き，人件費がより安い途上国との価格競争で優位性を失ってしまう。先進国との品質競争で勝負できるほどの技術的な蓄積ができていないと，途上国と先進国に挟まれたまま経済成長は減速し，停滞を余儀なくされる。成長が止まると，所得分配でパイの奪い合いが始まり，階層間の矛盾が激化する。社会や政治の不安定が増幅し，秩序が乱れ，ついには経済成長の土台が崩れる。このような負の連鎖から抜け出せずにいる状態を世銀は「中所得国の罠」と呼んだ。

実際にアジアを見渡すと，低所得から中所得に，さらに高所得へと順調に発展できた国・地域とそうでないところははっきり分かれている。日本，韓国と台湾は一定の時間差をもって中所得から高所得への飛躍を果たしたのに対して，タイやフィリピンなどは長年，前進と後退または低迷を繰り返している。一方，中国は2000年代に入って中所得の下位階層に突入した後も成長のペースを維持し，ついに中所得の上位階層に到達した。国際通貨基金（IMF）の予測によれば，中国の1人当たりGDPは2015年に8145ドルとなる（図表7）。仮に今後も年平均7％の伸び率が続けば，中国は5年間ぐらいで高所得国（1万2000ドル）グループに仲間入りできる。

中国が「中所得国の罠」を回避できるかどうかは，2つの100年目標の達成に関わってくる[7]。楼継偉財務相は2015年4月に清華大学で行った講演で「中

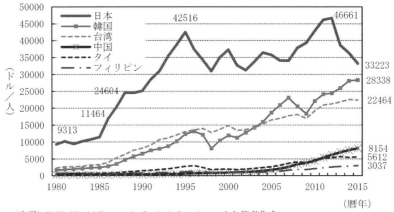

図表7 アジア主要国・地域における1人当たりGDPの推移

(出所) IMF, World Economic Outlook Databases より筆者作成。

国は50％の確率で中所得国の罠に陥る」との見解を示したうえで，それを回避するためには「農業，戸籍，雇用，土地および社会保障にかかわる制度の改革が必要不可欠」と力説し，国内外から大きな反響を呼んだ。李克強首相も「第13次5カ年計画」の「建議」に関する論文で中所得国の罠に言及している。

もちろん，中国が「中所得国の罠」に陥るというのは現状を変えない場合に起こる1つの可能性であり，きちんとした対策が採られれば当面の経済の持続的成長が保たれ，中所得から高所得への前進は不可能ではないという見方も少なくない[8]。「人口ボーナス」に代わり「改革ボーナス」を最大限に引き出すことが最も重要なポイントである。李首相が2013年3月に就任した際，「改革紅利」，すなわち様々な不合理な制度を改革し，そこに経済成長の源泉を求めることを再三強調したのもそのためであろう。

国務院発展研究センターと世界銀行，北京大学とアジア開発銀行もそれぞれ中所得国の罠を回避するための方策について，綿密な調査研究を行った。そこで示された制度改革の処方箋はおおむね以下のようにまとめられる。① イノベーションのペースを加速し開放的なイノベーション体制を構築する ② 産業構造のグレードアップを図る ③ 構造改革を深化させ市場経済の基盤を強化する。具体的には国有企業改革，労働市場と土地市場の改革，サービス業の発展

を促進し都市化を加速させる ④ 所得格差を縮小しすべての人々に発展する機会を広げる ⑤ 社会保障を拡充する ⑥ 財政体制を強化しマクロ経済の安定維持に努める ⑦ 環境にやさしい「グリーン経済」の成長を目指し，資源を節約して環境保護に努める ⑧ 国際間および地域内の経済協力を強化し多角的な国際関係を構築する——などである[9]。これらは，習近平政権が目指す構造改革の方向にほぼ合致している。

習主席は 2014 年 11 月の北京 APEC において，中国は制度改革を通して中高速の経済成長を保持し中所得国の罠を回避できる，と力説した。習政権が打ち出している数々の構造改革は，まさしく中高速の経済成長を保持して 2 つの 100 年目標を達成するための方策なのである。

4.2　世界一経済大国になる条件とは～為替レートの推移に注意

日米では，中国は産業構造の高度化が立ち遅れ，ハイペースの少子高齢化も災いして，経済成長の源泉が枯渇していく，とする悲観的な専門家が少なくない。他方，中国国内では改革深化によって 7％程度の潜在的成長を今後も実現し，いずれは世界一の経済大国になる，と主張する専門家が多い。

清華大学国家発展研究院の胡鞍鋼院長はその代表的な論者といえる。家計および企業は当面高い貯蓄率を保持し設備投資のための原資調達が容易にできるだけでなく，制度改革で労働参加率を高めれば経済成長に対する労働力の供給制約が緩和される。学校教育の拡充による人的資本の蓄積で総要素生産性も高めることができるので，経済の持続的成長は当分可能，という考え方である。中国は潤沢な外貨準備を持っており，国際金融リスクへの対処能力も高い。そして，何より国内外の経験や教訓を学習し自らの執政能力の向上に努める指導部の存在も極めて大きいという[10]。

では，中国が今後も安定成長を続けたら，米国を追い抜き世界一の経済大国になることは可能なのだろうか。

改革開放が始まった直後の 1980 年，中国の GDP は日米の 28％，11％という規模だった。その後，中国は高度成長を遂げたが，為替レートの影響もあって相対的な規模は縮減し 1990 年には日米の 13％，7％になってしまった。ようやく 1980 年の水準を回復したのは 2000 年で，翌 2001 年には世界貿易機関

(WTO)への加盟を果たすとさらに経済成長の勢いが強まった。幾何級数的な規模拡大の持続に加え，人民元の対ドルレートも2006年から上昇し続けた。その結果，中国のドル換算したGDPが急速に膨れ上がり，2010年にはついに日本を追い抜く。2014年には日本のGDPの2.25倍となり，米国との経済格差も60％にまで縮まった（図表8）。

日米中3カ国のこのような相対的経済規模の急変は，為替レートの変化が重要な意味を持つ。特に中国と米国の経済規模の差がどうなっていくのかを考えるには，中国の実質成長率のほか，名目成長率およびドルベースの成長率も考慮する必要がある。

2009年から2014年の5年間で，国家統計局が発表した経済成長率は物価上昇を除去した実質ベースは8.6％だったが，名目では13.0％に上る。さらに，GDPをドルベースで計算しなおすと年平均成長率は15.7％に達する。また，1985年価格で計算した中国のGDPは2014年までの29年間で14.6倍に増大したが，ドルベースでは同期間中で25.9倍になった計算になる。高い成長率に加え，人民元の対ドルレートが2005年末の1ドル＝8.2元から25％上昇して同6.2元になったことが影響しているのだ。

今後はどうなるのか。1980年から2000年の20年間，および2000年から2014年の14年間における日米中の年平均成長率は，最初の20年間が日米中はそれぞれ7.6％，6.6％，7.0％とほぼ同レベルだったが，次の14年間は

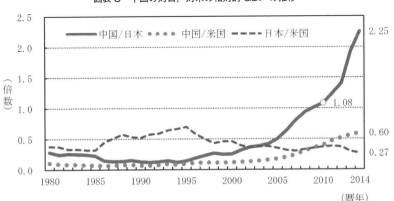

図表8 中国の対日，対米の相対的GDPの推移

（出所）IMF, World Economic Outlook Databases より筆者作成。

-0.2％，3.8％，16.7％と大きな開きが見られる。これらの実績を踏まえ，当面，日米中の年平均成長率をそれぞれ1％，4％，8％とすると，2028年頃にはドルベースでは中国の経済規模が米国を抜いて世界一となり，日本との経済格差が6倍近くに広がる。ただ，中国は日本の約10倍の人口規模なので，国民1人当たりで比べると日本は依然として中国より高い所得を保持するはずである。

4.3　持続的経済成長の課題

中国が米国を追い抜くには，あくまで持続的な経済成長が前提である。持続的な成長の課題を考えるため，ここでは統一的成長会計分析法を用いることにする。全人口1人当たりGDPを「都市化率」「労働生産性」「生産年齢人口の全人口割合（人口ボーナス）」および「労働参加率」に分解し，所得増加に対する各要素の寄与率を算出してみると[11]（再掲図表9），1982年から2013年の約30年間で，1人当たりGDPの名目年平均成長率が15.3％だったのに対して，都市化率の上昇は2.5ポイント，第2・3次産業の労働生産性の上昇は11.6ポイント，生産年齢人口割合の上昇は0.6ポイント，労働参加率の上昇は0.2ポイントを占め，それぞれの寄与率は16％，76％，4％，1％となっている

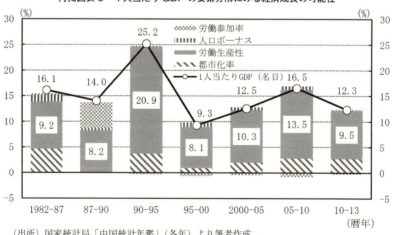

再掲図表9　1人当たりGDPの要素分解にみる経済成長の可能性

（出所）国家統計局「中国統計年鑑」（各年）より筆者作成。

ことが分かる。時期により成長率および各要素の寄与度は異なるが，労働生産性の改善と都市化の進展が主に経済成長をけん引してきたことは明確だろう。いわゆる人口ボーナスの寄与はかなり限定的であり，労働参加率はごく一部の期間を除いて1人当たりGDPの成長にほとんど寄与しなかったかマイナスの方向で作用していた[12]。

2014年には，中国の第2・3次産業就業者割合，すなわち都市化率は70.5％に達した。日本など先進国の経験から見れば，それはさらに上昇し90％を超えることも可能である。つまり，農業から非農業への労働移動を通して経済成長を持続させる余地が残っているということである。そのためには，労働移動を妨げる戸籍制度などの改革を急ぐ必要がある。

生産年齢人口割合は2010年にピーク（74.5％）を迎えた後，低下する傾向に転じ，2014年には73.5％となっている。1人っ子政策による少子高齢化の影響であり，短期的に反転することがないが，2人っ子政策の全面実施により，中長期的には経済成長に対するマイナスの影響が多少は緩和できよう[13]。労働参加率は2013年に都市と農村の両方を含めて76.5％であるが，都市化の進展に伴い今後は低下する可能性が高い。定年制度を延長して労働参加率の急低下を抑止することが経済の持続的成長に欠かせない。

何より重要なのは第2・3次産業の労働生産性を高めることであり，そのために，労働集約型産業から技術集約型産業への構造転換を進め，様々な分野でイノベーションを促進することが重要になる。イノベーションの主役は国有企業であり，国有企業改革は中国の将来を大きく左右する。この点については，第2章や第5章で詳述する。

[注]
1　胡鞍鋼（2012）『2020年　中国全面建成小康社会』清華大学出版社．
2　胡鞍鋼（2015）『超級中国』浙江人民出版社．
3　数字は総務省統計に基づく．
4　福本智之（2015）「中国経済の『新常態』への移行に向けた展望と課題」2015年度中国経済経営学会全国大会（龍谷大学，11月7日）基調講演．
5　Li, Shi and Zhan Peng 2015. "Changes in income inequality in China in the past three decades." Presented at the 29-th international political economy research center & Kitan international academic symposium: Chinese, Japanese and Asian economy changing dramatically, Nagoya University, October 29th.
6　世界銀行は2015年10月に国際貧困線を1.25ドルから1.9ドルに引き上げた。この基準を中国に

適用すれば，貧困人口が倍増するであろうが，今の指導部はそれを導入する考えを持っていないようだ。後に述べるように，第13次5カ年計画期間中（2016～2020年），現存する7000万人の絶対貧困を解消することを優先課題としているようだ。
7　本書の第2章で中国が中所得国の罠に陥るシナリオを詳述。
8　樊綱（2014）「中等収入陥穽迷思」（呉敬璉等主編）。
9　World Bank 2013；Asian Development Bank 2012.
10　胡鞍鋼（2015）『超級中国』浙江人民出版社。
11　全人口1人当たりGDP［GDP/P］＝第2・3次産業就業者の全就業者割合（都市化率）［L1/L］×第2・3次産業就業者の1人当たりGDP（労働生産性）［GDP/L1］×生産年齢人口の全人口割合（人口ボーナス）［P1/P］×就業者の生産年齢人口割合（労働参加率）［L/P1］
12　GDP成長率＝1人当たりGDP増加率＋人口増加率という関係があるので，ここで1人当たりGDPの成長分析を通して経済全体の成長問題を考えることにする。
13　日本では生産年齢人口割合がピークだった1970年ごろ，または1990年ごろには，70％を超えることがなかった。言い換えれば，少子高齢化が進む中国では，国際基準でみる生産年齢人口が依然として豊富に存在する。

［参考文献］

蔡昉（2008）「中国経済如何跨越低中等収入陥穽」『社会科学院研究生院学報』第1期。
蔡昉（2014）「経済増長階段劃分与其中的中国命題」（呉敬璉等主編）。
呉敬璉等主編（2014）『中国経済体制改革新階段的若干問題』中国経済出版社。
Asian Development Bank 2012. "Growing Beyond the Low-Cost Advantage: How the People's Republic of China can Avoid the Middle-Income Trap." *Asian Development Bank Report.*
Kharas, Homi 2009. "China's Transition to a High Income Economy: Escaping the Middle Income Trap." Brookings Institution.
Lin, Justin Yifu and Volker Treichel 2012. "Learning from China's Rise to Escape the Middle-Income Trap: A New Structural Economics Approach to Latin America." *The World Bank Development Economics Vice Presediency.*
OECD 2013. *The People's Republic of China Avoiding the Middle-income Trap: Policies for Sustained and Inclusive Growth.* OECD.
World Bank 2013. *China 2030: Building a Modern, Harmonious, and Creative Society.* Washington, DC.
Wu, Yanrui 2014. "Productivity, Economic Growth and the Middle Income Trap: Implications for China." *Frontiers of Economics in China.* Volume 9 Issue 3.
苅込俊二（2011）「『中所得の罠』に関する論点整理」『社学研論叢』Vol. 17。
ヴィラユース・カンチューチャット（2014）「中所得国の罠をめぐる議論──現状分析と将来予測」『国際問題』No. 633。

第2章

中国経済の現状と将来のリスク
―― 2020年までは安定成長を維持

キヤノングローバル戦略研究所研究主幹
瀬口清之

◉ポイント

▶ 中国経済は2020年までは安定成長を続ける。現在は「新常態」の政策運営の下，サービス産業の発展が雇用を支え物価も安定を保っている。日中韓3国のGDP合計値は2020年までに米国を抜き，東アジアが世界経済の中心となる。

▶ 2020年以降のリスクは「中所得国の罠（ミドルインカムトラップ）」だ。国有企業の改革が先送りされ，産業競争力が低下すれば，輸出が伸び悩み，高付加価値品の輸入が増加する。それにより貿易収支が赤字に転落し，経常収支も悪化。人民元安を招き，輸入インフレをもたらす。ホームメードインフレを防ぐために金融引き締め政策を実施すれば，内需が縮小し，成長率を低下させ，失業率が増大する。さらに外的ショックが加わると世界同時大不況を招く恐れが高まる。

▶ そのリスクを軽減するには外資系企業の積極的誘致により産業競争力の強化を図ることが有効である。特に日本企業が果たす役割は重要である。

◉注目データ ☞ 日中韓3国と米国のGDPの対比

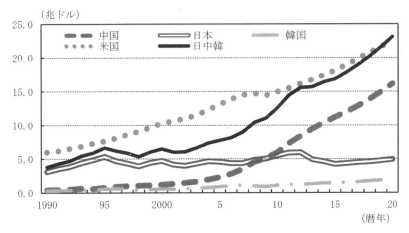

（出所）IMF世界経済見通し，2015年10月。

1. 構造変化を遂げながら安定成長を目指す中国経済

1.1 過熱と不況の大波を繰り返した胡錦濤政権

　中国経済は1990年代前半に市場経済化への移行を開始して以来，常にインフレかデフレの圧力の下に置かれていた。特に2003年から2012年までの間，胡錦濤政権の下で，中国経済は過熱と不況の大波の間で揺れ続けた。その主な原因は，目標とした成長率が高過ぎたことにあった。適正な成長率に達していても，さらに高い成長率を目指したため，経済は過熱し，消費者物価の上昇や株価・不動産価格の高騰を招いた。

　景気過熱が深刻化すると，胡錦濤政権は財政政策の抑制や金融引き締め策を実施したが，そのタイミングは常に遅きに失していた。このため，10年間の政権担当期間に3度もインフレを招いた。インフレが深刻な状況になった段階では，緩やかな引き締め策では間に合わず，厳しい引き締め政策による急ブレーキを踏まざるを得なくなる。これが経済の急落を招き，景気過熱と不況の波動は激しくなった（図表1）。

　胡錦濤時代では地方政府や国有企業を中心に投資の経済性を十分吟味しな

図表1　中国の実質成長率の推移

（出所）CEIC．

い，非効率な投資も拡大した。市場のニーズに合わない工場や住宅，インフラが乱立し，稼働率の低い設備やゴーストタウン化した不動産投資物件などが各地で続出した。

1.2　安定成長めざす「新常態」～成長速度の適正化と経済構造の筋肉質化へ

　前政権の非効率な経済運営を抜本的に改めるために，習近平政権が掲げる基本方針が「新常態」＝ニューノーマルである。この言葉は2014年8月初旬に人民日報が詳しく紹介した後，頻繁に用いられるようになったが，実際は，政権が交代する前の2012年第2四半期から，すでに実権を握りつつあった「習近平・李克強ライン」によって「新常態」の政策運営が始まったと言って良い。

　その政策運営方針の主な特徴は2つある。1つは「成長速度の適正化」であり，もう1つは「経済構造の筋肉質化」である。

　「成長速度の適正化」とは，常に高過ぎる成長率目標を設定し，景気過熱を招いた前政権の失敗を繰り返さないよう，中国経済の実力（潜在成長率）に見合った成長率の目標を設定することを意味する。この方針に基づき，「習近平・李克強ライン」が事実上，経済政策運営を掌握し始めた2012年第2四半期以降，経済成長率は安定的に推移するようになった。前政権で成長率が景気過熱と不況の間で大きな波動を繰り返したのとは対照的である。

　2つ目の「経済構造の筋肉質化」とは，地方政府や国有企業，金融機関が一体となって，目先の成長率を押し上げるため，中身をよく吟味せずに投資を拡大した姿勢を改めさせることを意味する。非効率な投資案件の多くは完成後まもなく不良債権化したが，地方政府の財政援助や金融機関の追い貸しにより温存された。習政権は投資内容を厳しくチェックし，効率的で健全な投資だけを拡大するよう各部門に指示する一方，重化学工業を中心とする過剰設備の削減や3，4級都市で不良債権化した不動産投資案件の処理も促進している。2016年の経済政策運営の基本方針を決定する中央経済工作会議（2015年12月18～21日）でも，こうした経済構造の筋肉質化促進策に重点を置くことが決議された。

　「新常態」の政策運営の下，中国経済は2012年第2四半期以降，雇用と物価

の安定を保ちながら，ほぼ政府目標通りの経済成長率を維持している。2015年の成長率も6.9%と「7%前後」という当初の目標を達成できた。

1.3　主役の座を降りる輸出～「元高」が招いた減速

「新常態」の政策運営の下，中国経済の成長を支える主役は製造業からサービス業に代わり，かつての輸出・投資主導の経済成長モデルから消費主導の成長モデルへと構造転換が急速に進んでいる。

輸出（ドルベース）の伸び率の推移を見ると，2010年以降，長期的な低下傾向をたどっている（図表2）。その背景は，第1に欧州，米国，日本およびアジア諸国の需要伸び悩みであり，第2に人民元高である。第1の外需不振は誰の目にも明らかだが，第2の要因には違和感を覚える人が多いと思われる。

2015年8月に人民元レートの基準値算定方式の変更が原因で，4%程度，元安方向に振れた。海外の機関投資家らは中国経済の弱さを反映していると受け止め，一段の元安を招くとともに，世界中の為替や株式市場にも大きな混乱が生じた。一連の混乱の記憶から，2015年の人民元は元高ではなく，元安に振れたと理解している人は多いのではないだろうか。確かに人民元と米ドルの関係だけを見れば，人民元は基準値算定方式変更時に若干，元安方向に振れた

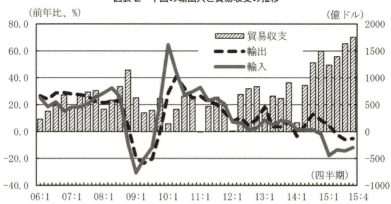

図表2　中国の輸出入と貿易収支の推移

（注）左目盛は輸出入額の前年比伸び率，右目盛は貿易収支の金額。
（出所）CEIC．

が，為替レートの変動が輸出に与える影響を分析するには，貿易相手国別の輸出額のウェイトをベースに相手国の通貨と人民元の間の実質レートを加重平均して算出した「実質実効レート」を見なければならない。中国の国別輸出額のウェイト（2015年）を見ると，米国向け輸出は輸出額全体の18％に過ぎず，アジア向け（日本を除く）が34％，欧州向けが18％，日本向けが6％，その他が24％である。中国の輸出の動向を考えるには，人民元と米ドルとの対比だけでは不十分であるのは明らかだ。

実質実効レート（2010年＝100）の推移を見れば，人民元は2014年6月（113.5）から2015年3月（130.6）の間に15％も元高に振れている（図表3）。2015年夏に米ドルに対して4％程度元安に振れた時も，実質実効レートで見ればわずか0.9％しか元安になっていない。2015年8月以降の人民元レートは前年と比べて，依然として大幅な元高水準にとどまっており，元高が中国の輸出価格を押し上げ，中国企業の輸出競争力を低下させている。

中国国内の平均賃金上昇率（非民間企業）が1998年以降，2014年（前年比+9.5％）を除いて，ずっと2ケタの高い伸びを続け，中国企業の生産コストの上昇要因となっていることも，輸出競争力を低下させている。ただし，ここ数年，中国経済は外需依存から脱却しているため，輸出が経済成長をリードでき

図表3　人民元レートの推移

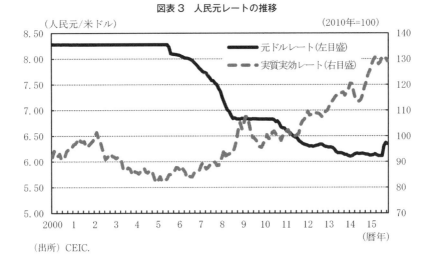

（出所）CEIC．

なくなっても，経済の安定性保持への悪影響はあまり大きくない。

1.4 投資も鈍い伸び続く～負担重い過剰設備，不動産は緩やかに回復へ

輸出とともに中国経済を牽引してきた投資も，伸び率の推移を見ると，2010年以降，長期的な低下傾向が続いている。主な背景には，2009年を中心に実施したいわゆる「4兆元」の緊急経済対策が生んだ重化学工業を中心とする過剰設備の削減と，3～4級都市における不良債権化した不動産投資物件の処理がある。統計を見ても，製造業＝第2次産業の設備投資と不動産開発投資の低下傾向は明確である（図表4）。

製造業の設備投資は，重化学工業中心に過剰設備の削減が続くため，2016年以降も2～3年は伸び悩むと見られる。不動産開発投資については，北京，上海，深圳，武漢などの1級都市および2級都市の多くで不動産価格がプラスに転じており，2016年前半から投資の伸び率が上向く可能性がある。ただし，3，4級都市の過剰な不動産の処理にはさらに3～5年を要するため，1，2級都市における不動産投資が回復しても，不動産投資全体の上昇テンポは鈍いと見られる。

設備投資，不動産開発投資ともに回復テンポは鈍い。投資全体としては2016年以降も緩やかな低下傾向が続くだろうが，急落する可能性はほとんど

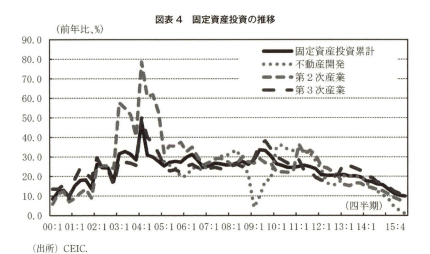

図表4　固定資産投資の推移

（出所）CEIC.

ない。現在の過剰設備の削減と不動産開発投資の抑制は「新常態」の政策運営方針に沿って，政府の意図通りに進められている。産業全体を見渡せば，サービス産業が総じて好調が続いているほか，製造業でも自動車，IT関連など堅調を維持している産業もある。全体としては，好調業種と停滞業種が入り混じった，まだら模様の状態である。中国政府は意図的にまだら模様の状態を維持して，競争力の弱い業種から競争力の強い業種へと，ヒト・モノ・カネの資源配分をシフトさせ，産業全体の競争力と生産性の向上を目指しているのである。

どの産業に着目するかによって，中国経済の見え方は大きく異なる。停滞業種ばかりに目を向けていては，中国経済を見誤る。中国の状況を正しく把握するには，産業全体の変化と，それらを反映する雇用，物価等を総合的かつ的確に分析することが必要である。

2．消費主導の中高速成長時代の到来

経済成長をリードしていた輸出と投資は，2010年以降，ともに長期的な伸び率の低下傾向をたどり，2016年以降も当面は経済成長を再び牽引する可能性は低い。

それでも中国政府内のマクロ政策担当者や信頼できるエコノミストの多くは，足許および今後の中国経済は緩やかな減速傾向をたどりながら，引き続き安定的に成長率6％台の中高速成長を保持するとの見方でほぼ一致している。2016年から2020年までの13次5カ年計画の期間中の平均成長率について，多くは6.5％以上の達成は不確定要素があるが，「6.5％前後」とある程度の幅を許容するなら，ほぼ達成できると見ている。そして，今後の中高速成長を支える原動力となるのが消費である。

経済成長率へのコンポーネント別寄与度を見ると（図表5），外需，投資，消費のうち，2009年以降，外需が経済成長を大きく押し上げた年はなく，成長率は投資と消費だけでほぼ決まっている。2014年以降は投資の寄与度も低下し，消費の寄与度が大きくなっており，中国経済は消費主導の中高速成長時代へと移行していることがわかる。

図表5　経済成長率のコンポーネント別寄与度

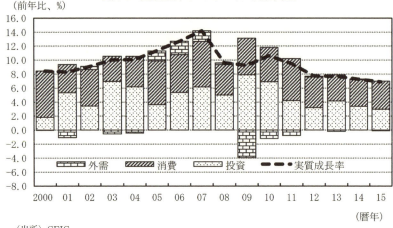

（出所）CEIC.

2.1 雇用の安定が消費を支える

　輸出と投資がともに低下傾向をたどる中，消費だけが堅調を維持できているのはなぜか。消費と輸出，投資の伸び率を比較すると，2010年以降，消費も緩やかに低下してはいるものの，堅調な推移を維持していることがわかる（図表6）。社会消費品小売総額の動きを見ると，2015年3月の前年比10.0％増を

図表6　消費（社会消費品小売総額）・投資・輸出の推移

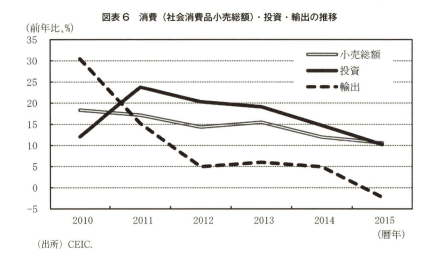

（出所）CEIC.

図表7 都市部の新規雇用労働者の増加数

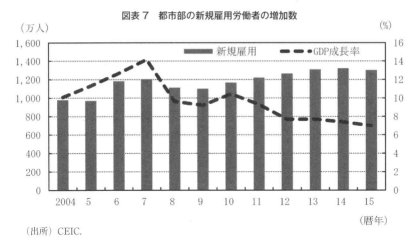

(出所) CEIC.

ボトムに回復傾向をたどり、同年12月の伸び率は同11.1％に達した。

消費が堅調な背景には雇用の安定がある。2011年以降、経済成長率は緩やかな減速傾向にあるが、都市部の新規雇用労働者数は拡大し続けてきた。2015年は、中国政府が地方財政の健全化を促進するため地方政府の資金調達に対する管理を強化した影響から、地方財政支出の伸びが低下し、新規雇用労働者数も前年実績をわずかに下回ったが、依然として政府目標の1000万人を大幅に上回る高水準を維持している（図表7）。

都市部の有効求人倍率は、2010年以降、緩やかな上昇傾向にあり、2013年に初めて1.1に達した。その後も一定の振れを伴いながら、依然として1.1前後の水準を保っている。労働需給の逼迫が続いているため、賃金も上昇を続けている。雇用者数が増加し賃金も上昇していることから、所得が伸び続け、これが消費の伸びを支えている。

2.2 2020年までは安定成長続く～背景にサービス産業の台頭

経済成長率が緩やかに減速しているにもかかわらず、雇用の増加が続いているのは何故か。その答えは、サービス産業の増加、つまり経済のサービス化にある。

日米欧等の先進国ではGDPに占めるサービス産業の比率が70～80％を占

め,経済のサービス化が進んでいる。これに対して,中国は2000年代前半までサービス産業のウェイトが40％程度にとどまっていた。2012年以降,急速にウェイトが上昇し,2015年には初めて5割を上回り50.5％に達した(図表8)。これは「新常態」の政策運営方針の下,過剰設備を抱える製造業の伸びが鈍化する一方,都市化の進展とともにサービス産業が拡大し続けていることによる。過剰設備の削減と都市化はともに今後数年は続く見通しで,サービス産業のウェイトが上昇し続けるだろう。

製造業のウェイトの減少は投資の伸び率低下を反映しているため,成長率を押し下げる。サービス産業が増加しても,サービス産業の設備投資は鉄鋼や造船,石油化学といった製造業の設備投資に比べて規模が小さいため,製造業の設備投資の伸び率低下を補うことはできない。しかし,サービス産業は製造業に比べて雇用吸収力が大きい。このため,設備投資の伸び率低下に伴う成長率の鈍化傾向を反転させることはできないが,雇用の伸びを支え,所得を増大させ,消費の堅調な伸びを支えることによって,経済の安定を保つことは可能である。

中国経済は2012年以降,経済のサービス化の急速な進展を背景に雇用の堅調が続いており,それが輸出・投資主導の経済成長モデルから消費主導の成長モデルへの構造変化を促している。経済のサービス化とともに,2020年頃ま

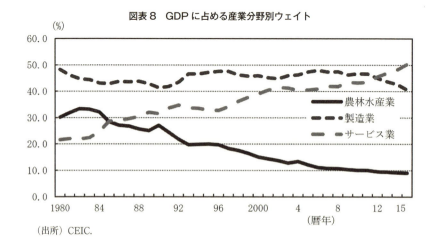

図表8　GDPに占める産業分野別ウェイト

(出所) CEIC.

では都市化の進展とインフラ建設の拡大も新たな雇用を生み出すため，中高速成長が持続すると考えられる。

2.3 物価安定で景気刺激策の発動余地大きい

雇用とともに，物価の安定も中高速成長の維持に貢献する。2012年以降，消費者物価は3年以上にわたって，1％台後半から2％台で推移している。1990年代前半に中国が市場経済へと移行し始めて以来，最も長い期間，物価の安定を保っている。

物価が安定していれば，仮に何らかの要因で経済の下押し圧力が強まったとしても，金融・財政両面のマクロ景気刺激策によって景気を下支えすることが可能である。物価の安定が保たれず，消費者物価の上昇率が5％に近づき，インフレ圧力にさらされている場合には，強力なマクロ刺激策を実施すると景気が過熱し，消費者物価上昇率が5％を超え，インフレになる可能性が高い。現在のように物価が安定していれば，当面はインフレ圧力を心配せずに，強力な景気刺激策を実施することが可能である。

マクロ景気刺激策の発動余地が大きい状況から見て，当面は中国経済が失速する可能性はほとんどないと言える。物価の側面からも，筆者は多くの中国政府内のマクロ政策担当者や信頼できるエコノミストと同じように，2020年頃までは現在の中高速成長が持続する可能性が高いと見ている。

3．中国の安定成長と日本・韓国との連携

3.1 中国で増え続ける日本製品の潜在需要

国際通貨基金（IMF）が2015年10月に発表した世界経済見通しによれば，中国経済が2020年まで中高速成長を続けると，2020年のGDPは日本の3.6倍に達するという。2015年は2.7倍の見込みなので，日中の差は今後，一段と開いていく。

2020年の中国の1人当たりGDPは1万2000ドルになると推計されている。中国に進出した日本企業は，1人当たりGDPが1万ドルに到達した都市では，日本の製品やサービスの需要が急速に伸び始めることを経験的に知って

いる。中国で1人当たり GDP が最も早く1万ドルに到達した都市は蘇州，無錫，深圳で，2007年だった。2008年には上海や広州等，2009年には北京や大連等と，年々，1万ドルに到達する都市は増え，そこで暮らす人口も急増し続けている。そうした都市の累計人口は2010年に約1億人，2013年には3億人となった。これが日本企業にとっての潜在的顧客数である。

2020年の1人当たり GDP が中国の全国平均で1万2000ドルに達するという，IMF の推計に基づいて考えれば，その年には日本企業の潜在的な顧客数は全国で8〜9億人に達するはずである。2010年から2020年までの10年間で，1億人から8〜9億人へと激増することになる。ここ数年，日本に「爆買い」にやってくる中国人旅行客の急増は，中国国内での日本企業の製品・サービスに対する潜在的な需要の急増を反映したものである。中国の国内における構造変化を考慮すれば，日本への爆買いツアー客の勢いも2020年頃までは続く可能性が高い。

3.2　日本企業の対中投資回復の可能性

中国での潜在的な顧客数が急増する一方で，日本企業は2012年9月に発生した尖閣諸島を巡る日中関係の深刻な悪化を背景に，2013年以降，対中投資を大幅に削減した（図表9）。中国の国別直接投資受入額を見ると，日本からの投資は2012年，13年には70億ドルを上回っていたが，2014年は43億ドル，2015年は32億ドルと2年間で半分以下に激減した。この統計は投資の実行時期に比べて約1年のタイムラグがあると見られることから，実際に投資が急減したのは2013年と2014年である。日本の対中輸出も伸び悩みが続いている。金額ベースでみると，2013年は前年比9.7％，2014年は6.0％といずれも伸びたが，2015年は1.1％の減少となった。

日中間の経済関係が冷え込む一方，2015年以降，政治的な対立は改善に向かっている。特に2015年8月の終戦70年の安倍総理談話の内容が中国側を刺激しないように配慮され，大きな摩擦が生じなかったことを契機に，両国の関係改善が加速した。同年11月以降，中国を訪問した日本の経済界を代表する大手企業の経営者も中国の変化を好感している。この傾向が2016年以降も続けば，中国国内の日本企業の製品・サービスに対する潜在的需要の急増を考慮

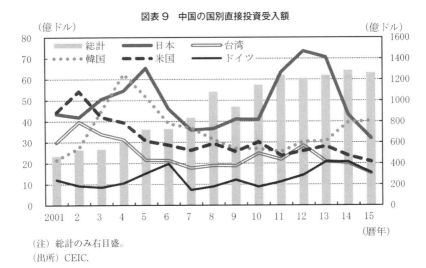

図表9 中国の国別直接投資受入額

(注) 総計のみ右目盛。
(出所) CEIC.

すると，2013年以降，急ブレーキがかかった日本企業の対中投資も，回復に向かう可能性が高いと考えられる。投資の回復は日本からの対中輸出も押し上げることになるだろう。

3.3 日・中・韓＝東アジア3カ国の協調的発展がグローバル経済をリード

　2016年以降，日中関係の改善を背景に，日本企業の対中投資姿勢が積極化すれば，日中両国の経済関係はより結びつきを強めるだろう。中韓両国の間ではすでに自由貿易協定（FTA）が締結され，日中間以上に緊密化が進んでいる。ここに日本が加わり，日中韓のFTAが実現すれば，3カ国の連携は一段と加速する。

　IMFの世界経済見通しによれば，日中韓3カ国のGDPの合計は2019年に米国を抜く（23ページの図表参照）。この予測は日中韓が世界経済をリードする役割を担うことを象徴的に示している。アジア経済圏を北米経済圏や欧州経済圏と比較すると，2010年頃にはアジアが北米，欧州を抜き，その差はさらに拡大し続けている（図表10）。日中韓はアジア経済圏の約8割を占めているのみならず，東南アジア諸国連合（ASEAN），インド等アジア諸国との水平分業の拡大により，アジア経済全体をリードする役割を担っている。したがっ

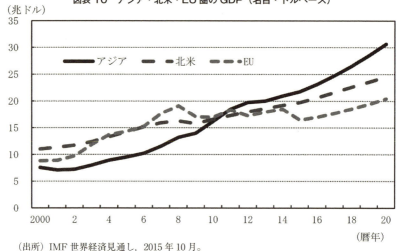

図表 10　アジア・北米・EU 圏の GDP（名目・ドルベース）

（出所）IMF 世界経済見通し，2015 年 10 月。

て，日中韓のグローバル経済における役割はますます大きくなり，影響力も高まっていく。

　日中関係および日韓関係はここ数年，領土問題および歴史認識問題を巡り，過去最悪の状態に陥り，民間経済交流にも大きく影響した。幸い 2015 年の下半期に日中，日韓ともに関係改善に向かった。今後，日中韓 3 カ国はグローバル経済における役割にもっと目を向け，3 カ国間の協力関係をさらに強めることによって，グローバル経済への貢献を一段と高めるべきである。そのためには，領土問題や歴史認識問題で外交関係を悪化させないよう，共に手を携えて「ウィン－ウィン」の関係を強化，発展させることが望まれる。

4．2020 年以降に中国が直面するリスク

4.1　経済の高度化の裏に潜む脆弱化

　これまで見てきたように，中国経済は 2020 年頃までは安定を持続し，日中関係が改善し続ければ，中国経済と日本経済が相互に好影響を及ぼし合う関係も深まっていく。2015 年時点に比べると，2020 年の中国経済が日本経済に与える影響は一段と大きくなる。日本企業が中国国内市場での販売を順調に拡大

し，主要産業において現在以上に重要な役割を担うようになれば，日本が中国に与える影響も深まる。では，その先の中国経済はどうなっていくのだろうか。

2020年までは都市化の進展と大規模インフラ建設の継続による経済誘発効果により，中高速成長が維持される可能性が高い。だが，2020年を過ぎると，農村の潜在的余剰労働人口が減少するとともに都市化の勢いが徐々に低下する。それと並行して，高速鉄道，高速道路等の基幹となる大型インフラ建設もほぼ完成し，中国の経済成長を押し上げてきた，都市化とインフラ建設という強力な2大エンジンがスローダウンする。

それに加えて，2011年以降減少している労働力人口の減少速度が，2020年代には加速することが予想されている。中国政府は2015年に従来の「一人っ子政策」を転換し，子供2人までは無条件に認めるという政策を導入することを決定した[1]。しかし，政府の調査によると，政策転換で新たに子供を増やすことができるようになる夫婦約1100万組のうち，実際に子供を増やそうと考えているカップルは169万組に過ぎず，全体の15%程度しかいない。政策の効果は限定的と見られ，2020年代以降加速する少子高齢化に歯止めがかかる可能性は低い。

都市化や大規模インフラ建設の収束，人口減などが予想通りになるなら，2020年代には6～7%の中高速成長の時代が終わり，4～5%の安定成長へと移行する可能性が高い。2020年代には，中国の所得水準は先進国の目安である「1人当たりGDP＝1万5000ドル」に達して，経済の高度化が進む。しかし，一方で2010年以前の2ケタの高度成長時代のような経済の活力はなくなると考えられる。

2008年のリーマン・ショック発生時の中国は，2009年第1四半期には6.2%にまで落ち込んだ経済成長率を1年後の2010年第1四半期には12.2%へと急回復させる，驚異的な回復力を備えていた。当時は内陸部地域の輸出比率が低く，グローバル経済との関係が希薄で，ほぼ内需の拡大だけで独立的に高度成長が実現できたためだった。

もし，2020年代に同じような世界的な景気の急減速が起きれば，リーマン・ショック時のような内陸部頼みの急回復は不可能である。内陸部の経済が高度

化してグローバル経済との緊密化が進展するため，他の先進国と同様に，中国経済全体がグローバル経済の失速に巻き込まれ，内陸部も含めて大きなダメージを受けやすくなるからである。

4.2 避けられぬ産業競争力の強化

経済の脆弱化を防ぐには，産業競争力の強化が今後の大きな課題である。高度成長期の中国は，様々な産業分野の技術力が日米欧の先進国に比べて劣っており，技術面のキャッチアップによって生産性を急速に向上させることが可能だった。一旦，先進国の技術水準にほぼ追いつくと，単純なキャッチアップによる競争力強化が難しくなり，独自のイノベーションにより競争力を高めることが必要となる。

とは言え，中国は1978年以来，改革開放を基本理念に掲げ，一貫して外資企業を積極的に誘致して海外の先進技術を導入し，それをイノベーションの推進力としてきた。中国特有の外資導入モデルはこれまで成功してきているがゆえに，これを大幅に変革することは難しい。独自のイノベーション力の強化とともに，今後も外資企業の先進技術の導入に頼らざるを得ないだろう。

4.3 カギ握る国有企業改革～危機感薄く，早期実現は難しい

中国企業自身によるイノベーション力の強化には，主要産業において中核的な地位を占めている，国有企業の果たす役割が重要である。

一般に国有企業は政府の規制や補助金等によって保護されているため，既得権益に依存する傾向が強く，自力でのイノベーションに取り組む姿勢は，純粋な民営企業ほど積極的ではない。中国では鉄鋼，造船，石油化学，IT，電力，エネルギー，鉄道，通信，金融，物流など多くの主要産業において巨大国有企業が中核的な地位を占めている。かつての日本（国鉄，電電公社，郵便局，専売公社等が主な国有企業）に比べると，国家経済全体に占める国有企業のウェイトがはるかに大きい。それだけにイノベーション力の強化だけでなく，経営効率化など産業界全体の競争力に与える影響も大きいと考えられる。

今後の中国企業の産業競争力の強化を促進するためには，国有企業が既得権益に依存せず，大胆にイノベーションに取り組み，自力で技術力を向上させ，

生産性を高めることが必要である。そのためには国有企業を民営化する改革の大胆な実行が極めて重要だ。中国政府もこの点は認識しており，国有企業改革の推進を経済政策の重要な柱の1つに掲げている。

しかし，2015年夏に発表された国有企業改革の進め方に関する政府の基本方針は，国有企業改革のあるべき方向と考えられている民営化や規制緩和とは逆行する内容を多く含んでいた。公有制を重視し，党の指導を強化し，経営に対する政府の介入を強める方向が強調され，大半のエコノミストや改革推進派の政府関係者は失望した。

一部の国有企業関係者は，そこで示された政府の干渉の強化は，国有企業の腐敗体質を改善するための一時的な便法であり，主要国有企業の腐敗撲滅に一定のメドが立てば，そこから民営化，規制緩和へと舵を切ると見るべき，と解釈している。筆者はそれが正しいとしても，やはり国有企業改革の早期実現は難しいと考える。

日本において国有企業改革が急速に進展したのは1980年代である。当時は国鉄，健保，食管会計（米）の赤字が深刻化し，国家財政も累積債務が急増するなど，国有企業経営と国家財政がともに急速に悪化した。これをメディアが厳しく指摘したことから，政治家や国民，学者，経済人が危機感を共有した。国民的危機感を背景に1981年，鈴木善幸内閣が掲げた「増税なき財政再建」を目標に土光臨調が発足し，中曽根康弘内閣（1982～87年）がその提言内容を政策に取り入れて行政改革を断行し，国有企業の民営化を進めた。それでも成功したと評価されているのは国鉄の改革だけであり，電電公社の改革は中途半端だったほか，郵便局に至っては30年以上たった今でも，依然として改革の成果は乏しい。

中国が置かれている状況は日本以上に難しい。中国経済は中高速成長を持続しているため，国有企業は経営効率が低いにもかかわらず，売上高を伸ばし続けている。黒字の企業が多く，深刻な経営難に陥っている企業は一部に限られる。加えて，中央政府の累積債務残高のGDP比率は2011年以降，15％程度で安定し健全性を維持している。これでは国民が強い危機感を抱くはずがなく，国有企業改革を大胆に断行する意義が共有されていないと思われる。

党および政府の各種文書等から中国政府指導層が国有企業改革の断行を重視

していることは理解できるが，国有企業および政府内部には既得権益層が幅広く存在しており，改革への抵抗は極めて強力である。これらの抵抗勢力を押し切るのは並大抵のことではない。一党独裁体制の中国政府といえども，党内，政府内の抵抗勢力の反対を押し切るには，トップリーダーの強い決意と大胆な実行力が不可欠である。国民レベルの幅広い危機感がない状況では，強力な支持も受けにくいため，よほどの決意がなければその断行は不可能である。

こうした状況を考慮すれば，2020年頃まで中高速成長が持続する間は，党内の権力基盤を固めたと見られる習近平政権でも，国有企業改革は極めて難しいだろう。2020年代に入り，安定成長期に移行し，国有企業の経営状態が悪化して赤字の増大が問題視され，その他の要因も含めて政府の財政赤字の拡大が目立つようになるまで，本格的な国有企業の断行は難しいのではないかと考えられる。

4.4　2020年代には「中所得国の罠」も～財政収支，悪化の恐れ

2020年代まで国有企業改革が先送りされれば，経営効率も改善せず，イノベーション力の弱さが主要産業の産業競争力の低下をもたらす可能性が高い。

産業競争力が低下すれば，輸出競争力の低下により輸出が伸び悩む。一方，国内需要は所得水準の上昇とともに高付加価値化するが，企業や個人の要求水準に見合う高品質の製品を国内で製造することができなければ，高付加価値品の輸入が増加する。それにより貿易収支が赤字に転落し，経常収支も悪化する。経常収支の悪化は人民元安を招き，輸入インフレをもたらす。輸入インフレのホームメードインフレへの転化を防ぐために金融引き締め政策を実施すれば，内需が縮小して成長率が低下し，失業率が増大する。これが典型的な「中所得国の罠（ミドルインカムトラップ）」のシナリオである（図表11）。

2020年前後までは中国経済が安定を保持し，国有企業改革先送りによる産業競争力低下の問題も表面化しないと予想される。したがって，ミドルインカムトラップ問題が表面化するのは2020年代半ば以降になると考えられる。その頃には中国の1人当たりGDPは1万5000ドルに到達し，中国は先進国の仲間入りをしている可能性が高い。他国の例を見れば，先進国に到達した国がミドルインカムトラップ問題に直面することはないが，中国が他国と異なるの

図表11　中国が中所得国の罠に陥るシナリオ

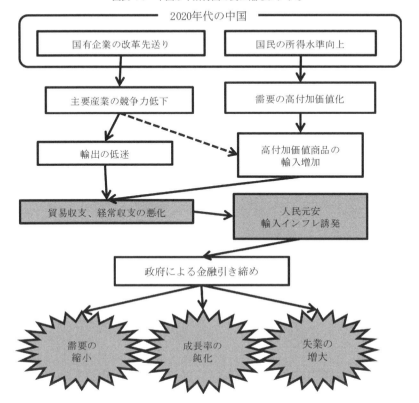

は，所得水準が上昇する一方で，経済全体に占める国有企業のウェイトが高止まりすると見られる点である。過去にミドルインカムトラップを克服して先進国に移行した国・地域は日本や韓国，台湾等がある。これらは国有企業の比率が低く，先進国に移行した時で，民間企業主体の高い産業競争力を持つ経済構造を構築していた。

中国では2020年時点でも国有企業が国家経済の2割程度を占めている可能性が高い。その状況下で国有企業の経営効率の低さ，赤字拡大等の問題が表面化すれば，国家経済全体に与える影響は大きい。これが，中国が先進国に移行した後でもなお，ミドルインカムトラップに陥る可能性が残る背景である。

ミドルインカムトラップによる経済の減速は，税収の伸び悩みによる財政収

支の悪化をもたらす。それと並行して，労働力人口の減少の加速が成長率の低下を招く恐れもある。社会保障負担の増大や軍事予算の負担増大，国有企業の赤字拡大などにより，財政収支の悪化に拍車がかかることも懸念される。2020年代に中国が直面する難題は少なくない。

4.5 中国失速は「リーマン・ショック」以上のインパクト

中国が2020年代半ば以降にミドルインカムトラップに陥ると，世界経済に与える影響は非常に深刻なものとなる。その頃の中国経済は，GDPが米国経済とほぼ肩を並べる規模に達していると予想される。多くの日本企業は中国における売上高や利益が米国における規模を上回るなど，日本経済に与える中国の影響は現在よりはるかに大きくなっている。韓国も同様の傾向が見られ，日中韓3カ国の経済の一体化が一段と進んでいる。その中核に位置する中国経済がミドルインカムトラップに陥れば，日本，韓国が巻き込まれ，アジア経済も急減速する。

影響はアジア域内にとどまらない。欧州はここ数年，急速に中国との関係強化を図ろうとしていることから，今後欧州経済と中国経済との緊密化が強まる可能性が高い。アジア諸国より経済が脆弱な欧州において金融・財政危機が再燃するなど，外的リスクが加わると世界同時大恐慌に陥る可能性もある。

2008年9月のリーマン・ショックの時には中国がアンカーとなって，世界経済が大恐慌になるのを食い止めた。しかし，中国自身が急減速すれば，世界経済を支えられる国は他にない。米国といえどもほぼ同規模の中国，それを大きく上回る日中韓3国に依存するアジア地域の経済を支える力はなくなっている可能性が高い。中国経済の失速は世界経済の失速に直結する。2020年代半ば以降の中国経済が世界に与えるインパクトは，日本，韓国を中心にアジア地域と連動するだけに，現在の米国経済が世界経済に及ぼすインパクトより大きくなっているリスクがあることを認識すべきだろう。

4.6 チャイナリスクを回避するには～重み増す日本企業の役割

中国において国有企業改革が先送りされ，民間企業の産業競争力も低下傾向をたどるならば，2020年代半ば以降，中国発の世界大恐慌のリスクが高まる

だろう。先進国としては，リスク回避のための努力が不可欠である。最も重要なのは産業競争力の低下を防ぐことである。

　中国はこれまで外資企業の直接投資を積極的に誘致しながら，産業競争力の強化を図ってきた。外資参入に拒絶反応が強く，閉鎖的な構造を保持してきた日本とは対照的である。中国は今後も外資の積極的誘致による競争力強化を目指す可能性が高い。中国に対する直接投資の過去の累計額を比較すると，日本だけが1000億ドルを上回っており，2位の米国，3位の韓国，4位の台湾はいずれも700億ドル前後にとどまっている。しかも，日本企業は高度な技術を中国企業に移転するとともに雇用や税収面でも貢献するなど，中国各地の経済発展や産業競争力の強化に大きく寄与してきた実績がある。

　中央政府のほか，地方政府でも経済政策の運営を経験した指導者層は日本の貢献をよく理解している。2012年の尖閣問題発生後，日本企業の対中直接投資が2年間で半分以下にまで急減したことに対して，中国政府の危機感は強い。日中関係がようやく改善し始めた2015年は，中国政府の日本企業に対する誘致姿勢が積極化した。多くの日本企業も中国の熱意を見て，徐々に中国に対する慎重な投資姿勢を和らげる可能性が見え始めている。中国の長期的な産業競争力強化に日本企業が貢献すれば，中国がミドルインカムトラップに陥るリスクを軽減できると考えられる。これは日本経済自身にとっても大きなリスク回避につながるほか，韓国を含むアジア経済，ひいては世界経済の安定にも貢献する。

　すでに日本経済と中国経済は不可分なほどに一体化が進んでおり，どちらか片方だけが発展し，他方が停滞することは不可能となっている。「中国の発展は日本の発展，日本の発展は中国の発展」というのが筆者の持論である。2020年代にはその関係がますます深まるとともに，世界経済の安定保持に果たす役割が重要性を増していくだろう。

［注］
1　すべての夫婦が2人の子供を持つことを奨励する，「人口・計画出産法」の改正案が2015年12月27日に全人代常務委員会で可決され，2016年1月1日に施行された。

第3章
中央と地方の関係見直す税財政改革
—— 財源調達を多様化，基礎年金の確立も

日中産学官交流機構特別研究員

田中　修

●ポイント

▶ 中国は税財政改革に取り組んでいる。政府が目指す中央財政と地方財政の調整は，税財政政策の抜本的な転換となろう。中国の税制は共有税が大半で，中央財政の取り分が大きい。今後は共有税を縮小し，国税と地方税，省政府所管の地方税と末端政府所管の地方税を分立させ，特に末端政府の地方税の税目充実が求められる。

▶ 農村から都市部への移住が進むと，地方政府の負担が増し地方財政のさらなる悪化は必至だ。都市計画税の創設や特別地方債の発行，中央からの財政移転出の強化など，様々な財源調達手段を工夫すべきだ。

▶ 中国では今後，急速な高齢化が予想され，全国統一の基礎年金制度の設立が急務である。年金制度の設計においては，基礎年金の水準を最初から高いものにせず，企業従業員や公務員については年金を2階建構造とし，民間保険と組み合わせながら，持続可能なものにしていく必要がある。

●注目データ ☞　中国の中央と地方政府の支出の推移

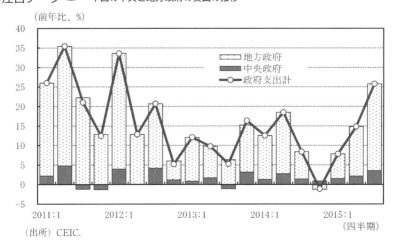

（出所）CEIC.

1. 三中全会で動き始めた税財政改革

「新常態」を提唱する習近平政権が取り組む構造改革において，税財政改革は重要な柱の1つである。

1994年に実施された「分税制」により確立した現行税制は，中国の高度成長に貢献する一方で，中央と地方政府の責任分担をあいまいにし，資源配分や所得分配の機能も十分に果たせなくなっている。

現行税制では税収の大半は「共有税」が占め，このうち中央財政の取り分は間接税（増値税・消費税）が75％，直接税（個人所得税・企業所得税）が60％とされてきた。中央財政の基盤を固める目的で当時の朱鎔基副首相が進めたものだが，地方財政については様々な税外収入（費用徴収）が整理・削減され，中央から地方への財政移転支出の強化も疎かにされたことから，地方財政の基盤は弱体化してしまった。

直接借り入れも禁じられた地方政府は，国有地使用権の譲渡収入や融資プラットホーム（融資平台）会社を介した隠れ借金に財源を依存するようになった。非効率な投資を繰り返したことも災いし，地方政府の債務残高は2015年末には16兆元にまで膨らみ，地方財政は中国経済を揺るがしかねないリスクの1つとされるようになった。

安定成長を目指す「新常態」において，税財政改革は待ったなしの課題である。本章では習政権の発足とともに動き始めた改革の流れや2014年に改正された予算法の意義を振り返りながら，今後の税財政改革の行方を考えていく。

1.1 経済情勢に合わなくなった現行制度〜習近平主席による説明

習近平政権による税財政改革は，2013年の共産党中央委員会第3回全体会議（三中全会）において明確に方向が示され，動き始めたと言える。三中全会の「改革の全面深化に関する若干の重大問題の決定」（以下，「決定」）は地方政府に財政運営面での裁量拡大を認めながら，債務管理や財政規律の強化も求めるという方針を打ち出した。

習近平国家主席は三中全会における「改革の全面深化に関する若干の重要

問題に関する党中央決定の説明」(以下「説明」)の中で,「財政・税制改革の深化」を次のように解説している。現行の税財政制度は1994年の分税制改革の基礎の上に,徐々に整備し形成されたものであり,「政府の財政力の増強と急速な発展というウィン－ウィン目標の実現にとって重要な役割を発揮してきた」。しかし,中国経済は1994年当時から大きく変化しており,「情勢の発展と変化に伴い,現行の税財政制度はすでに中央と地方の権限を合理的に区分し国家のガバナンスを整備するという,客観要求に完全には適応しなくなっている。経済社会の発展における際立った矛盾や問題も,こうした税財政制度の不

図表1　三中全会で決定した税財政改革の重点

予算管理制度の改善
全面的に規範化された公開・透明な予算制度を実施する
予算審議の重点を「収支バランスの状態・財政赤字規模」から「支出予算・政策の展開」に振り向ける
重点支出が財政収支の伸び率あるいはGDPとリンクしている事項を規範化し,一般的にはリンク方式を採用しない
年度を越えて予算をバランスさせるメカニズムを確立し,権限・支出責任の発生主義に基づく政府総合財務報告制度を確立し,規範的で合理的な中央と地方政府の債務管理とリスク事前警告のメカニズムを確立する
一般性移転支出(日本の地方交付税に類似)の増加メカニズムを整備。地方財政力の不足については,原則として一般性移転支出を通じて調節する。特定移転支出項目(日本の補助金に相当)を整理・合理化・規範化する
税制の整備
税制改革を深化させ地方税システムを整備し,直接税の比重を徐々に高める
増値税改革を推進し,税率を適切に簡素化する
消費税の課税範囲・対象・税率を調整し,エネルギー多消費・高汚染製品および一部のハイランク消費品を課税範囲に組み入れる
所得の総合と分類が結びついた個人所得税制を徐々に確立する
不動産税の立法を加速し,改革を適切に推進する
資源税改革を加速する。環境保護を推進し,費用徴収を税に改める
税制優遇,とりわけ地域の税制優遇政策に対する規範化・管理を強化する
権限と支出責任のバランス
中央の権限と支出責任を適切に強化し,国防,外交,国家安全,全国統一市場に関わるルール・管理等を中央の権限とする
一部の社会保障,地域をまたがった重大プロジェクトの建設・維持等を中央・地方の共同権限とし,権限関係を徐々に調整する
地域的な公共サービスを地方の権限とする
中央と地方は権限の区分に応じて相応に支出責任を負担・分担する。地域をまたがり,その他地方に与える影響がかなり大きい公共サービスについては,中央は移転支出を通じて,一部の地方の権限・支出責任を負担する
中央・地方の財政力構造の総体としての安定を維持し,税制改革と結びつけ,税目の属性を考慮して,中央と地方の収入区分をさらに調整する

完全さと関係している」と指摘。中国が安定成長を続けるには，税財政改革の全面深化が必要であると訴えた。

1.2 三中全会で改革の方向示す〜中央と地方の関係調整を指示

三中全会で決定した税財政改革の重点は ① 予算管理制度の改善 ② 税制の整備 ③ 中央と地方政府の財政関係（権限と支出責任）の調整──が大きな柱である（図表1に詳細）。

習近平国家主席は「説明」の中で「これらの改革の主要目的は，政府の権限を明確にし，税制を改革し，税負担を安定させ，予算を透明化し，効率を高めることにある」とし，「これは経済発展方式の転換，公平で統一された市場の確立，基本的な公共サービスが均等化された現代財政制度の推進に資するものであり，中央と地方の財政力と権限が釣り合った財政・税制を形成し，中央と地方の双方の積極性をさらに好く発揮させるものである」と，その意義を強調している。ただ，「財政・税制改革はプロセスが大切であり，段階的に完成させる必要がある」とも述べており，順序立てて改正を進めていく方針も示した。

2．マクロ経済政策と財政改革の関係

「新常態」における財政改革を考えるうえで，習近平政権が実施しているマクロ経済の政策の実情を理解することが大切だ。現在のマクロ・コントロールは，ここ数年，増大する経済の下振れ圧力に対して，短期的には大規模な財政発動などの強い刺激措置は採用せず，「区間コントロールの基礎の上に方向を定めたコントロール」を実施している。これを指導部は「マクロ・コントロールの考え方・方式の刷新」であるとし，財政改革の一環としてとらえている。

2.1 李首相が唱えた「区間コントロール」〜4兆元投資の反省から

区間コントロールとは，2013年から李克強首相が唱えているマクロ・コントロールの新たな考え方を指す。具体的には，まず，様々な指標を使って，経済運営の上限目標と下限目標を設定する。例えば，上限にはインフレ目標を

設定し,インフレ率がこの目標に接近すると経済は過熱していることになるので,景気引締め策を発動する。下限には成長率目標と雇用目標を設定し,成長率や都市部の新規就業者数,都市の失業率が年間目標を割り込みそうになれば,経済が大きく下振れていることになるので,景気刺激策を発動する。インフレ率,成長率,雇用がいずれも目標をクリアしているときには,経済は合理的区間にあるとして短期的な景気対策を発動せずに,構造改革(投資主導から消費主導へ,第2次産業主導から第3次産業主導へ,労働力・資源・エネルギーの大量投入主導からイノベーション主導への転換)と構造調整に専念するのである。

この考え方が出てきた背景には,リーマン・ショック直後に採用された大規模な景気刺激策への深刻な反省がある。この景気刺激策は4兆元の投資追加と思い切った金融緩和から成るもので,2009~2010年に集中的に実行された。その結果,中国経済は世界に先駆けてリーマン・ショックから立ち直り,2010年にはGDP規模で日本を抜き去り世界第2位の経済大国に躍り出たのだが,代償も大きかった。行き過ぎた金融緩和は住宅価格の高騰やシャドーバンキング(影の銀行)の膨張をもたらし,過大な投資は主要産業の生産能力の過剰と地方政府の過剰債務を生み出した(図表2)。これらは経済のリスクとして今

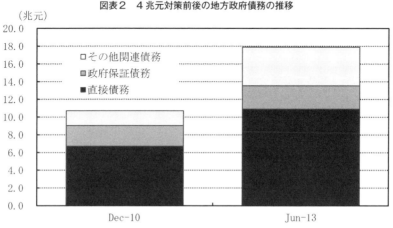

図表2　4兆元対策前後の地方政府債務の推移

(注) 偶発債務含む。
(出所) CEIC.

日も重く中国にのしかかっており，現指導部は経済成長が減速しても大型の景気刺激策を発動できない要因となっている。

2.2　方向を定めたコントロール～財政政策と構造改革のバランス図る

2014年から，経済成長率の減速傾向が明らかになる中で，政府は大型の景気刺激策が発動できなくても，何らかの景気下支え策が必要であった。そこで，財政政策や金融政策の実施に際して，2009～2010年のようなバラマキは行わず，例えば小型・零細企業や「三農」（農業・農村・農民），水利・鉄道・都市インフラ等に的を絞って，財政資金や貸出資金の投入を行う方法を採用した。いわば，財政政策と構造改革のバランスを図った政策であり，李首相はこれをしばしば「点滴灌漑」と形容している。

3．改革の根幹を成す予算法の改正～財政制度の近代化に道筋

習近平国家主席は2014年6月30日，党中央政治局会議を開催し，三中全会での「決定」を具体化させるための「財政・税制改革を深化させる総体方案」を決めた。会議では，「新たな財政・税制改革は，国家のガバナンスシステムとガバナンス能力の現代化に関わる深刻な変革であり，全局に立脚し長期に着眼した制度のイノベーションである」とし，具体的スケジュールを「2016年に重点政策・任務を基本的に完成し，2020年に現代的財政制度を基本的に確立する」とした。

党中央の一連の決定を受けて，全国人民代表大会（全人代）常務委員会は2014年8月，予算法の改正案を採択した。改正予算法の施行は2015年1月1日。楼継偉財政相のコメント（『人民日報』2014年9月1日）などから見て，改正の意義は①健全で透明な予算制度の整備②予算審査と年度を越えた予算管理方式の改善③地方政府の債務管理の規範化④財政移転支出制度の整備⑤節約励行の堅持と支出の制約厳格化——の5点に集約される。中でも地方政府に原則として禁じていた債券発行を認めた点が注目される。

3．改革の根幹を成す予算法の改正～財政制度の近代化に道筋　51

3.1　健全で透明な予算制度の整備

　改正予算法は予算外資金に関連する内容を削除し，かつ明確に「政府の全部の収入・支出は予算に組み入れなければならない」と規定した。中央・地方政府の予算や予算調整（日本の補正予算に相当），決算，予算執行情況等については，全人代の批准を受けた後は，20日以内にその内容を社会に公開しなければならないとした。これを受け，2015年には，11項目の政府基金を一般公共予算に組み入れたほか，中央国有資本経営予算から一般公共予算に繰り入れる比率も高めている。

3.2　予算審査と年度を越えた予算管理方式の改善

　旧予算法は予算の審査に当たっては，単年度における財政収支の均衡を重視していたが，これでは景気変動に対して柔軟な財政政策が発動できない。

　改正予算法は予算審査について，「経済発展の方針に符合しているか」「実行可能か」「重点支出・重大投資プロジェクトが適切に計上されているか」「地方政府への移転支出予算（日本の地方交付税・補助金に相当）は適切な内容か」などを重点的にみるとしたうえで，「年度を越えて予算をバランスさせるメカニズムを確立しなければならない」とした。具体的には，中央・地方政府の一般公共予算は予算安定調節基金を設置し，以後の年度予算の資金不足の補充に用いることができることにした。もし一般公共予算の年度執行において収入超過があれば，赤字削減あるいは予算安定調節基金の補充にのみ用いることができる。また，地方政府でも人民代表大会の承認を得れば赤字を計上できることとした。

　年度を越えた予算の均衡については，2015年に財政部が「中期財政計画管理実行意見」を打ち出し，2016～18年の3カ年で水利投資運営や義務教育等5分野において，財政計画を毎年ローリングさせていく試験を始めている。

3.3　地方政府の債務管理の規範化～無秩序な資金調達を制限へ

　旧予算法では地方財政は収支均衡を原則とし，財政赤字計上を禁じた。財源不足に悩む地方政府は一方で高い成長率の実現を求められたため，融資プラットホーム会社や国有地使用権譲渡収入など様々な手段で資金調達した（図表

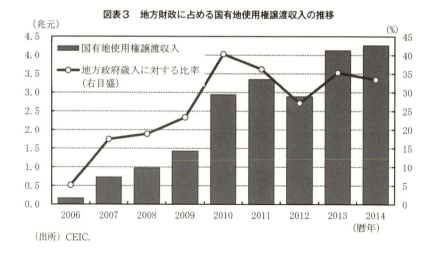

図表3　地方財政に占める国有地使用権譲渡収入の推移

（出所）CEIC.

3）。

　改正予算法ではこうした地方政府が抜け道を行くような資金調達を制限し、債務管理を規範化するため、地方政府の借入許可規定を設けるとともに、次の5つの制限を設けて、債務リスクの増大を防止することとした。

① 国務院が許可した省レベル政府のみが借入できる。
② 借入した資金は公益的資本支出にのみ用いることができ、経常支出に用いられない。
③ 借入の規模は中央政府が全人代に報告し批准を経る。
④ 借入の方法は地方政府債券を発行する方式のみ認める。
⑤ 借入は償還計画と安定した償還資金源がなければならない。

3.4　財政移転支出制度の整備～地方の公共サービスの均等化を推進

　改正予算法は、中央政府から地方政府への財政移転支出制度の規範化と整備も目指している。中央政府から地方政府への財政移転は、地方政府の公共財政支出の多くを賄うが、どの地方にどのくらい資金を配分するかは基準が曖昧なうえ、不透明な資金使途が問題となるケースも少なくない。

　財政移転支出制度を整備して全国各地の公共サービスの均等化を図るため、まず日本の地方交付税に類似する一般性移転支出を制度の主体とし、支出規模

を拡大させていく。一方，日本の補助金にあたる特別移転支出は整理合理化する。地方政府が中央の各省庁に駆け込んで補助金を獲得したり，補助金の見返りとして中央政府が地方に不適切な関与をすることを減らしたりする狙いだ。2014年12月の全国財政工作会議によれば，改正予算法の施行をにらみ，2014年の段階ですでに特別移転支出項目は220から150に圧縮された。

2015年予算では均衡性移転支出（一般性移転支出の中でも日本の地方交付税に最も近い支出）について，旧革命根拠地や少数民族地域，辺境地域，貧困地域移転への支出の増加率を，一般性移転支出全体の伸びより1〜2.4ポイント高くした。特別移転支出項目はさらに96前後にまで減らしている。

3.5　節約励行の堅持と支出の制約厳格化

予算編成では，勤倹節約の原則を徹底し，各部門，単位の機関運営経費やオフィスビル・公会堂・ゲストハウス等への基本建設支出を厳格に抑制しなければならないとした。恣意的な財政支出を防ぐため，改正予算法は，予算執行において，各レベル政府は財政収入あるいは支出を新たに増やす政策・措置を制定できず，財政収入を減らす政策・措置も制定できないこととした。予算を調整しなければならず，予算調整を進める必要がある場合は，予算調整案（補正予算）に計上しなければならないとした。

4．本格化する地方政府債務問題への対応

4.1　地方債の発行を解禁〜借り換え債で金利負担も軽減

改正予算法の目玉の1つは，財源不足に悩む地方政府に対して，従来は禁止していた債券発行を認めたことにある。改正予算法の施行を前に，中央政府は北京市や上海市，浙江省，広東省，江蘇省など一部の地域において，債券発行を試験的に認めていた。発行できるのは省レベル政府のみで，2014年の発行総規模は1092億元にのぼった。

2015年には，6000億元を上限とする新規財源地方債の発行を認めるとともに，債務負担を減らす目的で3.2兆元の借り換え地方債の発行を認めた。地方における投資プロジェクトの停滞傾向を緩和するため，地方政府が融資プラッ

トホーム会社を使って建設中のプロジェクトのつなぎ融資を受けることも認めた。

楼継偉財政相が2015年12月，全人代常務委員会に対して行った報告によると，同年12月11日までに実際に発行された借り換え地方債の規模は合計3.18兆元だった。借り換えられた債務の平均コストは約10%から3.5%前後に引き下げられ，地方政府の毎年の利払い負担は2000億元軽減されることとなったという。新規財源地方債の発行額は5912億元だった。

4.2 なお残る地方のリスク〜いかに債務管理を強化するか

地方政府へのテコ入れを始める一方，中央政府は地方に対する警戒感を無くしてはいない。楼財政相は地方政府が直面している問題としていくつかの点を指摘している。

図表4　地方政府の債務管理に関する政策方針

ストック債務を確実に償還させる
地方政府が持つ資産を活用，借り換え地方債の発行
政府と社会資本の協力（PPP）を活用
偶発債務を法に基づき適切に処理する
既に発生した偶発債務は合法なものは有効とし，違法な保証は協議により新契約を結び保証関係を解除する
地方政府が代理償還が必要なものは予算措置し，責任者を追及する
今後の偶発債務は増加を厳しく限定する
融資プラットホーム会社の転換・資金調達を推進する
実体のない会社は閉鎖し，実体のある会社は市場主体に転換する
融資プラットホーム会社の借金を地方財政資金で相殺してはならない
実体のある会社の転換プロセスにおいて，債務処理・雇用対策等をしっかり行い，国有資産の流出や債務逃れ等の問題を防止する
地方政府は出資の範囲内で責任をもち，契約の範囲内で政府調達などの責任を負い，隠れ保証を解消する
市場化された退出・再編のメカニズムを整備する
リスク防止・コントロールと応急処理メカニズムの建設を強化する
地方政府が債務限度額管理規定を実施するよう督促し，債務を増加させない
リスクが高い地方政府には，中長期債務リスク解消計画を制定するよう督促し，発生する可能性のある局部的リスクにしっかり対応する
財政リスク・金融リスクの相互転化を防止し，財政政策と金融政策の協調的組合せを強化し，債券市場の着実な発展を推進する
地方政府の債務を党・政府指導幹部の政治業績考課の範囲に組み入れる
違法な借金・保証行為への懲罰を強化する

まず，地方政府の債務償還圧力は依然として大きい点である。地方政府は「安定成長」と「リスク防止」の二重の圧力に直面している。自前の資金源だった国有地使用権譲渡収入は不動産開発の低迷もあって，規模が減少しており，財政基盤は脆弱だ。債務償還能力も低下し，局部的なリスクが発生する可能性がある。また，一部の地方政府は，依然として規定に反した借り入れや保証承諾等をし，金融機関もそうした地方政府に融資するケースが後を絶たない。「表面上は株で実際は債務」といった借り入れもあり，監督管理が難しい。融資プラットホーム会社の処理も難問だ。自身で収益を上げる能力が弱いので，経営を続けられる会社は少ない。清算しようとしても，地方政府とのしがらみが残っており，短期間では困難だ。

　楼財政相は地方政府の債務管理を強化するため，民間資金を活用する官民パートナーシップ（PPP）などの一連の政策をとるとしている（図表4）。

5．税制改革の状況

　ここまで中央と地方政府の関係を中心に財政改革について見てきたが，「新常態」における税制改革の取り組みについても，触れておきたい。財政制度と同様に，中国の税制も構造問題を抱える経済の実態には適さないとの指摘が多くなされている。例えば，国有企業を対象にした多くの優遇税制は，市場での公平な競争を阻害するだけでなく，過剰な生産能力の解消を妨げるほか，資源の節約，環境保護の面でもマイナスである。税収においては増値税や営業税など間接税が中心で，直間比率が低い現行税制は所得の再分配を十分に果たすことができない，といった問題も抱える。

　税制改革の目玉の1つに，営業税から増値税への切り替え（営改増）がある。営業税はサービスの提供などの売り上げに課税するもので，多くは増値税に比べて税率は低いが，仕入時に支払った税金は控除できないなどの特徴がある。政府は営業税の課税対象取引を増値税の課税対象に切り替えるよう，2012年から上海市で試験的に改革を始めた。2013年には試験地域は全土に広がり，2014年には対象業種に鉄道運輸業や郵政業，集荷配達サービス，電信業も含めるようにした。

このほか，石炭資源税が従量課税から従価課税に全面的に改められたほか，ぜいたく税にあたる消費税は2015年にガソリン・ディーゼル油の税額が引き上げられ，電池や塗料も対象に加えられた。資源税改革も引き続き進んでいる。

試験的な改革が一定の成果を収める一方で，必ずしも順調とは言えない面もある。営改増の改革は2015年末には完了する予定だったが，金融業や不動産業，建築業，生活関連サービス業については，増値税に組み込まれず，改革対象の拡大は2016年5月にずれ込んだ。かねて模索されてきた不動産税の立法化もまだ進んでいない。

6．サプライサイド構造改革と財政改革

習近平国家主席は2015年11月10日の党中央財経領導小組会議において，「サプライサイドの構造改革強化と供給体系の質・効率向上に力を入れ，わが国の社会生産力の水準を全面的に飛躍させなければならない」として，「サプライサイド構造改革」を提唱し，過剰生産能力の有効な解消など4大分野で政策を遂行するよう指示した。2015年12月の中央経済工作会議は対象をさらに5大分野に増やして改革の方針を示した。

6.1　供給体系の効率化を目指す～過剰能力の削減急ぐ

中央経済工作会議ではサプライサイド構造改革の意義を「経済発展の新常態に適応するための重大な刷新であり，必然的な要求でもある」とした。改革の方針は①過剰生産能力の有効な解消②コストの引き下げ③不動産在庫の解消④有効な供給の拡大⑤金融リスクの防止・解消——の5点に集約される。

具体的には，生産能力過剰を解消するため，企業の合併再編，破産・清算を進め，いわゆる「僵屍（ゾンビ）企業」の退出を目指す。存続する企業については，コストの引き下げを支援して競争力を向上させる。制度的な取引コスト，税負担，社会保険料，財務コスト，電力代，物流コストの6分野で引き下げ政策を打ち出した。中国経済のアキレス腱とされる不動産在庫の解消も急ぐ。戸籍制度改革による農村からの出稼ぎ労働者（農民工）の都市部への移転

で新規住宅需要を増やす一方,住宅賃貸専門企業を発展させる。不動産業の合併再編も促進することで,不動産市場の安定化を図る。

有効な供給を拡大するために,脱貧困,企業の技術改造・設備更新支援,新産業の育成,人的資源への投資強化等を目指す。デフォルト対策や地方政府債務リスクの解消,金融監督管理の強化などにより,金融リスクの防止・解消にも全力をあげる。

6.2 サプライサイド構造改革における財政政策

サプライサイド構造改革においては,財政政策の方針を「積極的財政政策と減税政策を実行し,財政赤字比率を段階的に引き上げる」とした点が注目される。財政赤字が拡大しても「政府が請け負うべき支出責任を保障しなければならない」としている。サプライサイド構造改革は「企業の税負担の引き下げ」を掲げたように減税に主眼を置いており,減収分を補うために財政赤字の拡大が容認されているのである。2015年の全人代ではGDPに占める財政赤字の比率の目標値は2.1%から2.3%に引き上げられたが,2016年の全人代では,さらに3%に引き上げられた(図表5)。

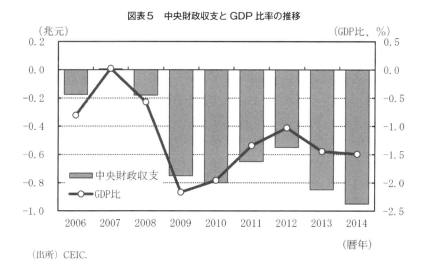

図表5 中央財政収支とGDP比率の推移

(出所)CEIC.

6.3 2016年以降の方向性

　中央経済工作会議の後，2015年12月28日に開催された全国財政工作会議で，楼継偉財政相はサプライサイド構造改革における税財政改革の方向性を次のように説明している。すなわち，中央と地方政府の財政関係の調整や，増値税や個人所得税，消費税改革の推進，ならびに全面的に規範化され公開・透明な現代予算制度の整備などである。これに対応する財政政策については2016年以降，実施していく。具体的には以下の4点に集約される。

① 　段階的に財政赤字比率を高め，財政赤字規模を拡大し，国債発行規模を相応に増やし，地方政府の新規債務増加の限度額を合理的に確定する。
② 　減税やコスト引き下げ政策をさらに実施して，各種のみだりな費用徴収には歯止めをかけ，税の取りすぎを止め，企業と市場主体により多くの使用可能な資金を残していく。
③ 　財政資金の統一的企画と遊休資金の活性化を強化し，資金を真に必要な所に用いる。
④ 　支出構造を調整・最適化し，「公費接待・公費海外出張・公用車購入保全」等の一般支出を圧縮し，持続可能で基本を維持するという原則に基づき，民生支出をしっかり計上する。

7．今後の税財政改革のポイント

　中国の税財政改革は予算制度の改革や地方債制度の創設，営業税を増値税に改める改革の範囲拡大などで，一定の進展を見せている。では，今後の改革のポイントはどのようなものになるであろうか。

7.1　中央主導で全国統一の基礎年金制度を～行政機能の見直しも

　前述したように，中央財政と地方財政の関係を見直す動きは，1994年以来の分税制の抜本的転換となる可能性がある。

　今後は共有税を縮小し，国税と地方税，さらには省政府所管の地方税と末端政府所管の地方税を分立させ，特に末端政府の地方税の税目を充実させる必要がある。それには複雑な多層構造になっている地方の行政組織を簡素化しなけ

ればならず，それは地方行政改革に直結することになろう。また，権限と支出責任を対応させなければならないので，どの行政事務をどのレベルの地方政府に任せるのか，しっかりとした線引きが必要となる。これは地方分権のあり方とも関わる問題である。

　地方政府の機能強化が求められる一方で，中央政府にも新たな責任が生じる。例えば，現在の年金保険制度は各省でバラバラに整備されているが，都市化や戸籍制度改革の進展に伴って人口の流動性が高まっていくと，全国統一の基礎年金制度の確立が急務となる。これを地方政府に任せるのは無理であり，中央政府の責任となろう。2013年の三中全会以降，中央政府の権限と支出責任の強化が繰り返し強調されているのも，年金制度の確立が背景の1つと考えられる。

　中央から地方への財政移転支出の拡大，充実も重要である。日本の地方交付税は都道府県・市町村に直接交付されているが，中国の場合，中央の財政移転支出の交付先は省レベル政府であり，その下に属する地方政府への財源配分は省レベル政府に任されている。この結果，「仕事は下におろすが，財源はおろさない」という現象が生じ，末端政府ほど財源難にあえぐようになっている。中央からの移転資金が確実に全国の末端政府に届く仕組みが必要であろう。

　中央と地方の権限と支出責任の見直しは，税務組織の権限見直しにもつながる。党中央弁公庁と国務院弁公庁が2015年12月25日に下達した「国税・地方税徴収管理体制改革方案」によれば，中国は2020年を目標に現代的な税収徴収管理体制を構築する方針だ。中央税は国税部門が徴収し，地方税は地方税部門が徴収することを徹底する一方，「共有税の徴収管理の職責は税目の属性と徴収管理の簡便化の原則に基づいて確定する」という。ただ，国税組織と地方税組織の統合については，国家税務総局の王軍局長は「わが国の分税制財政管理体制は国税と地方税機関の分離設置を前提・基礎としている。現在でも分税制の前提は変わっておらず，機関の分離設置も引き続き堅持すべきである」と明確に否定している（『人民日報』2015年12月24日）。

7.2　都市化と財政〜都市計画税などの創設で財源確保を

　習近平政権における重要政策の1つに，戸籍制度改革と農村住民の都市部へ

の移転加速がある（第6章参照）。前述したサプライサイド構造改革のうち，不動産在庫の解消のためにも「都市化政策」は急務であるが，これにはかなりの財源を必要とする。数多くの農民に都市戸籍住民と同等の教育や就業，社会保障，医療，住宅などの公共サービスを提供しなければならないからである。子弟の義務教育1つをとっても，学校の増設や教員の確保が必要であり，その追加費用は膨大な規模になる。

　社会科学院が2013年7月30日に出した『2013都市藍皮書』によれば，2030年までに全国で約3.9億人の農業からの移転人口の市民化を実現する必要があり，市民化1人当たりの公共コストを13.1万元として計算すると，3.9億人の市民化問題を解決するには約51兆元のコストが必要となるという。また，国家開発銀行の試算によれば，3年間で「都市化政策」に必要な投融資資金の需要は25兆元に達するとされている（『財経国家新聞網』2013年12月24日）。資金を地方政府だけに負担させれば，地方財政のさらなる悪化は必至であり，財源を都市住民への課税にのみ頼れば，都市住民と農民工との深刻な社会対立を生むことになろう。都市計画税の創設や特別地方債の発行，中央からの財政移転出の強化など，様々な財源調達手段を工夫する必要がある。

7.3　高齢化と財政〜難しい年金の制度設計

　都市化政策による人口の流動性の加速とともに，今後は急速な高齢化の進展も予想される。全国統一の基礎年金制度の設立が課題だが，さらに注目すべき問題は年金の水準である。日本は1970年代初めに「福祉元年」と称し，年金水準を一気に引き上げた。これは，高度成長と人口増加がその後も続くことを前提にしたものだったが，年金制度を改革した直後に高度成長は終了し，一方では少子高齢化が進行し始め，年金制度はたちまち持続不可能になってしまった。

　年金制度の設計で大事なことは①成長率②人口動態③金利——の3点について，どのような前提を設けるかである。

　中国では労働人口の減少が既に始まっており（第6章参照），経済のサービス化とともに潜在成長率は間違いなく低下していく。成長率について願望的な予想を立てることは危険である。人口動態も楽観はできない。2016年から2

人までの子供の出産を無条件に認める「完全な2人っ子政策」が実施され，出産制限が緩和されたが，日本の例をみても分かるように，いったん都市部で少子化の流れができてしまうと，そう簡単には止まらない。出産制限の緩和だけで人口動態を大きく変えることはできないのではないか。金利については中国は自由化を推進しており，やがて市場が完全に金利を決定する時代が訪れることになろう。ただ，年金資金の運用金利を高めに見積もってしまうと，将来的に年金の深刻な積立不足が発生し，財政危機をもたらす。

　基礎年金の水準は最初から高いものにせず，企業従業員や公務員については年金を2階建て構造にし，成長率，人口動態，金利を慎重に見積もり，民間保険とも組み合わせながら，持続可能なものに設計する必要がある。これは医療保険についても同様である。

7.4　避けられぬ個人所得税の課税強化～所得分類を整理・統合

　中国の個人所得税は，所得が11種類に分かれ，税率もバラバラで，所得を分散すれば容易に脱税ができるという欠点がある。多すぎる所得分類を統合し，総合と分類が結びついた個人所得税を法制化することが重要な課題となっている。

　個人所得税の課税ベースの拡大も避けられない。これまで個人の平均消費額が一番高い省を基準にして課税最低限が繰り返し引き上げられてきたため，多くの国民は個人所得税の課税対象から外れてしまっている。高齢化社会の進行に伴い，社会保障の財源の充実が急務だが，増値税についてはサプライサイド構造改革の一環として，製造業に係る税率引き下げが検討されているなど，間接税収入に財源のすべてを頼ることはできない。個人所得税の課税ベースの拡大が重要であり，国民が広く薄く高齢化社会の費用を負担する仕組みが求められる。所得分配体制改革の観点からすれば，高額所得者への課税強化も必要であろう。

7.5　急がれる資産課税～不動産，相続，贈与税の立法化を

　日本の固定資産税に相当する不動産税は，かねてから上海市と重慶市で試行されてきたが，立法化は実現していない。不動産税は税収が景気に大きく左右

されないため、末端地方政府の安定的財源として不可欠であり、不動産投機を抑制する観点からも早期の導入が必要である。

　中国には相続税や贈与税も存在しない。財政省はかねてから「遺産税」導入の構想をもっており、新たに5カ年計画が策定されるたびに、当局はその制定を計画に入れようと努力しているが、第13次5カ年計画の政府要綱でも遺産税に関する記述はない。個人所得税の課税が不十分な中で、相続資産に一切課税しないのでは貧富の差は拡大するばかりとなる。累進的な相続税、贈与税の導入は必須である。

7.6　PPPはうまくいくのか～経営主導権も民間に委ねよ

　固定資産投資が長期に伸び悩む中で、中国では2015年から民間資金を活用する官民パートナーシップ（PPP）の推進が強調されるようになった。特に地方政府の債務管理改革の一環として、融資プラットホーム会社が推進している収益事業をPPPに転換することが奨励されている。

　習近平政権の政策を見ていると、行政の簡素化、権限の下方委譲といった規制緩和と、国有企業改革や都市インフラ整備、融資プラットホーム会社のPPP導入といった、民間資金の活用が大きな柱となっているようにみえる。これは、日本で1980年代に中曽根康弘内閣が行った経済政策と酷似している。

　中曽根内閣の時期には、民間活力活用の名のもとに、中央や地方各レベルで民間と政府が共同出資する第三セクターが乱立し、多くが経営難に陥った。第三セクターが失敗した最大の原因は、その実体が「民間資金の活用」にすぎず、民間の経営ノウハウの活用ではなかったからである。企業のトップは役人の天下りの指定席となり、経営の実体は政府直轄の特殊法人と何ら変わりはなかった。バブル経済が進行する中、多くの第三セクターは採算性を度外視した事業にのめり込み、経営が破綻したのである。

　習政権は国有企業改革に民間資金を導入するとしながらも、他方で「国有経済の活力、コントロール力、影響力、リスク抵抗能力を増強する」とも言っている。これでは政権が目指す国有企業改革は、単に国有企業を強大化するために、民間資金を利用して資本増強しているだけのようにもみえる。融資プラットホーム会社の事業についても同様だ。

民間資金を導入するだけでなく，経営の主導権も民間側に付与しなければ民間資金の費消に終わるだけであろう。経営の主導権が与えられなければ，民間側が乗ってくるはずもない。PPPが掛け声の割には進まないのは，民間の行政に対する不信感が背景にあるのではないか。

[参考文献]

田中修（2014）「習近平指導部の経済改革・経済政策」財務省財務総合政策研究所『フィナンシャル・レビュー』第119号，2014年8月．

田中修（2015）「経済改革―財政・金融を中心に進展」中国研究所『中国年鑑2015』毎日新聞社，2015年5月．

第4章

段階的に進む金融システムの改革
——資本の完全自由化には慎重姿勢も

日本銀行北九州支店長（前北京事務所長）
福本智之

●ポイント

▶ 中国の金融改革は実体経済面の改革と表裏一体をなし，主に①金融機関の経営メカニズム改革②金利の自由化と金融市場の整備③為替管理の自由化と為替レートメカニズム改革——の3つの側面から漸進的に進められてきた。

▶ 2008年以降のグローバル金融危機を受けた危機管理モードの下，一時停滞した感があったが，2013年の三中全会で経済改革の方針が打ち出されたのを受け再び加速した。金利の自由化が進み，預金保険制度も創設された。2015年11月のSDR採用決定は「人民元の国際化」の象徴と言える。

▶ 中国政府は今後，三中全会が提示した2020年という改革達成の期限を意識しつつ，「国内の金融改革」「資本取引の自由化」「為替レートの柔軟化」を微妙なバランスに配慮しながら，段階的に進めるとみられるが，資本取引については一定の規制を残すと見られる。

●注目データ ☞ 人民元の対ドルレートの推移

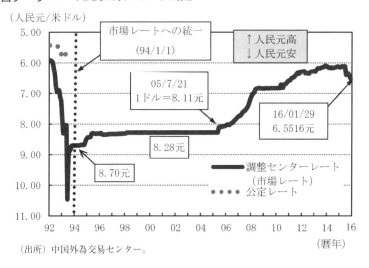

（出所）中国外為交易センター。

1．中国の金融改革の変遷～習近平政権で自由化が一気に加速

中国にとっての金融改革は，1978年から始まった改革開放路線の下，実体経済面の改革と表裏一体をなす経済改革の重点分野であり続けた。実体経済では企業経営の近代化やモノ・サービスの価格を市場が決める価格メカニズムの確立，貿易や投資の対外開放などを推進した。金融改革は ① 企業に資金を供給する金融機関の経営メカニズム改革 ② 資金貸借の対価である金利の自由化と金融市場の整備 ③ 為替管理の自由化と為替レートメカニズム改革──の3つを柱として，実体経済の改革を支えてきた。

金融改革が本格的に始まったのは1993年である。共産党第14期中央委員会第3回全体会議（三中全会）は社会主義市場経済体制を確立する方針を決定。この決定に基づき商業銀行法が制定され，4つの国家専業銀行が商業銀行化した。その後，商業銀行は不良債権処理など曲折を経て株式会社化と上場を果たす。

国有商業銀行の経営メカニズム改革が顕著な成果を挙げる一方，2008年秋にリーマン・ショックが起きると金融改革の歩みは一時停滞した。改革を再び加速させたのは習近平政権である。「新常態」を提唱する習政権は2013年11月の共産党第18期中央委員会第3回全体会議（三中全会）において「全面

図表1　三中全会の「決定」で示された金融システム改革の概要

金利自由化を加速，市場の需給を反映した国債イールドカーブを整備する
人民元レートの市場による形成メカニズムを整備する
資本の流出入双方向の開放を進め，クロスボーダーの資本と金融取引の兌換レベルを秩序立てて引上げ，外債・資本の流動性管理システムを構築整備し，人民元資本項目の兌換実現を加速する
預金保険制度を整備し，金融機関の市場ベースの退出メカニズムを構築
金融業の内外への開放を拡大する
民間資本による中小銀行等の金融機関の設立を許可する
政策性金融機構を改革する
株式発行登録制の改革を進め債券市場を発展させ直接金融の比率を高める
経済に広く恩恵を及ぼす形の金融（マイクロファイナンス等）を発展させる。金融イノベーションを奨励し，金融市場の多層化と商品の充実を図る
金融監督管理の改革を実施し，安定的な基準を設け，監督管理協調メカニズムを整備する。中央と地方の職責とリスク対応責任の境界を定める
金融インフラ建設を強化し，金融市場の安全で効率の高い運営を保障する

的改革の深化に関する若干の重大問題の決定」を可決。「決定」は金融改革の様々な方針を示し（図表1），これにより金利の自由化など金融改革は大きく進展した。

以下では冒頭に示した3つの柱について，金融改革の変遷を見ていく。

2．金融機関の経営メカニズム改革

2.1 不良債権問題から脱した4大国有商業銀行～世界有数の資産規模に

計画経済の体制では，経済主体への資金分配は主として財政で行われ，金融は季節性資金の提供程度の役割しか持たず，唯一の銀行であった中国人民銀行がこれを担っていた。改革開放後，中国人民銀行は中央銀行となり，企業や個人の預金・貸出を取り扱う国家専業銀行（中国工商銀行，中国銀行，中国建設銀行，中国農業銀行）が中国人民銀行から分離，新設された。

1993年の三中全会の決定や中央政府の「金融体制改革に関する決定」を受けて，1995年に商業銀行法が施行されると，国家専業銀行は国有商業銀行に機能転換し，いわゆる4大国有商業銀行が誕生した（2004年から交通銀行も国有商業銀行となる）。国家専業銀行が担っていた政策性金融の業務は政策性銀行（国家開発銀行，中国輸出入銀行，中国農業発展銀行）に分離された。もっとも，商業銀行になっても「借り手も貸し手も国有企業」という状況はかわらず，銀行は返済能力を十分に審査せず，企業も銀行借入を「第二の財政資金」とみなす傾向があった。多くの体制移行国で広くみられた「ソフトな予算制約」に陥っていたといえる。

激しいインフレに対応した金融引き締めや1997年のアジア通貨危機を受けて国内景気が減速すると，借り手である国有企業の経営が悪化。商業銀行の不良債権が急増した。格付け大手スタンダード・アンド・プアーズ（S&P）は当時，「四大国有商業銀行の不良債権比率は50％程度」と推測したほどである。

こうした状況に対し，朱鎔基副首相（1998年3月から首相）の指導の下，政府は1997年に第1回全国金融工作会議を招集し，不良債権の処理に乗り出す。1999年には金融資産管理公司を設立し国有商業銀行の不良債権の一部（1兆4000億元）を買い取らせたほか，国有商業銀行への資本注入（3000億元）

も実施した。しかし，経営メカニズムを変革しないまま不良債権を移管しても不良債権問題の抜本的解決はできなかった。

中国は2001年，世界貿易機関（WTO）に加盟すると，外資系金融機関に国内の金融業務を開放することを約束した。国内ではWTO加盟を機に，商業銀行の経営メカニズムを抜本的に改善しないと外資系にシェアを奪われる，との危機意識が高まる。政府は2002年，第2回全国金融工作会議を開き，4大国有商業銀行を株式会社化，上場させ，経営メカニズムを転換する方針を打ち出した。2008年までに順次，国家の外貨準備や財政資金を使って各行の資本を増強する一方，多額の不良債権は金融資産管理公司に売却した。政府主導の経営改革により各行はいずれも株式会社化し，上海や香港で上場を果たした。資本増強だけでなく，外国銀行のノウハウを吸収して経営を近代化したほか，政府も2003年，銀行業監督管理委員会を発足させ銀行監督を強化した。

一連の総合的な取り組みで，中国の商業銀行の経営は著しく改善した。財務内容面では，自己資本比率の向上と不良債権比率の低下が顕著に進んだ。2000年時点で商業銀行の自己資本比率は平均で5.7％だったが，2014年には13.2％に向上している。不良債権比率は2000年末時点では4大国有商業銀行ベースで25％（旧基準）だったが，2009年以降は1％台で推移している（図表2）。

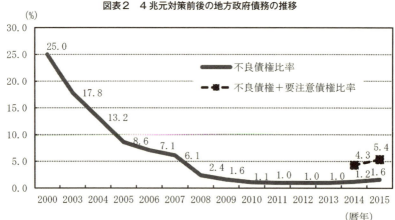

図表2　4兆元対策前後の地方政府債務の推移

（注）2015年は9月現在。
（出所）中国銀行業監督管理委員会。

図表3 The Banker による銀行ランキング（総資産残高ベース，10億ドル）

2004年末

位	銀行名	
1	UBS	1,533
2	Citigroup	1,484
3	Mizuho Financial Group	1,296
4	HSBC Holdings	1,277
23	中国工商銀行	685
32	中国銀行	516
35	中国建設銀行	472
40	中国農業銀行	422
89	交通銀行	138

2014年末

位	銀行名	
1	中国工商銀行	3,368
2	中国建設銀行	2,736
3	HSBC Holdings	2,634
4	中国農業銀行	2,611
5	JPMorgan Chase & Co	2,573
6	BNP Paribas	2,522
7	中国銀行	2,492
25	交通銀行	1,024

(注) 2004年末の総資産のうち中国農業銀行は2003年末，Mizoho Financial Group は2005年3月末ベースのデータ。
(出所) The Banker, 2005年7月, 2015年7月号。

収益力も向上した。2014年の国有商業銀行5行[1]の当期利益は8898億元（約16.6兆円）と日本のメガバンクグループ3社の当期利益（2014年度2.3兆円）の約7倍の規模となった。総資産も飛躍的に増加し，現在では世界の銀行の総資産順位の上位を中国の国有商業銀行が占める（図表3）。

商業銀行の経営メカニズムも改善した。筆者は2000年代前半と2012～2015年の北京駐在時，商業銀行を何度か訪問したが，リスク管理面での牽制体制の確立（融資営業担当と審査担当の分離，貸出審査権限の集中化等）やリスク評価，リスク考慮後の収益による業績評価の導入など，経営管理やリスク管理体制の進歩を実感した。

2.2 多様化する金融機関～インターネット金融も台頭

国有商業銀行のほかにも，中国では様々な金融機関が誕生した。1980年代，株式制商業銀行は交通銀行1行だったが，1990年代以降，全国的に業務を行う株式制商業銀行が次々に発足した。不良債権を抱え経営難にあえいでいた都市信用社は整理淘汰の結果，都市商業銀行として再生した。農村部では農村信用社の改革が進み，様々な種類の農村金融機関が生まれている（図表4）。

ノンバンクについても，一時経営破たんが相次いだ信託会社が整理淘汰された後，銀行貸出の代替として急速に規模を拡大した[2]。多様化する資金ニーズに対応するためリースや自動車ローン，消費者ローン会社なども設立されてい

図表4　中国における金融機関の全体図（2014年末）

業態	金融機関数と主な金融機関
国有商業銀行	5（中国工商銀行，中国銀行，中国建設銀行，中国農業銀行，交通銀行）
政策性銀行	3（国家開発銀行，中国輸出入銀行，中国農業発展銀行）
株式制商業銀行（全国性）	12（招商銀行，上海浦東発展銀行，中信銀行，華夏銀行，中国光大銀行，興業銀行，広発銀行，中国民生銀行，平安銀行，恒豊銀行，浙商銀行，渤海銀行）
都市商業銀行	665（北京銀行，上海銀行ほか）
農村系金融機関	郵政貯蓄銀行1，農村信用社1,596，農村商業銀行665，農村合作銀行89，その他1,217
ノンバンク	企業財務会社89，信託会社68，金融リース30，自動車リース18，マネーブローカー5，消費者金融会社6，資産管理会社4，小額貸出会社8,791
外資銀行	41（現地法人と単独支店合計）
証券業	証券会社125，投資基金管理会社98，先物取引会社150，証券投資顧問84
保険業	損害保険会社65，生命保険会社71，年金保険会社5

（出所）中国銀行業監督管理委員会などの資料から作成。

る。最近ではインターネット金融が台頭しており，アリババ集団がはじめたインターネットMMFのほか，個人間の金銭貸借をインターネット上のプラットフォームで行うP2Pも伸びている。

金融機関の多様化により，中国銀行業監督管理委員会の監督対象である銀行性金融機関の総資産に占める国有商業銀行のシェアは，2003年の58％から2014年は41％に低下した。一方で，全国性の株式制商業銀行や都市商業銀行のシェアが上昇した。

3．金利自由化と金融市場整備

3.1　預金・貸出金利自由化～2015年に規制撤廃が完了

金利自由化と金融市場整備は「預金・貸出金利の自由化」と「金融市場の育成」の両面から進められた（図表5）。

預金・貸出金利の自由化は，「外貨を先に，人民元を後に」「貸出を先に，預金を後に」「長期・大口を先に，短期・小口を後に」を基本方針として，国内の商業銀行の経営メカニズムの改善をにらみながら，時間をかけて進められてきた。

商業銀行が多くの不良債権を抱えていた2000年代前半は，商業銀行間の過度な競争が利ざやの縮小を招かないよう配慮する必要があった。このため，貸

出金利の上限と預金金利の下限を先行して撤廃し，利ざやの縮小につながりかねない貸出金利の下限と預金金利の上限の自由化は後回しにした。

2000年代後半になると商業銀行の体質強化が進んだが，当局には「経営メカニズムの転換が完成するまで，金利の自由化は待った方がよい」との配慮があった。さらに，2008年秋のリーマン・ショックによるグローバル金融危機が発生すると，金融改革よりも景気対策が優先されたために，預金・貸出金利の自由化は一時的に停滞することになる。

滞っていた金利自由化の流れは，習近平政権が発足する2012年から再び動き出す。手つかずであった預金金利の基準金利対比の上限，貸出金利の基準金利対比の下限の付利の自由化が順次再開され，2013年には貸出金利の下限が撤廃された。

最後に残ったのが預金金利の自由化である。預金金利を完全に自由化してしまうと，金融機関の調達コストの上昇を招き，弱小金融機関がリスクの高い融資に傾斜するなど，金融システム全体を不安定化させる懸念が持たれていた。そこで，当局は個別金融機関の経営破たんが金融システム全体に及ばないためのセーフティネットをまず設けることとして，2015年5月に預金保険制度を導入した。

預金保険制度の運用開始を見届けたうえで，人民銀行は2015年10月，ついに預金金利の基準金利に対する上限を撤廃した。これにより，金融機関は貸出金利，預金金利いずれも原則として自身の判断で自由に付利ができることとなった。

もっとも，人民銀行は引き続き，貸出基準金利と預金基準金利を発表している。「基準金利には指導的役割がある」と明言しており，上限を撤廃しても基準金利の影響力は小さくない模様である。

3.2　金融市場の整備〜債券，証券取引が急増

金融市場整備の面では，中国はまず，全国統一の金融市場を整備することを急いだ。債券市場については，1988年に国債流通市場を設立したが，市場は地方レベルで運営され全国統一のものではなかった。そこで，1997年に全国統一の銀行間債券市場を設けた。

図表5　金利自由化，金融市場整備の変遷

1988年	国債流通市場開始
1990年	上海証券取引所設立
1991年	深圳証券取引所設立
1996年	全国統一銀行間コール市場設立
	国債発行市場の競争入札による発行開始
1997年	全国統一銀行間債券・債券現先市場設立
1999年	人民元金利管理規定制定。銀行は貸出金利について人民銀行の決める基準金利対比 +30%から -10%の間で自由度を与えられた
2000年	外貨貸出金利の自由化
2004年	人民元預金金利の下限と貸出金利の上限を撤廃
	大口外貨預金金利の自由化
2012年	人民元貸出金利の下限緩和（基準金利対比 − 30%まで），預金金利の上限緩和（基準金利対比 +10%まで）
2013年	人民元貸出金利の下限撤廃，貸出金利原則自由化
2015年	預金保険制度施行
	CDの企業・個人向け発行の解禁
	人民元預金金利上限の数度の緩和を経て，10月，預金金利上限を撤廃，預金金利原則自由化

図表6　中国金融市場の取引規模等の推移（単位：兆人民元）

		2001年	2005年	2010年	2014年	01年比
短期	銀行間コール市場取引高	0.8	1.3	27.9	37.7	47倍
	銀行間債券現先市場取引高	4	15.9	87.6	224.4	56倍
債券市場	発行額	0.8	1.6	5.2	11	14倍
	国債	0.5	0.7	2	2.2	4倍
	金融債	0.3	0.7	1.4	3.7	14倍
	企業債	0	0.2	1.6	5.2	621倍
	発行残高	2	n.a.	20.4	34.9	17倍
	対GDP比	18.50%	n.a.	51.30%	54.80%	−
	流通市場取引額	n.a.	6.3	64.2	43.2	n.a.
	銀行間債券市場流通額	0.1	6	64	40.4	480倍
	取引所債券市場流通額	n.a.	0.3	0.2	2.8	n.a.
株式市場	時価総額	4.4	3.2	26.5	37.3	9倍
	対GDP比	39.70%	17.60%	66.70%	58.50%	−
	上場企業数	1,160	1,381	2,063	2,613	2倍
	新株発行額	0.1	0.2	1.1	0.7	6倍
	取引額	3.8	3.2	54.6	74.4	19倍

（注）株式市場の計数は，上海証券取引所，深圳証券取引所の合計。
（出所）中国人民銀行「貨幣政策執行報告」，「金融安定報告2015年」他。

短期金融市場については，1996年，1997年に全国統一の銀行間コール市場と債券現先市場がそれぞれ発足した。株式市場は，1990年に上海証券取引所，1991年には深圳証券取引所がそれぞれスタートした（図表5）。

2000年以降，いずれの市場も急速な発展を遂げた。短期金融市場ではコール市場，債券現先市場ともに2014年の取引高は2001年に比べて，50倍前後にまで拡大している。債券市場では債券発行が急増し，特に企業債の発行が急速に伸びている。債券発行残高のGDP比は55％までに成長した。株式市場の2014年の取引額も2001年の19倍に拡大している（図表6）。

4．為替管理の自由化，為替レートメカニズム改革

4.1　為替管理の自由化〜アジア通貨危機を教訓に資本取引は慎重

改革開放以降，海外との貿易や投資が拡大するのに伴い，資金を内外で自由に移動したいというニーズも高まっていく。中国政府はこうした要請に対応し，為替管理の自由化を漸進的に進めるべく，1996年には貿易等の経常取引における人民元と外貨の交換を原則自由化した。いわゆる「IMF協定8条国への移行」である。

ところが翌年の1997年にアジア通貨危機が発生。東南アジア諸国連合（ASEAN）各国では，国内の体制が脆弱なまま資本移動の自由化を進めたために，資本の急速な流出を招き，経済の収縮を生んだとの反省が広がった。中国はこのアジア通貨危機の教訓を踏まえ，資本取引の自由化については慎重な姿勢をとるようになる。すなわち，「資金流入を優先し，資金流出を後にする。長期資本取引を優先させ，短期資本取引を後にする」を資本取引自由化の原則とした。

例えば，直接投資の規制緩和は，まず対内直接投資を1990年代から優先して進め，対外直接投資は2001年にようやく始めた。証券投資でも，2002年には当局の許可を得た適格海外機関投資家（QFII）による限度額内での国内への証券投資を解禁する一方，適格国内機関投資家（QDII）による海外証券投資の解禁は4年後の2006年となった。現在でも「資金流出」については，短期資金の海外からの借入は外債枠[3]の範囲内でしか行えないほか，国内から海

図表7　為替管理の自由化の推移

1996年	外為管理条例を公布，貿易等経常取引における人民元の兌換性を原則実現（いわゆるIMF協定8条国に移行）
	対内直接投資に関する地理的制限を撤廃
2001年	国務院の承認する戦略案件について対外直接投資開始
2002年	QFII（適格外国機関投資家）による国内株式投資開始（その後順次投資対象，投資上限が緩和されていく）
2005年	対外直接投資に関する上限金額の撤廃
2006年	QDII（適格国内機関投資家）による対外証券投資開始（その後順次投資上限を緩和）
2007年	企業が経常取引から得た外貨の保有規制が完全に撤廃される
2014年	上海・香港取引所の株式取引の相互乗り入れ解禁
2015年	外国政府・海外中銀等による中国国内債券購入の限度額なしでの可能化

外への貸付も制限が多い。

　金利の自由化と同様に，資本取引の自由化も2008年のグローバル金融危機以降，一時は停滞したが，2013年の三中全会で資本取引の自由化加速の方針が定まり，改革のテンポが速まった。2014年には，海外から上海取引所上場の株式を購入することや，国内から香港取引所上場の株式を購入することが，一定の限度額（上海株購入限度1日130億元，香港株購入限度1日105億元）の範囲内で認められた。2015年には外国政府や海外の中央銀行による中国国内債券購入が限度額無しで可能となった（図表7）。

4.2　人民元の国際化の推進〜SDRへの採用決まる

　資本取引の自由化と重要な関係にあるのが人民元の国際化に向けた動きである。中国の国際経済におけるプレゼンスの拡大や人民元レートの上昇を背景に，海外で中国との貿易や投資の決済通貨に人民元を使用する動きが広がった。

　中国政府は2009年7月，上海市と広東省の4都市（広州，深圳，珠海，東莞）において，クロスボーダーの貿易決済に人民元を試験的に使用することを認めた。その後，適用範囲を順次広げ，2011年には中国全土で，すべての経常取引について人民元のクロスボーダーでの使用を認めた。その後，内外直接投資や内外証券投資（ただし限度額を伴う）についても人民元のクロスボーダーでの使用が解禁された。

　クロスボーダー取引の拡大に伴い，人民元は海外に滞留し始め，オフショア

図表8　人民元の国際化の推移

2009年	5都市で貿易における人民元のクロスボーダーでの使用の試行開始
	中国人民銀行と香港金融管理局の合意の下香港にオフショア人民元市場設立
2011年	対外直接投資における人民元の使用が可能化
	全国ですべての経常取引における人民元のクロスボーダー使用が可能化
	対内直接投資における人民元の使用が可能化
	RQFII（適格海外機関投資家）のオフショア人民元での国内証券投資可能化
	国内銀行の海外での人民元貸出業務が可能化
2014年	RQDII（適格国内機関投資家）の人民元での海外証券投資可能化
	中央経済工作会議において「人民元の国際化」の推進を正式に打ち出す
2015年	外国政府・海外中銀等による中国国内債券購入が限度額なしで可能化
	IMFが特別引出権（SDR）の対象通貨に人民元を入れることを決定

人民元市場が形成されていく。オフショア人民元の最大の滞留地である香港では，2007年にオフショア人民元債（点心債）の発行が始まった。シンガポールや台湾，ロンドン，フランクフルト等でもオフショア人民元市場が拡大した。

中国政府はこれらの動きを当初，「人民元の国際化」とは呼ばずに「人民元のクロスボーダーでの使用」と呼んでいたが，習近平政権は2014年の中央経済工作会議で初めて「人民元の国際化を着実に進める」と宣言した。

国内外に人民元国際化の方針を明示すると，習政権の取り組みは一気に加速（図表8）。国際社会に様々な働きかけをして，ついに2015年11月，IMFが理事会において，2016年10月から特別引出権（SDR）の構成通貨に人民元を加えることを決定した。人民銀行の朱雋国際司長はSDR採用決定後に記者会見し，「これは人民元の国際化の一里塚であり，中国金融改革の新たなスタートである」とその意義を強調した。

4.3　人民元為替レート改革～世界を混乱させた2015年の見直し

1994年以前，人民元の為替レートは計画経済の名残で，中央政府が定める公定為替レートと市場レートに二分されていた。1994年に公定レートを廃止し市場レートに統一するとともに，変動幅を人民銀行の定める中央値の対比±0.3％のみ認める管理相場制度に移行した。もっとも，管理相場とは言え，1995年から2005年までは実際の人民元の対ドルレートがほとんど動かない事実上のドルペッグ制といえる状況で推移した。

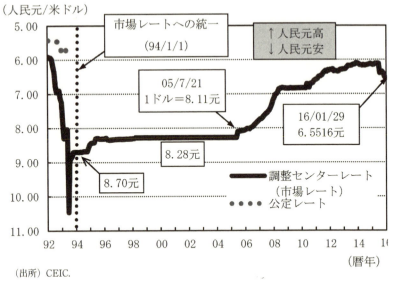

再掲図表9　人民元の対ドルレートの推移

（出所）CEIC.

　為替レートの改革が進んだのは2005年である。人民銀行は，人民元為替レートを「市場需給を基礎とし，通貨バスケットを参照して決定する管理変動相場制度」に移行した。毎日の人民元レートの中間値は，外為交易センターが外為市場のマーケットメーカーから中間値を聴取し，その平均で決まることになった。これにより，人民元レートは8.11元となり，実質的に約2％の元切り上げとなった（再掲図表9）。

　しかし，人民元の対ドルレートをみると，2005年から2008年にかけては人民元の上昇が続く一方，グローバル金融危機後の一定期間は1ドル＝6.83人民元で固定的に推移した。2005年の改革でも実際は人民銀行が中間値をコントロールするとともに，為替介入によって為替レートへの支配力を維持したといえる。

　人民元の実質切り上げから10年が過ぎた2015年8月，人民銀行は突然，人民元ドルレートの中間値について「今後はマーケットメーカーから前日終値を聴取して決める方式に変更する」と宣言した。

　2005年の改革以降，人民銀行が毎日定める中間値は実勢レートとの差が大

きく,意図的に当局の望む水準を維持しているとの指摘があった。今回はマーケットメーカーが報告するレートを前日終値と明示したことで,2005年の改革では不透明さが残っていた中間値の算定をより市場実勢に近付けたといえる。算定方式に見直しにより,人民元の対ドルレートは実質的に約2%切り下げられた形となった。2015年8月というタイミングで見直しに踏み切ったのは人民元のSDR採用をにらんだ措置であり,為替レートメカニズムをより市場化するためのものだった。

ただ,見直した時期は中国経済の減速が顕著だったことから,海外の投資家らは「輸出テコ入れのための人民元切り下げ」と見た。「予想以上に中国経済は深刻だ」といった懸念を生み,欧米の株安を招くなど世界経済が混乱した。

中国の金融改革はこのように,その一挙一動が海外に影響を与えるようになっている。当局も海外への影響に配慮しながら,今後も為替レートの改革を進めると見られる。2015年12月には,中国外為交易センターが貿易ウェイトで加重平均した人民元レート指数を発表したほか,上海外為市場の取引時間延長(9:30～16:30 → 9:30～23:30)も発表するなど,市場整備も徐々に進めている(図表10)。

図表10 人民元為替レート改革の推移

1994年	人民元為替レートを公定為替レートと市場レートを,市場レートに統一する形で統合
1997年	人民銀行,実需に基づく先物売買を試行的に開始
2005年	人民元レート,通貨バスケットを参照して決定する管理通貨制度に移行。人民元レートは中国外為交易センターが,マーケットメーカーからレートを聴取し,中央値を決定
2007年	人民元レート日中変動幅,中央値±0.3%から±0.5%に拡大。
2010年	グローバル危機後固定していた人民元ドルレートを再び弾力化する方針発表
2012年	人民元レート日中変動幅,中央値±0.5%から±1.0%に拡大。
2014年	人民元レート日中変動幅,中央値±1.0%から±2.0%に拡大。
2015年	人民元ドルレートの中央値は,マーケットメーカーから前日終値を聴取して決める方式に変更
	上海為替市場の取引時間延長

5. 金融改革の今後の展望

これまで見てきたように,金融改革は改革開放後に漸進的に進捗し,習近平政権の下で歩みを早めている。改革はなお道半ばではあるが,中央政府は

2013年の三中全会が示した2020年という改革の期限を意識しつつ，金融改革を段階的に進めていくだろう。

いわゆる国際金融のトリレンマが示唆するのは，「自由な資本移動」「独立した金融政策」「固定為替レート」のうち，2つは同時に達成できるが，3つ同時には達成できないということである。例えば，香港や中南米の一部の国はドルペッグ制を採用し，自由な資本移動を実現する一方で，対ドル為替レートを固定するため独立した金融政策を犠牲にし，自国通貨金利を米ドル金利と連動させている。

経済規模の大きな中国が自国の金融政策を犠牲にする選択肢は取り得ない。したがって中国は，資本取引の自由化を進めながら人民元為替レートの柔軟性を向上させ，金融政策の独立性を確保していくことになろう。

その際，国内の金融改革と資本取引の自由化，為替レート改革を，相互の微妙なバランスに配慮しながら，段階的に推進していくものとみられる。アジア通貨危機の教訓が示すように，自由な資本移動と為替レートの変動を容認するにあたっては①国内の金融市場を整備し，金利が市場メカニズムで形成され，経済のファンダメンタルズを反映するようにすること②金融システムの健全性を保持し続けること——が必要になる。この点を踏まえながら，金融改革を進めるとみられる。

以下では，国内金融改革，資本取引自由化，為替レート改革の順に，人民銀行幹部の発言を参考にしながら，今後を展望したい。

5.1　国内金融改革〜なお残る人民銀行のコントロール

国内金融改革で重要となるのは①金利自由化を完成させ市場金利操作を主体とした金融政策に移行する②不良債権問題をコントロールし金融システムの安定を保持する③銀行のガバナンス改革を進める④直接金融の比率を向上させる——などである。

2015年10月の預金金利上限撤廃を受けて，預金金利と貸出金利は原則，自由に設定できるようになった。しかし，金融市場において，指標性の高い市場金利が育っていないため，金融機関が預金・貸出金利を設定する際には，中国人民銀行が発表する預金・貸出基準金利が引き続き指導的な役割を担ってい

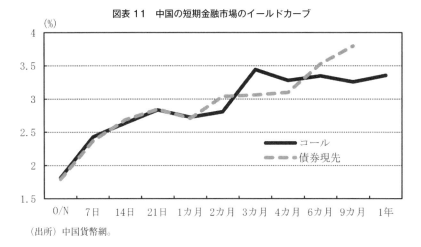

図表11 中国の短期金融市場のイールドカーブ

(出所) 中国貨幣網。

る。かつて人民銀行が人為的に定めていたイールドカーブ（期間と金利の関係を表わす利回り曲線）も金融市場で一応形成されるようになっているが（図表11），銀行間コール市場，債券現先市場の取引の8割強がオーバーナイト（翌日物）取引に集中しており，長めのターム物の取引は極めて少ない。

　人民銀行の馬駿チーフエコノミストは2015年11月のワーキングペーパー[4]で，中国の短期金利のボラティリティ（変動率）の高さに言及し，「2012年1月から2015年6月まで，上海銀行間取引金利（SHIBOR）翌日物のボラティリティは，米ドル金利や円，韓国ウォン，インド・ルピー金利のボラティリティの2〜4倍に上昇した。商業銀行の預金金利や貸出金利はSHIBORを基準に決められているため，これが安定して初めて金融政策の誘導目標金利として育成することが可能になる」としている。

　こうした制約が残っていては，人民銀行が金融市場でのオペレーションを通じた市場金利操作を主体する金融政策を行うには限界がある。このため，人民銀行は貸出・預金金利について引き続き基準金利を定めて指導的役割を持たせているほか，貸出増加量やその中身を直接コントロールする「窓口指導」も依然として活用している。

5.2 短期市場での金利コリドーの形成～求められる安定指標

今後は金融市場の整備を進め、様々な期間の取引を活発化させること、信頼できるイールドカーブの形成を促すことが重要である。金融市場整備のカギとして、人民銀行は短期金融市場における金利コリドーの形成を重視しているようである。金利コリドーとは、中央銀行によるロンバート型貸出（中央銀行が金融機関からの申し込みを受けて、事前差し入れ担保額の範囲内で受動的に実行する貸出）の金利を上限とし、超過準備金利を下限とする金利変動幅のことを言う。易綱人民銀行副総裁は2015年12月の記者会見で「徐々に比較的安定した金利の上限と下限を設け、金利コリドーを作る。そうすれば、市場金利に対する市場期待は安定化するだろう」と話している。

人民銀行は今後数年をかけ、金利コリドーの形成により安定的で指標性のある短期金利を育成し、それをベースに金融機関が貸出、預金金利を設定するようになれば、人民銀行は貸出・預金の基準金利をいずれは撤廃しようと考えている模様だ。整備された金利コリドーを確立するには数年はかかるとみられるが、人民銀行はその過程で先進国と同様に、金融市場でのオペレーションを通じた金利操作を重視する金融政策へと移行していくだろう。

市場金利の安定性や市場調節の有効性を向上させるためには、他にも取り組むべきことは多い。債券市場や短期金融市場において、外資系金融機関も含めた多様なプレーヤーが活躍できるようにすることや、金利スワップや先物など有効なヘッジ手段であるデリバティブの育成を図ることなどに加えて、金融市場の透明性を向上させることも欠かせない。また、中央銀行による金融市場の資金需給予測の精度を向上させて、適切な形で予測を市場に発表していくことが、市場の期待を安定させるうえで重要であると考える。

5.3 直接金融比率の引上げ～株式投資はなおリスク残る

中国は間接金融に偏重する資金調達の構造を変え、直接金融の比率を向上させようとしてきた。過去10年間の非金融部門の資金調達構造をみると、確かに社債や株式のウェイトが上昇しているが、それでもなお銀行貸出が4分の3を占めている。家計の金融資産の構成をみても現預金への偏重が強く、株式保有比率は依然低い（図表12）。

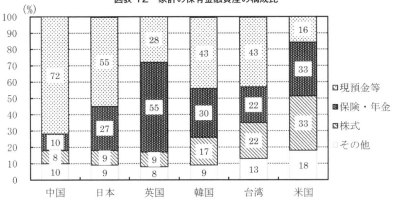

図表 12　家計の保有金融資産の構成比

（注）中国と台湾は 2012 年，その他は 2014 年（2Q）。
（出所）Kinger Lau, "China Strategy: The case for re-rating", Goldman Sachs Research, April 2015.

　もっとも，中国の株式市場は乱高下を繰り返しており，健全な資金調達の場とは言いがたい。2015 年前半には，信用取引なども活用した個人投資家の株式投資が過熱して株価が急騰。その後，当局の介入が悪影響して相場が混乱し，海外にも影響が及んだ。中国の株式市場の未成熟な面が露呈した形だ。2015 年 11 月の五中全会で採択された「国民経済と社会発展第 13 次 5 カ年計画の制定に関する建議」（以下，「建議」）が「透明で健全な資本市場を積極的に発展させる」としたのは，一連の混乱と不要な介入を反省し，相場形成は市場に委ねるという原則を確認したものであろう。

　「建議」を受け，中国政府は 2015 年 12 月，2 年以内に新株発行を許可制から登録制に移行する方針を発表した。企業が上場に相応しいかの判断は証券会社や監査法人，法律事務所等に委ねられる。上場企業の監視を強化し，投資家の正当な権利と利益を保護することも示している。ところが，2016 年の年明け早々に再び株式市場が急落し，当局は相場急変時に売買を停止する「サーキットブレーカー」制度を導入してわずか 4 日で制度を撤回するという，場当たり的な対応を見せた。株式市場の育成はまだ手探り状態といえる。

5.4 資本取引の自由化～金融システムの安定と銀行のガバナンス改革が不可欠

中国の金融改革で常に注目されるのが、資本取引の自由化だろう。資本の自由化には、急激な資本流出を招かないよう国内金融システムの安定を保持することが重要である。この点、中国は金融自由化に即した効果的な金融監督体制の構築と銀行ガバナンスの改善の面で取り組むべきことは多い。

中国は現在、重化学工業中心に過剰設備問題が深刻化しており、それを受けて商業銀行の不良債権額が増加している。2015年末時点では1.6％にとどまっているが、不良債権予備軍といえる要注意債権まで含めると約5.4％となる（図表13）。2015年12月の中央経済工作会議は、2016年の五大任務の筆頭に「過剰設備問題の積極的かつ確実な解決」を挙げており、今後、過剰設備の処理の過程では不良債権がさらに増えることも想定される。幸い、商業銀行は高水準の自己資本や貸倒引当金があるため、不良債権処理を自身で行う体力があるとみられる。不良債権を着実に処理し、金融システムの安定を維持することが必要であろう。

中国国内では、経済成長の減速により、一部で企業債や投資商品の支払い遅延も出始めた。政府の暗黙の保証を頼りにリスクの高い金融商品にむやみに投資するようなモラルハザードを回避すると同時に、金融システム全体を不安に陥れないような配慮も必要となる。

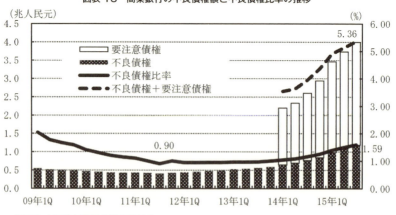

図表13　商業銀行の不良債権額と不良債権比率の推移

（出所）中国銀行業監督管理委員会。

銀行のガバナンス改革も重要である。中国社会科学院金融研究所の曽剛銀行研究室主任は国有商業銀行のガバナンス上の問題点として①国家が株主ではあるが、実際に行使する所有権者が不明確なためインサイダーコントロールを招きやすい②幹部の任免等を含め各レベルの行政による関与が強い——の2点を挙げている。

特に銀行幹部の人事権を政府が握っていると「経営にも政府が関与して、銀行の金融資源を政府の好む企業や産業に集中させやすい」と指摘したうえで5、銀行業の混合所有制改革を進め、民間資本を入れることでガバナンスを整備する必要があるとしている。2015年6月に交通銀行の混合所有制改革案が政府に受理されており、その進展が注目される。

5.5 「マクロプルーデンス政策」に基づく一定の資本規制も

中国が資本取引の自由化を漸進的に進めてきた結果、現行制度下でも、グローバルな資本移動は相応に可能である。今後、資本取引をさらに自由化すれば、資本フローの振れがさらに拡大することも想定しうる。それだけに、中国当局としては、資本取引の自由化は、国内の経済情勢や金融改革の進展にあわせ、段階的に進めるとみられる。

中国政府は資本流入と資本流出をなるべく均衡させる形で自由化に取り組もうとしているようだ。人民銀行の易綱副総裁は次のように発言している。

「クロスボーダーの資金移動は双方向のものである。資本流入の要因となるのは、海外中銀や年金ファンド等が人民元資産を増加させる動きである。今後の中国の資本市場開放に伴い、中国には一定の資金が流入する見込みである。一方、資金流出の要因となるのは、中国企業の海外進出、中国国内の個人の外貨投資等の動きである。今後は、資金の流入と流出を促進する政策をバランスよく実施すれば、ネットベースでみた資金流出入の安定を保ち、為替レートが一方向に振れるリスクを最小化することができる」（2015年12月記者会見）

中国政府は資本取引の自由化が完了した後も、金融システム全体の潜在的なリスクを分析する「マクロプルーデンス政策」に基づく一定の資本規制を継続するとみられる。

周小川人民銀行総裁は2015年4月のIMF世界銀行春季大会において、「中

国が求める資本取引自由化は『完全な資本取引自由化』といった伝統的な考え方ではなく，グローバル金融危機の教訓も踏まえた，『管理された資本取引自由化』である」と説明した。「管理された資本取引自由化」とは，「資本取引自由化後も，マクロプルーデンス政策によりクロスボーダーの資本移動のリスクを抑制し，為替レートと金融環境の安定を守る」ことという。

具体的には，IMFのアドバイスを踏まえ ① マネーロンダリングやテロリズムにかかわる取引の監視，分析 ② 外債に対するマクロプルーデンス管理 ③ 必要に応じた短期的投機的な資本移動のコントロール ④ 国際収支統計の整備とモニタリング——の4点を実施するとしている。

周総裁はさらに，当面の資本取引自由化の進め方として以下の項目を挙げている。

① 個人投資家の対外投資の途をつくる，適格な国内個人投資家による対外投資（QDII2）を試行する。
② 深圳取引所と香港取引所の株式取引の相互乗り入れを行い，非居住者が中国国内でデリバティブ以外の金融商品を発行することを認める。
③ 外為管理条例を改正し，事前の許認可の多くをなくし，事後のモニタリングとマクロプルーデンス管理体制を強化する。
④ 海外機関投資家が中国資本市場に入ることをさらに容易にする。

もっとも，資本の流出と流入をバランスさせながら資本移動を自由化することは簡単ではない。中国経済が好調な時期は，人民元の先高観測等から資本流入が流出を上回っていた。2014年以降，中国経済が減速傾向に入ると，人民元金利は低下する一方で米ドル金利の先高観もあり，人民元の先安期待が強まった。この結果，相応規模の資本流出が進んでいる。中国人民銀行は資本流出に対して，人民元の対ドルレートを安定させるため，ドル売り・人民元買いの為替介入を継続的に実施し，その結果，外貨準備はピークの4.0兆米ドル（2014年6月）から3.2兆米ドル（2016年1月）にまで減少した。

人民銀行は，「マクロプルーデンス政策」として投機的な資本移動を抑制する措置を打ち出しつつある。例えば，為替予約業務を行う金融機関に対して，為替予約額の2割の外貨リスク準備金の積み立てを求めたほか，個人の銀聯カードを利用した人民元の外貨への交換規制も強化している[6]。「人民銀行貨

幣政策執行報告2015年第4四半期」は，「マクロプルーデンス政策の主な目的はシステミックな金融リスクを防止するために短期の投機取引を抑制することにある」としている。

3月以降中国経済に安定化の傾向が見られ始めたことや米国利上げペースの鈍化観測もあり，資本流出の圧力は緩和している。外貨準備の減少にも歯止めがかかりつつあるようである。

5.6 人民元為替レートの柔軟性を向上

中国政府は，為替レートの柔軟性向上も段階的に推進していく方針である。資本フローの均衡に配慮しつつ，資本取引自由化を進めながら，人民元為替レートの変動幅の拡大などを進めていくものとみられる。

ただ，易綱人民銀行副総裁は，完全変動相場制への移行には時間をかける可能性を示唆している[7]。2015年12月の記者会見で易副総裁は「現在の『市場需給を基礎に通貨バスケットを参考にした管理変動相場制度』は，人民元がSDRの構成通貨入りしたからといって変わるわけではない。変動が一定の幅を超えるならば，またはIMFがいうところの国際資本移動に異常な動きがあれば，躊躇なく適切な介入を行う」としたうえで，「我々の最終的な長く遠い目標は，現行制度から完全な変動相場制に移行することである。この移行的プロセスは漸進的であり安定的なものである」と述べている。

人民銀行の馬駿チーフエコノミストは2016年1月，「人民元レートの形成メカニズムは今後さらにバスケット通貨を参考にしていく」と話している。同行は市場が人民元の対ドルレートではなく，外貨交易センターが2015年12月から発表しているバスケット通貨指数を重視するよう，市場を誘導しようとしている模様だ。

もっとも現時点では，中国のクロスボーダー取引に占める米ドル決済比率が62％（2015年1〜4月，SWIFT統計）と高く，実需からみても市場が人民元の対ドルレートに注目するのは無理もない。2015年後半から2016年年初にかけて米国の利上げと中国経済の減速懸念から，人民元先安期待が強まり，資本流出を招く傾向がみられた。人民銀行としては，人民元先安期待が強まる局面では介入等により人民元レートの対ドルでの安定を図りつつ，市場がバスケッ

ト通貨に対する人民元レートの安定を重視するよう促していくものとみられる。

※文中で示された意見は筆者個人のものであり，必ずしも日本銀行の見解を示すものではない。

[注]
1 中国工商銀行，中国銀行，中国建設銀行，中国農業銀行に交通銀行を含めた5行。
2 信託会社が近年急速な伸びを示した背景には，当局が商業銀行貸出に対して厳しい窓口指導を実施した結果，信託会社の信託貸出にシフトしたという一面もある。これが，中国におけるシャドウバンキング（影の銀行）の急拡大として問題視され，信託会社に対する監督管理も厳しくなった。その結果，足もとでは信託貸出はほとんど伸びなくなった。
3 海外からの借入額に対する一定の枠。
4 2015年11月17日 中国人民銀行ワーキングペーパー「利率走廊，利率穏定性和調控成本」馬駿ほか。
5 2014年9月15日中国証券報ネット版「以混合所有制補斉銀行公司治理短板」。
6 これまで，中国の銀聯カードを使用すれば，中国国内にある人民元預金を1日1万元の上限の範囲で何度でも外貨で引き出すことが可能であったが，これに年間の上限10万元を設定。
7 第18期三中全会の「決定」でも，人民元為替レート改革については，「人民元レートの市場による形成メカニズムを整備する」と述べるにとどまっている。

第5章
国有企業改革，市場経済化の焦点に
―― 微妙に揺れる政府の姿勢，進展に時間

中国国務院発展研究センター企業研究所副所長

張　文魁

● ポイント
- ▶ 中国が真の市場経済に移行するには，国有企業の改革が避けて通れない。習近平政権は「混合所有制経済の推進」「現代的企業制度の整備」「国有資産の監督管理体制の改善」を3本柱とする改革のアクセルを踏んだ。
- ▶ 中信集団のように株式化や上場により外部資本を受け入れ，経営の近代化を図ろうとする試みが始まっている。南車集団と北車集団のような同業同士の大型合併によって競争力の向上を狙うケースも増えてきた。
- ▶ もっとも，国有企業の完全な民営化は現実的ではない。政府や共産党指導部は国有企業改革の必要性を訴える一方で，国有資産の無秩序な流出を恐れているからだ。国有企業改革の核心は所有権の改革に他ならないが，混合所有制を推進するだけでも時間がかかるだろう。

● 注目データ ☞ 中国の国有企業の業績と GDP の推移

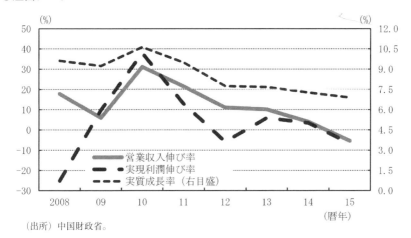

（出所）中国財政省。

1. はじめに

　中国の国有企業改革の行方は，国内だけでなく海外からも注目を集めている。中国が計画経済から真の市場経済へと移行するには，国有企業の改革が避けては通れないからだ。改革がうまくいかなければ市場経済への移行もスムーズにできず，長期的に安定した経済成長も期待できない。

　2013年11月の共産党第18期中央委員会第3回全体会議（三中全会）で審議，採択された「全面的改革の深化に関する若干の重大問題の決定」（以下，「決定」）が指摘したように，国有経済は全体としてすでに市場経済と融合しており，今後は市場化や国際化の新しい情勢に適応していかなければならない。国有経済を支える国有企業も市場経済に適合するためには，意思決定のメカニズムを規範化し，経営の効率を高め企業の活力を強めることで，資産価値を増やしていく必要がある。市場の競争に公平に参加し，社会的な責任を負うことも大切だ。国有企業の改革はこうした取り組みをさらに深化することが目的である。

　三中全会の「決定」における国有企業改革のポイントは「混合所有制経済の推進」「現代的企業制度の整備」「国有資産の監督管理体制の改善」の3点である。「決定」を受けて，共産党と中央政府（国務院）は2015年9月，連名で「国有企業改革の深化に関する指導的意見」（指導的意見）を発布し，政府はその直後に「国有企業の混合所有制経済の発展に関する意見」（意見）も出した。これらは国有企業改革のグランドデザインであり，2020年を目標に成果を出すとしている。

　本章では，この「決定」や2つの「意見」をもとに，国有企業の状況と改革のための政策および進展について分析，検討する。

2．国有企業の基本的な状況

2.1　改革開放路線で淘汰〜2000年代は業績拡大，世界的な企業も誕生

　中国は1949年の建国後，計画経済体制の下で大量の国有企業を設けた。

1978年には工業総生産額に占める国有工業企業の割合は80％に上り，残りの20％も地方政府が運営する郷鎮企業などの集団所有制企業が占めた。当時は民営企業も外資企業もほとんどなかった。

中国が改革開放路線を歩み始め市場経済の道に向かうと，民営企業や外資企業が急速に発展し，国有企業は市場競争の圧力を受けた。国有企業の活力を引き出すため，政府は1984年から国有企業改革を経済体制改革の中心に位置づけた。1990年代に入ると，改革は徐々に成果を出し始める。特に1998年に就任した朱鎔基首相は国有企業改革を金融，行政改革と並ぶ三大改革の1つに位置づけ，現代的な企業制度の導入や優勝劣敗の原則を取り入れて，整理統合や過剰債務の処理に取り組んだ。これにより，経営効率の悪い中小規模の国有企業の多くが閉鎖されたり，民間企業に払い下げられたりした。大型国有企業も余剰人員を削減し，従業員のための病院や学校の運営といった非収益部門を本体から切り離す動きが加速した。リストラを果たした企業は他の国有企業との合併・再編を通じて規模を拡大し，さらには株式制の導入や株式市場への上場を果たす企業も数多く現れた。

2000年以降，中国経済が高度成長期に入ると，国有企業も売上高や資産額，

図表1 「フォーチュン500」の国有企業（上位200社まで）

順位	企業名	順位	企業名
2	中国石油化工	105	中国中化集団
4	中国石油	107	中国第一汽車
7	国家電網	109	東風汽車
18	中国工商銀行	113	南方電網
29	中国建設銀行	115	華潤集団
36	中国農業銀行	143	中国郵政集団
37	中国建築工程	144	中国北方工業
45	中国銀行	146	天津物産集団
55	中国移動	159	中国航空工業
60	上海汽車	160	中国電信
71	中国鉄道工程	165	中国交通建設
72	中国海洋石油	174	中国人民保険
79	中国鉄道建築	186	中信集団
87	中国国家開発銀行	190	交通銀行
94	中国人寿保険	196	神華集団
		198	中国五鉱

（出所）FORTUNE GLOBAL500, 2015.

利益などの面で急速な成長を遂げるようになった。特に大型国有企業の国際的な影響力は著しく強まった。2015年には90社を超える国有企業（中国工商銀行などの金融国有企業を含む）が，米国の「フォーチュン」誌のグローバル企業上位500に名を連ねている（図表1）。

2.2 大型企業で目立つ集団化

現在，中国には独立した法人格を持つ国有企業がおよそ16万社ある。1998年の24万社に比べると，淘汰や整理により大幅に減少した。

国有企業は規模などによる等級別の管理体制が敷かれており，規模が大きく重要性も高い業種の国有企業は中央政府が直接管理する「中央企業」，そのほかは地方政府が管理する「地方企業」に分類される。16万社の国有企業のうち，3分の1が中央企業，3分の2が地方企業である。

大型の国有企業では企業集団を形成する動きが目立っている。前述した「フォーチュン」誌のグローバル企業上位500に入っているのは，ほとんどが企業集団からなる大型国有企業である。企業集団の典型的な構造は，1つの親会社つまり一級企業を頂点として，数社ないし数十社の子会社，つまり二級企業をその下に置き，さらにその下に三級，四級企業がぶら下がっている。中央政府の国有資産監督管理委員会（国資委）が管轄する中央企業は2015年末で

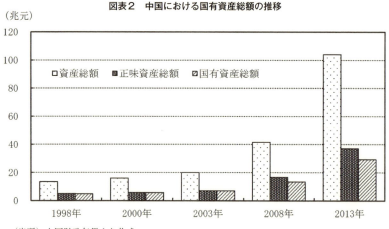

図表2　中国における国有資産総額の推移

（出所）中国財政年鑑より作成。

107社しかないが，107社はいずれも大規模な企業集団を形成しており，そこに属する各級の国有企業は合計で約4万社にものぼるとされる。

一級企業はほとんどが国家の独資企業であるが，二級国有企業では国が過半の株を持つ一方で，非国有の株式も含まれている。下の等級に行くほど株式所有の形態が多様化していく。一級企業は通常，中央政府の国資委が管轄する。地方政府にも省国資委や市国資委がある。

2000年以降，国有企業の企業数が減る一方で，国有資産総額は急増した（図表2）。企業集団化により，各社がいかに規模を拡大させたかがうかがえる。

2.3 産業構造の変化を反映

中国では国有企業がほぼすべての業種で存在し，中核的な役割を担ってきた。資産総額でみると，工業や交通・運輸の分野に占める割合が高いが，工業分野では段階的にその割合が低下し，不動産などの割合が高まっている（図表3）。中国経済は全体的に産業構造のソフト化が進んでおり，国有企業の業種別の資産構成を見ても，その傾向が顕著である。

民営企業や外資企業の発展に伴い，社数で比べると，工業分野では大部分の

図表3　産業別にみる国有企業の資産総額および構成比の推移

	1999年		2004年		2009年		2013年	
	総額 億元	比率 %	総額 億元	比率 %	総額 億元	比率 %	総額 億元	比率 %
合計	53813	100	76763	100	198720	100	369973	100
農林水産業	780	1.5	1055	1.4	1553	0.8	3317	0.9
工業	30434	56.6	37750	49.2	92352	46.5	138538	37.4
石炭	1562	2.9	2476	3.2	8825	4.4	13018	3.5
石油	4922	9.2	8739	11.4	23052	11.6	31852	8.6
電力	6970	13.0	9127	11.9	17237	8.7	25622	6.9
冶金	3767	7.0	4616	6.0	12532	6.3	14762	4.0
紡績	592	1.1	273	0.4	293	0.1	339	0.1
交通運輸	6422	11.9	11637	15.2	27470	13.8	52393	14.2
郵便通信	4675	8.7	8205	10.7	14430	7.3	19778	5.3
商業・サービス業	3585	6.7	3535	4.6	8866	4.5	15796	4.3
不動産	1622	3.0	2395	3.1	9359	4.7	28829	7.8
その他	6295	11.7	12186	15.9	44690	22.5	111322	30.1

（出所）中国財政年鑑より作成。

図表4　一定規模以上の工業企業に占める国有企業数の割合（2013年）

70％以上	タバコ製造業（80.00％）
70％～60％	電力（65.66％），水道（61.12％）
60％～30％	石油・天然ガス（52.17％）
30％～10％	石炭（12.54％），非鉄金属鉱業（12.90％），石油精製（10.56％），ガス（29.60％）
10％以下	鉄金属鉱業（4.59％），非金属鉱業（5.36％），農業副食品（2.76％），食品（3.93％），飲料（5.10％），紡織（1.16％），アパレル（1.06％），皮革製品（0.46％），製材（1.31％），家具（0.47％），製紙（1.65％），印刷（7.10％），文化と教育用品（0.97％），化学原料と製品（4.92％），医薬（6.57％），化繊（2.42％），ゴム・プラスチック製品（1.71％），非金属鉱業（4.56％），鉄金属製錬（3.70％），非鉄金属製錬（7.00％），金属製品（2.47％），汎用設備（3.33％），専用設備（4.56％），電子デバイス（4.94％），交通設備（7.15％），電気機械（2.69％），器械計器（6.47％），工芸品（7.05％），廃棄資源リサイクル（3.53％）

（出所）中国統計年鑑より作成。

業種で国有企業の占める割合が低くなっている（図表4）。2013年に，多くの工業分野で一定規模以上の工業企業に占める国有企業の社数の割合は10％未満である。

ただ，売上高ベースでは国有企業の占める割合は依然として高く，多くの産業で国有企業がリーダー的な役割を担っている。例えば，鉄金属製錬では，国有企業の社数は3.7％しか占めていないが，同産業をけん引する企業は宝鋼集団や武鋼集団といった大型の国有企業である。

3．「新常態」における国有企業改革の意味

3.1　なぜ，いま国有企業改革が必要なのか

株式制度の導入や大型集団化により，中国の国有企業は大きな発展を遂げた。しかし，2008年のリーマン・ショックを機に，利益率が低下するなど経営状況が悪化する国有企業が目立ち始めた。その多くは巨大で硬直的な組織と国などの経営関与による非効率的な体質に悩み，市場経済における競争力に乏しい。財政省の統計によれば，2015年の国有企業の総営業収入は前年同期比で5.4％減の45兆4700億元，実現利潤は6.7％減の2兆3000億元に止まった。中でも，石炭や鉄鋼など資源，インフラ関係の企業は深刻な経営赤字に直面しており，一部は過剰な生産能力を抱え，それをどう処理するかが経済政策上の大きな問題ともなっている。外資系や民営企業などを加えた中国の企業全

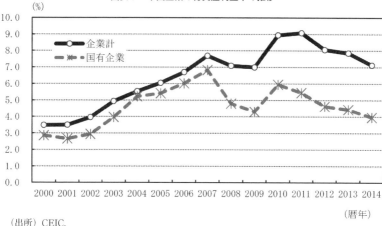

図表5 中国企業の総資産利益率の推移

(出所) CEIC.

体の利益率と比較すると、ここ数年、国有企業が苦戦している様子がよく分かる（図表5）。

国有企業は中国経済を支える柱であり、企業経営を効率化し体質を強化することは市場経済化の改革を目指す「新常態」に不可欠である。経済全体の市場経済への融合を進めるためにも、習近平政権にとって国有企業の改革は急務である。このため、習政権は2013年の三中全会において、国有企業改革について「混合所有制経済の推進」「現代的企業制度の整備」「国有資産の監督管理体制の改善」を重点方針として示した。

3.2 地方政府の取り組み〜タイムスケジュールを設定

三中全会の決定を受けて、多くの地方政府がそれぞれ国有企業改革の方策を定めた。国有企業が比較的少ない省を除いて、2015年上半期までに、大半の省や直轄市、自治区が自らの案をまとめている。前述したように、大型国有企業以外、膨大な数にのぼる国有企業の大半は地方政府が管理している。国有企業改革を進めるには、各地の地方政府の意向を十分に反映させる必要がある。

多くの地方政府は改革目標を実現するタイムスケジュールも設定している。もっとも、その内容は総じていうと大同小異であり、三中全会が打ち出した3つの方針を踏襲しているに過ぎない。具体案の多くは、現代的企業制度の健全

化や混合所有制経済の発展促進，国有資産の分布構造のさらなる合理化を求める内容となっている（図表6）。

地方政府はこのほか，三中全会の方針を受けて，どの産業に国有資本を重点に配分するかという目標も定めた。各地の目標はそれぞれ異なるが，2020年

図表6　省市政府における国有企業改革のタイムスケジュール

	2015年	2017年	2020年
上海		国が独資保持を必須とする以外のあらゆる企業で，3-5年間で株式の多元化を実現する（2017-19年）	
北京			国有資本の証券化率を50％まで引き上げるよう努力する
天津		① 効率の低い企業600社を市場から退場させる ② 中核企業の8割以上で所有権の多元化を実現する ③ 重点企業集団は1社以上の上場会社を有する ④ 営利的国有資産の証券化率が40％に達する	
重慶			① 3分の2の国有企業を混合所有制企業に再編する ② 20社国有企業を上場させる ③ 競争的国有企業の資産証券化率を80％以上とする
広東	国有企業を株式会社に全面的に再編する	混合所有制企業数を70％以上にする	省級国有企業の資産証券化率を現行の20％から60％に高める
湖北			全省国有資本の証券化率を50％に上げるように努力する
湖南			競争的省級国有企業は株式会社への再編を基本的に完了し，国有資産の証券化率を80％ぐらいに上げる
四川		国有企業を株式会社に全面的に再編する	
江西			70％程度の国有企業を混合所有制に改編する
貴州	混合所有制企業の統治機構がほぼ形成され，企業所有権を監査する制度改革が完了する	省級競争的国有企業28社はすべて所有権の多元化を実現する。要件を満たした企業を投資支配株式会社に改造し，競争優位のない国有資本を計画的に退場させる	
甘粛		国有企業は全面的に株式会社への改編を完了する	国有経済に占める混合所有制の割合が60％程度，各級経営的国有資産の証券化率が50％を超える

（出所）各種資料を基に筆者作成。

までに80％前後または80％以上の国有資本をそれぞれの基幹産業に集中し，競争力を高めるという点では共通している。天津市だけはより急進的な目標を掲げ，2017年末に90％の国有資本を重要な40ぐらいの業種に集中するとしている。

4．いかに国有企業改革を進めるか〜政府が打ち出したマスタープラン

　三中全会の決定と地方政府の一連の動きを経て，中央政府は2015年9月，「国有企業改革の深化に関する指導的意見」（以下，「指導的意見」）と「国有企業の混合所有制経済の発展に関する意見」（以下，「意見」）を打ち出すとともに，国有企業改革関連の政策を制定，公布した。例えば，「国有企業の国有資産の監督を改善強化し国有資産の流失を防止する意見書」などである。これらの政策文件は「1+N」と称され，中国が今後推進する国有企業改革の政策構想，すなわちマスタープランと位置づけられている。「1+N」の「1」とは「指導的意見」を指し，「N」は「意見」などその他の文件を指している。「1+N」の最大のポイントは，国による国有企業への関与を減らすため，「資産管理」や「人事管理」が主だったのを「資本管理」に重点を移した「国有資産管理体制」を確立することにある。

　では，具体的にどのような改革を実施しようとしているのか。総合的にみて，政府が取り組もうとしている国有企業改革の政策構想は以下のような，いくつかの点に集約できる。中でも，改革の突破口として期待されるのが，混合所有制と国有資本投資会社の導入である。

4.1　分類管理〜営利的企業は混合所有制を推進，社員持ち株制度も

　改革を進めるために，まず対象となる国有企業を業務の目的から見て，軍事関係や水道など公益的な事業を手がける企業と収益を上げるための営利的企業の2つに分類する。営利的企業もまた2つに大別される。1つは，完全な競争状態におかれている鉄鋼や自動車メーカー（写真），流通業者などの企業であり，もう1つは営利目的であっても，通信や電力など国家の安全保障，国民経

安徽省の国有企業,江淮汽車の生産ライン

済の命脈に関わる企業である。

　完全な競争状態にある営利的企業は,原則として株式会社制度に沿って改革を進める。株主にはすでに企業を所有している国有資本だけでなく,外部から他の国有資本または非国有資本も積極的に導入し,所有権を多元化した「混合所有制」を推進する。株式会社化と所有権の多元化により,国有資本の上場を推進し,企業に市場化の試練を受けさせる。

　この非国有資本の導入も認めた「混合所有制」の推進は,「決定」や「意見」の目玉の1つである。営利的国有企業の混合所有制を推進するため,個人投資家や民営企業,外資企業および投資ファンドなど,様々な非国有セクターの投資者による投資を推奨する。これにより,国が所有権を握っていた一部の国有企業は,非国有資本の支配する株式会社に改造されることもありうる。ただし,「1+N」では,外部から資本を導入しても既存の国有資本は「大株主として株式の大半を握ることができる」として,国の管理の余地も残している。

　国家の安全保障などに関わる営利的企業も株式会社化して非国有企業の資本参加を認めるが,完全民営化はせずに国が必ず過半の株式を保持する。どのような株主構成が適切かは,その企業が担う安全保障や特殊任務の内容から総合的に判断しなければならない。

　公益的な国有企業は民生保障や社会サービス,公共財の生産と提供などを主な業務としており,この分野でも市場メカニズムを導入して公共サービスの効

率と能力を高める。これらの企業は国がすべての所有権を握ることが前提とするが，いずれ条件が整えば所有権を多元化することも可能という。公益企業においても採算性は重要であり，コスト管理，製品やサービスの質，運営効率などを重点的に評価し，企業特性の違いに応じて経営実績や保持する国有資産の価値の増加状況を個別に評価する。

中央の国有企業の多くは営利的な企業に属するのに対して，地方の国有企業では交通や水道関連などが公益企業に分類される。もっとも，こうした国有企業の分類作業は2015年末時点で完了しておらず，かなり時間がかかる見通しとなっている。

従業員による持ち株制度の導入も進める。いきなり外部資本を導入しなくても，人材資本や技術力への依存度が高い科学研究機関やハイテク企業，技術サービス型企業は従業員の持ち株式制度を導入して，株式会社化を図っていく。国は技術研究者や経営管理者による自社株の保有を支持し，従業員持ち株制度を経て，企業の株式上場を推奨していく。

4.2 現代的企業制度の整備～有名無実の取締役会

国有企業を現代的な企業へと変身させるには所有形態を変えるだけでなく，企業統治の方法を改める必要がある。現代的な企業制度を整備して，経営管理を効率化しなければ競争力は向上しない。そのためには，まず取締役会の導入および制度化を進めなければならない。

中国は1990年代から国有企業を対象に取締役会制度の導入を試験的に実施してきたが，今日に至っても国が資本を独占する多くの国有企業では取締役会が設置されていない。中央政府が管轄する107社の国有企業のうち，2015年末時点で85社が取締役会制度の試験対象となっているが，残りの20数社は対象にすらなっていない。取締役会制度が導入された企業でも，取締役会は経営陣の人事権を行使できないほか，彼らの報酬を決定する権限も持っていない。

中央の国有企業において董事長（日本の会長に相当）や総経理（同社長）を指名したり解任したりする権限は，共産党委員会組織部や国資委が握っている。取締役会の構成メンバーも主として国資委が決定する。人事権を巡る問題は国有企業の企業統治の近代化に密接に関わっている。政府は今後，取締役会

が持つ人事権や経営者報酬の決定権などを明確にしていくはずだが，どこまで実行に移せるかは結果を待つしかないだろう。

4.3　雇用制度と賃金制度改革の深化

　経営者だけでなく，従業員にかかわる人事・労務制度の確立も必要である。労働契約に基づいて，一般従業員や中間管理者を労働市場から公募して採用し，能力と実績に応じて昇進させていく制度を構築する。企業は管理者を昇格させたり降格させたりすることができ，一般従業員の雇用や解雇もできるようにする。給与決定権も企業が握り，企業自身が法に基づき自主的に決める。

　こうした労務制度は先進国では当たり前と言える。中国の国有企業でも管理者および一般従業員の大多数は，形式上は労働契約に基づいて雇用することになっているが，実際は解雇などの際に大きな制約を受ける。また，国有企業の給与総額の決定には依然として国資委の許可が必要で，成果主義の導入など柔軟な賃金制度を取り入れにくい状況となっている。

4.4　国有資産の監督管理体制の改善〜国有資本投資会社の設立

　国有企業では人事・労務をはじめ，様々な面で国が経営に関与しており，現代的な企業制度の導入の妨げとなっている。国の関与を減らすために，いくつかの大型国有企業を改組して「持ち株会社制度」を導入する。持ち株会社となる「国有資本投資会社」を新設し，国有資本投資会社が企業の資産を管理する。この構想は混合所有制と並び，習近平政権による国有企業改革の目玉と言える。

　国有資本投資会社の導入でなにが変わるのだろうか。国資委はこれまで国有企業の経営や財務，人事などあらゆる面を管理してきた。国有資本投資会社は国有企業の経営にはタッチせずに，国有企業の持つ資本，あるいは証券化した国有資産を管理する。具体的には，混合所有制企業の国有株式分を保有したり，あるいは保有株を売却したり，新しい投資対象を探して投資したりする。国資委はこうした国有資本投資会社を管理するだけで，国有企業の経営は国有企業が自らの判断と責任で実行していく。

　市場経済に適した国有資本投資会社による「国有資産管理体制」を敷くこと

図表7　新しい国有資本の管理体制

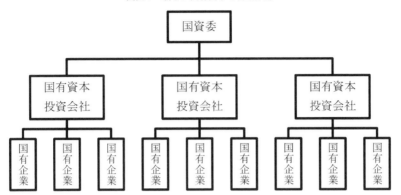

で，国有企業に対する国（国資委）の過剰な介入を減らそうというわけである。同様の例としては，シンガポールの政府系ファンド「テマセク・ホールディングス」が有名だ。同社はシンガポールの複数の国営企業の株主として，各社の経営に目を光らせている。中国はこのテマセクを1つの手本とする考えだ。

　もっとも，国資委は，元来，国が国有資本の管理をゆだねるために設けた組織であり，国資委と国有資本投資会社の機能を明確に分けられるかどうかは，不透明な部分もある。「国資委→国有企業」の二重構造を「国資委→国有資本投資会社→国有企業」という3重構造に改め（図表7），①国資委は国有資本投資会社の管理と評価をする②国有資本投資会社は国有企業の統合や資本の組み換えをする③国有企業は独立的に経営をする——という役割分担をさせるのが理想だが，こうした改革をどこまで完成させられるか。あるいは国有投資会社をテマセクのように運用できるかどうかは，今のところ何とも言えない。

4.5　大型国有企業は統合で強化～「ゾンビ企業」は退場

　持ち株会社である国有資本投資会社が設立されると，国有資本投資会社が主導した国有企業の統合，再編が容易になろう。一部の国有企業については，証券市場などで適正な市場価格により国有資本を処分し，換金された資産をより

重要な業種と領域に再投入する。過剰な生産能力を解消するため,効率の悪い資産の処理を急ぐこともできる。

国の産業政策に基づき,重点産業において競争力のある国有企業があれば,強い国有企業同士の合従連衡を推奨する。先の見えない規模の比較的小さい国有企業は閉鎖倒産する。政府は国有企業改革において,こうした企業の再編や資本の再配置も進めようとしている。

国有企業の中には技術開発が遅れて製品の売れ行きが悪く,長期にわたり赤字経営を続ける企業が少なくない。一部は債務超過に陥っているが,それでも存続している。政府はこうした企業を「僵屍(ゾンビ)企業」と呼んでいる。政府がどんなに景気刺激に苦労しても,非効率な企業や産業が残ったままでは,持続的な経済成長は保てない。このため,政府は赤字が3期続いた企業を「ゾンビ企業」と明確に定義し,「同業他社によるM&A(合併・買収)や破産などの方法で処理する」と「ゾンビ退治」を宣言した。これにより,ここ数年のうちに経営難の一部の国有企業は退場を余儀なくされるはずだ。

4.6　歴史的遺留問題の清算

国有企業は従業員に対するサービスとして,社宅の水道や電気,熱供給,あるいは物件管理に関する業務,さらには病院,学校の運営などを国に代わって担ってきた。本来なら国がやるべきこうした公共サービスは,国有企業の本体業務から引き離していく。国有企業の定年退職者に対する管理業務も外部に移管する。これらの問題は歴史的な遺物として国有企業の荷物となっており,負担の軽減は国有企業の競争力強化につながる。

5．改革の進展状況と今後の展望

習近平政権は国有企業改革の政策構想「1+N」を打ち出して,改革に乗り出した。これまで見たように,改革の手法はいくつかの問題点があるが,改革を進めるという方向性は変わっていない。企業改革は実際,どのような成果を見せているのか。いくつかの実例を検証しながら,今後の改革の可能性を展望したい。

5.1　先行した国資委の実験

　国資委は政策構想「1+N」が打ち出される前に，2013年の三中全会を受けて，先行する形でいくつかの改革の実験を始めていた。2014年夏，中央級の国有企業6社を選定し，混合所有制や国有資本投資会社など4項目の改革実験を開始した。具体的には ① 国家開発投資公司と中糧集団有限公司を国有資本投資会社に改組する ② 中国医薬集団総公司と中国建築材料集団公司に混合所有制を導入する ③ 新興際華集団有限公司と中国節能環保公司，中国医薬集団総公司および中国建築材料集団公司で取締役会が人事などの決定権を行使する――という内容である。

　国資委はこの実験を通して以下の目的を達成すると表明した。第1に，国資委と国有資本投資会社の関係を模索し，資本管理を主とする管理方式への転換をいかに果たすかを探求する。第2に混合所有制企業の統治機構と管理方式，専門的な経営者の招聘や従業員の雇用制度および賞罰メカニズムの構築を模索する。第3に，取締役会の権限を強化し，取締役会が意思決定において主導的役割をより発揮できるようにする。取締役会と経営陣，監査，党組織との関係を規範化し，健全な統治機構と有効な賞罰メカニズム，規範的な経営管理が結合した近代的な企業制度を構築する。第4に，企業の経営層や執行部への監督を強化し，監査の相対的な独立性と権威，有効性を増強し，企業における共産党の役割や反腐敗に対する体系的な指導を強めて反腐敗メカニズムの革新を推

図表8　国資委による10項目の改革実験

- [ ] 取締役会の職権に関する改革を実施し，重大な意思決定や人事に関わる権限を認める。いかなる政府部門や機関も取締役会の職権に介入してはならない
- [ ] 市場の競争原理によって経営管理者を公募する
- [ ] 専門的経営者制度の施行
- [ ] 企業間における給与体系の差別化
- [ ] 国有資本投資会社の導入
- [ ] 中央国有企業の統合・再編
- [ ] 一部の重点領域での混合所有制改革
- [ ] 混合所有制における従業員の自社株の保有
- [ ] 国有企業の情報公開
- [ ] 本体業務と関係のない業務の分離と歴史的遺留問題の解決

し進める。

　国資委は一連の実験を通して問題を発見，解決し，他の国有企業にも普及できる有効な方法を確立するように努め，国有資本と国有企業の全面改革の深化を進めるとしていた。ただ，残念ながら，2015年末に至っても，国資委は改革実験の進捗状況およびその効果を公表しておらず，実験が成功したかどうかは定かではない。

　2015年9月に共産党と中央政府が「指導的意見」「意見」を発布すると，国資委は同12月に改めて10項目の改革実験を宣言し（図表8），これらを2016年には全面的に開始すると表明した。

5.2　所有権改革で経営近代化～レノボ，TCLがモデルに

　過去30年間，中国は国有企業に対して様々な改革を試みてきた。30年の試行から見て，国有企業が真に市場経済に溶け込もうとするなら，多くの場合，所有権の改革に踏み込むべきである。2015年9月に発布された2つの「意見」も，混合所有制により国有企業の株式構造を調整することの重要性を強調している。2014年に地方政府が打ち出した国有企業改革案でも混合所有制への高い関心がうかがえる。

　国有企業が所有権改革により順調に市場経済へと移行し，健全で近代的な企業統治を築いた例はいくつかある。例えば，パソコン大手のレノボ・グループや家電大手のTCL集団はいずれもかつては国有の独資企業だったが，経営陣や非国有セクターによる株式取得と株式上場などを通じて，資本の所有形態の多元化と分散化を図った。取締役会の改善や職権強化も果たし，現在では国内市場だけでなく国際市場でも高い競争力を持つまでに成長した。両社が実施した所有権改革は，多くの国有企業にとって良きモデルとなっている。

　2014年から15年にかけて，一部の大型国有企業は両社に続いて，所有権改革と統治機構改革に着手しており，その成果が注目される。改革の実例を見てみよう。

5.3　中信集団と中石化販売公司の所有権再編と上場

　最も注目されているのが中信集団の改革である。中信集団は中央直轄の大型

国有企業で,「紅い資本家」と呼ばれ国家副主席も務めた栄毅仁氏が1979年に設立した。2014年時点の資産総額は4兆7329億元,営業収入は3409億元,純利益は291億元にのぼり,「フォーチュン」誌のグローバル企業上位500の186位に位置する(2015年,図表1)。業務は金融を中心に資源・エネルギーや製造,建設,不動産,インフラ整備など多岐にわたる。2013年11月の三中全会が閉幕した直後から,中信集団は国有企業改革を掲げた三中全会の決定に応えるべく,構造改革案づくりに着手した。改革案は中央政府の許可を得て2014年に実行に移された(図表9)。

まず,中信集団そのものは国有独資会社であることを変えないまま,中信集団が傘下に持つ様々な子会社群の株式の90%以上を新設した中間持ち株会社「中国中信」に移管。その上で,2014年夏に香港で上場した「中信泰富」に「中国中信」の資産を注入した。「中信泰富」はその後,社名を「中国中信」に改めるとともに,同社が中信グループの中核企業となった。

中国中信にはシンガポールのテマセクやタイ最大の財閥チャロン・ポカパン(CP)グループ,伊藤忠商事など多くの海外企業や機関投資家が出資しているほか,国内でも騰訊(テンセン)や雅戈爾など著名な民間企業が資本参加している。CPグループや伊藤忠商事とは戦略的パートナーシップ関係を築くことでも合意。3者共同で国内外での事業展開を模索し,グループ全体の競争力を

図表9　中信集団の所有権再編の概要

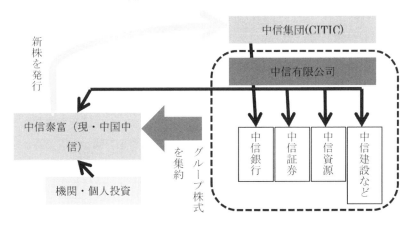

高めようとしている。

　中国石油大手の中国石油化工集団（シノペックグループ）も混合所有制の導入を試行している。2014年に本体からガソリン販売業務を分離して独立した販売会社「中国石化銷售」を設立し，国内外の非国有25社から総額1070億9400万元の出資を受け入れた。出資者には復星集団や匯源集団など有力な民営企業や投資ファンドが含まれている。出資者と連携して，コンビニエンスストアを併設したスタンドの運営やインターネット決済などの新サービスを導入する計画で，さらに，今後2年ぐらいで上場を果たす予定である。

5.4 拡大する国有資産の証券化，上場化

　国有資産をすでに上場している企業に注入して証券化を図ろうとしたり，自らの持つ優良資産を本体から分離して新しい会社を設立し上場させたりする企業はほかにもある。現在，中央直轄の国有企業が株式の過半を保有する上場企業は400社，地方直轄の国有企業が株式の過半を保有する上場企業は700社にのぼる。地方政府の出した政策文書でも，国有資産の証券化比率（国有資産総額に占める上場企業の株式総額の割合）が重要な評価指標とされている。

　中でも，中国航空工業集団が進めようとしている国有資産の証券化が注目される。中国航空工業集団の傘下には500余りの企業があるが，上場企業が24社しかなく（うちA株上場は20社），2014年時点で同集団の資産証券化比率は約55％だった。むこう3〜5年間でこれを80％にまで引き上げる計画で，2015年には，グループ内の一部の非上場企業の資産をすでに上場している「中航機電」に注入した。

　こうした，統治機構が整った上場企業に国有資産を注入する手法は，資産価値を高めるうえでは有益ではあるが，これまでも指摘したように，国有資本の割合が高い上場企業の多くは政府と密接な関係を有している。単に国有資産の受け皿が移り変わるだけでは，真の市場化とは言えないし，国有企業がより多くの資産を上場企業に注入することは株式市場から資金を騙し取る行為となる可能性もある。

5.5 加速する国有企業同士の統合，再編

改革の一環として2015年以降，大型国有企業同士の統合，再編も加速している。これまでにも中央直轄の国有企業は吸収合併を繰り返してきたが，大手企業が自分より規模の小さい企業を吸収するケースがほとんどで，しかも，合併した企業の多くは業種が異なっていた。現在の国有企業の再編では，同じ業種の大型企業同士が経営統合するケースが目立つ（図表10）。

代表的な例が中国南車集団と中国北車集団である，両社は2015年に合併して「中国中車集団」となった。両集団は元々，鉄道省管轄の中国鉄道機車車輛工業総公司が2000年に2つに分割された企業である。それぞれの業務内容はほとんど同じで規模も大差なく，業務の対象となる地域を黄河を境界線として北と南に分け，国内市場を二分していた。分割の狙いは競争促進にあったが，近年は互いに相手の業務地域に進出して，過度な価格競争を繰り広げていた。海外市場でも，両社は互いの仕事を奪い合い，研究開発の面でも競争を優先して協力することがあまりなかった。そこで，国は過当競争をなくす目的で，両社を統合して1つの会社に戻したのである。中国中車集団は資産規模が3000億元を超え，営業収入も3000億元にのぼる大型企業となった。

2015年にはこのほか，国家核電技術集団と中国電力投資集団が合併して「国家電力投資集団公司」となった例もある。中国電力投資集団は遼寧紅沿河原子力発電所や山東東陽原子力発電所の株式を保有しているが，原子力発電の設計能力が弱い。国家核電技術集団は米国から導入された第3世代の原子力発電技

図表10　国有企業の統合，再編の動き

鉄道	中国南車と中国北車が合併し，中国中車に
原発	国家核電技術と中国電力投資が経営統合
海運	中国遠洋運輸と中国海運が経営統合
通信	中国聯通と中国電信が合併に向けた研究を開始
鉄鋼	宝山鋼鉄や武漢鋼鉄を軸に企業再編を検討
非鉄	中国冶金集団も中国五鉱集団の中に吸収
エネルギー貿易	珠海振戎公司と南光集団が経営統合を発表
石油化学	中国中化集団と中国海洋石油総公司が合併を研究
自動車	第一汽車や東風汽車が4大グループに集約

（出所）日本経済新聞2015年9月15日，日経産業新聞2016年1月12日などから作成。

術「AP1000」を持つほか，それを基礎とした独自技術「CAP1400」を開発した。この技術は中国の16重大技術革新の1つに数えられる。両社は合併により互いの比較優位を補完し合うことができる。国家電力投資集団公司の資産は7000億元を超え，年間営業収入は2000億元を超える見込みである。

もっとも，規模の拡大により国有企業の競争力を高めようとする動きはすべての業種に広がるわけではない。南車集団と北車集団の合併については，市場での競争を通じた健全な企業の成長が阻害されるのではないか，という懸念もある。安易な経営統合は市場化の流れに逆行しかねない。

5.6　真の市場化にはなお長い道のり～微妙に揺れる政府の姿勢

中国の国有企業改革が大きく進展するかどうかは，企業の再編や統合だけで決まるわけではない。繰り返すが，改革で最も重要なのは所有権改革である。行政と企業のしがらみの解消や企業統治の規範化，雇用制度および賃金体系の市場化，歴史的遺留問題など，多くの国有企業が直面する問題は，結局のところ，所有権改革なくしては抜本的には解決できない。

政府が当面容認できる所有権改革の主な形式は混合所有制である。混合所有制がどのくらいのスピードで広がっていくのか，将来を展望するのは残念ながら難しい。2013年の三中全会の決定は，「混合所有経済を積極的に発展する」「非国有企業の国有企業改革への参加を推奨し，非公有資本が支配する混合所有制企業の発展を推奨する」だったが，2015年の「指導意見」では「国有企業による混合所有経済の発展を穏便に推進する」「すべての企業を（改革の）対象とせず，タイムスケジュールを設けない」という表現に変わっている。2つを比べると，違いはわずかのようだが，この違いを見過ごすべきではない。

「指導意見」や「意見」はこのほかにも，国有企業に対する共産党の指導を強調し，企業内部における党組織の重要性を訴えている。国有企業に対する監督をさらに改善，強化し，腐敗を防ぎ，国有資産の流失を防止することも求めており，例えば「指導意見」は「国有資産の流失を根絶する」点を非常に重要視している。

所有権改革においては，混合所有制であっても，完全なる民営化であっても，国有資産が証券化などにより非国有部門に売却されることは避けられな

い。しかし，「指導意見」が強調する国有資産流失の基準はやや漠然としており，健全な資産売却と「国有資産の流失」との線引きが困難である。無秩序な資産の流失という批判を心配するため，地方政府は混合所有制を推進しようとしても，慎重な態度を取らざるを得なくなる。

　「指導意見」は国有企業に対する監査もより厳しく求めている。国有企業への厳しい監査が混合所有制の促進に寄与するかどうか。政府の指導方針を総合して見ると，国有企業改革はなお長い道をたどらなければならないと言える。

第6章

人口問題，少子高齢化への挑戦
── カギ握る戸籍・定年制度改革の成否

同志社大学大学院グローバル・スタディーズ研究科教授
厳　善平

◉ポイント

▶ 中国は1人っ子政策の影響もあって，人口転換が速いペースで進み，いまだに中所得国であるにもかかわらず，少子高齢化の局面に突入した。労働市場の需給ひっ迫は賃金高騰を引き起こし，経済成長の下振れ圧力となっている。

▶ 人手不足は制度政策の欠陥に起因した部分が大きい。農民工に対する戸籍差別は農村から都市への移住を阻み，時代遅れの定年制度は労働者の労働市場からの早すぎる退出をもたらした。1人っ子政策は出生率の低下を促し，中長期的な労働供給の拡大を妨げてきた。

▶ 国際基準でみれば，中国には大きな潜在的労働資源がある。政府は制度政策の欠陥に対応し，戸籍制度改革を漸進的に進め，2015年末には1人っ子政策を廃止した。定年の引き上げを中心とする社会保障制度の抜本改革も開始されようとしている。この三大改革の成否は，中国経済の持続的成長に大きな影響を与えるものとして注目される。

◉注目データ　☞　中国の様々な生産年齢人口の推移

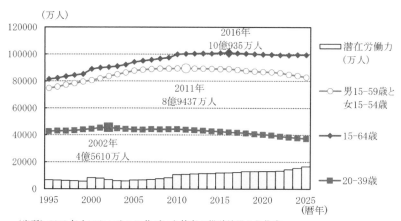

（出所）2010年人口センサスに基づいた筆者の推計結果より作成。

1. はじめに

1980年代以降の30余年間，中国は年平均10％近い高度経済成長を遂げた。生産年齢人口（15〜64歳）が全人口より速く増加し，それに由来する「人口ボーナス」は高度成長を支えた大きな要因となった[1]。豊富で安価な労働力が農村から供給され続け，中国は「世界の工場」として大きく発展した。ところが，2000年代後半に入ると，労働市場における需給関係が逆転し，一部の地域または職種では人手不足が顕在化し，賃金も急騰するようになった。

労働市場への労働力の供給は人々の労働参加率と深く関係する。高等教育の進展に伴い若者が労働市場に参入する時期が遅くなる一方で，旧態依然の定年制度により50歳代の女性の多くは早々に労働市場から退出してしまう。こうした社会状況と制度の矛盾が，今日の労働参加率の低下と労働市場への供給縮減をもたらしているのだ。また，1人っ子政策が30年以上続いたことも労働市場の構造変化を促した要因である。

第1章で述べたように，中国が「中所得国の罠」を乗り越え高所得国グループに仲間入りするには，年平均7％程度の経済成長を当面持続する必要がある。それには，既存の労働資源を有効に利用して先進国並みの労働参加率を維持すると同時に，少子高齢化のスピードを緩和し労働力の安定供給を中長期的に確保する制度改革が欠かせない。本章では，中国の人口問題の特徴を明らかにしたうえで，少子高齢化が社会経済に及ぼす影響を分析し，活力ある社会の実現に向けた制度改革の効果と限界を考える。

2. 中国の人口転換〜日本並みのスピードで進む少子高齢化

人口学によれば，一国の人口動態は社会経済の発展段階に応じて4つの局面に分けることができる。すなわち①出生率も死亡率も高く人口規模があまり拡大しない第1局面（多産多死）②医療技術の進歩や公衆衛生制度の普及に伴い死亡率は急落するが，出生率は依然高く人口が爆発的に増加する第2局面（多産少死）③工業化，都市化が進み，女性の社会的進出も拡大して出生率が

下がり人口増加が減速する第3局面（少産少死）④少子高齢化の長期的持続に伴い死亡率が出生率を上回り人口規模が縮小する第4局面（少産多死）——というものである。出生率，死亡率および両者の差である自然増加率がこのような4局面で変化する過程を「人口転換」と呼ぶ。

出生率，死亡率，自然増加率の関係性は国や時代の相違を超えて人口統計で観測されるが，変化にかかる年月は国によって大きく異なる。通常は14歳以下の「年少人口」，15〜64歳の「生産年齢人口」および65歳以上の「高齢人口」の割合は各局面において一定の方向性をもって変化し，年少人口の割合が18％を下回る社会を少子化社会，高齢人口割合が7％を超える社会を高齢化社会と呼ぶことが多い。高齢人口の割合が14％，21％に到達した社会をそれぞれ高齢社会，超高齢社会とし，7％から14％に上昇するのにかかった年月を高齢化の速度とする考えもある[2]。

中国の人口転換は1958年の「大躍進運動」失敗後の異常な人口変動を除けば，標準的なプロセスを経験しているが，多産少死から少産少死への転換速度が非常に速いのが特徴点といえる（図表1）。6前後だった1950年代，60年代の合計特殊出生率（1人の女性が生涯にわたって出産する子供の数）は，1970年代に入ってから急落し，1980年には2.24，1992年に至って人口規模を維持するのに必要な2.1を下回った。合計特殊出生率はそれ以降も下がり続け，

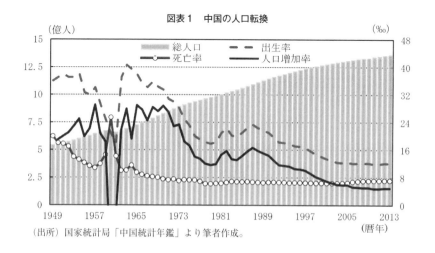

図表1　中国の人口転換

（出所）国家統計局「中国統計年鑑」より筆者作成。

2010年の人口センサスでは1.18となった。人口政策を担当する行政機関は2010年代の合計特殊出生率を1.6程度と推計しているが，疑問視する専門家が多い[3]。

　このような，いわば圧縮された人口転換を背景に，総人口の年平均増加率は1950～70年は2.06％だったのが，1970～80年には1.75％，1980～90年は1.48％，1990～2000年は1.04％，そして2000～14年には0.55％と急速に低下した。人口の年齢構成にも急激な変化が見られる。生産年齢人口の割合は1960年代以降，上昇し，経済発展のために潤沢なボーナス（労働，資本）を生み出したが，一方では少子化や高齢化が急速に進んだ。高齢人口の割合は2000年に7.0％に達し，2014年には10.1％となった（国家数拠庫）。このままでは，高齢人口割合は2025年に14％に上ると予測される。つまり，中国は日本や韓国とほぼ同じ25年という年月で，高齢化社会から高齢社会への移行を完了することになる。人口転換が速すぎたせいで，所得が十分に高く社会保障制度もきちんと整備された豊かな社会に入る前に社会が老いてしまう，「未富先老」の難題に直面している。

3．急速な少子高齢化のインパクト

3.1　早すぎた青壮年人口の減少傾向

　出生率が高かった1960年代までに生まれた人々が1980年代に入って成人すると，無尽蔵な供給源として次々に労働市場に参入した。郷鎮企業や沿海地区の先進的な農村，あるいは都市部の民営企業，外資系企業などが彼らの主な働く場となった。ところが，1970年代以降の出産制限，特に1979年以降の1人っ子政策の影響で，最も活力ある青壮年（20～39歳）の人口規模の拡大は早くも頭打ちとなってしまった。

　1980年からの20年余りで青壮年の人口規模はおよそ2億人増え，ピークとなる2002年には4億5610万人となった。1980年代，90年代の年平均増加率はそれぞれ4.16％，1.33％だったが，ピークを過ぎると減少に転じ，推計では2030年には3億2120万人と1985年とほぼ同じ規模に戻ってしまう見通しだ（図表2）。実際に2004年には外資企業が密集する広東省珠江デルタ地域で企

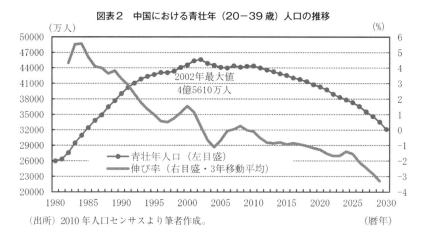

図表2　中国における青壮年（20-39歳）人口の推移

（出所）2010年人口センサスより筆者作成。

業の求人が満たされないという，それ以前には考えられなかった現象が起き始め，社会に大きな衝撃を与えたが，背景には青壮年人口の頭打ちがあった。また，当時は農村からの出稼ぎ労働者（農民工）の3分の2を青壮年人口が占めていた（国家統計局「農民工監測報告」）。

3.2　農民工の増加が減速〜平均年齢も上昇

青壮年人口の動向を反映して，故郷を6カ月以上離れて都市部などで働く農

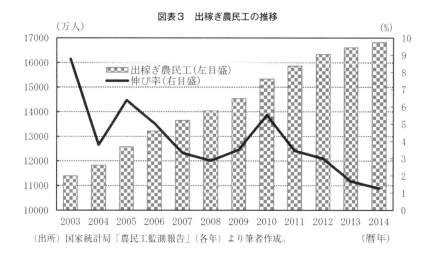

図表3　出稼ぎ農民工の推移

（出所）国家統計局「農民工監測報告」（各年）より筆者作成。

民工の規模および年齢階層構成も大きく変化した。国家統計局が毎年発表する「農民工監測報告」によれば，農民工の数は2002年の1億470万人から2014年には1億6821万人にまで増加したが，伸び率は年々低下傾向にある（図表3）。年齢構成を見ても，16〜30歳人口の割合は2008年の46％から2014年には34％に下落したのに対し，41歳以上の割合は30％から44％に上昇した。その結果，農民工の平均年齢は33.8歳から37.4歳に上がった。また，50歳を超える農民工が2014年には5000万人近く（全体の17％）を占めたことも注目される[4]。

3.3　労働市場の需給ひっ迫〜恒常的な人手不足を招く

青壮年の人口規模が2000年代に入ってピークアウトすると，都市部の労働市場は買い手市場から売り手市場へと構造変化が急速に進んだ。主要都市での求人倍率の推移を見ると（図表4），2002年頃の都市部は，雇用があれば，それを求める者が必ず存在するという，労働力を無制限に供給できる状態だったが，それ以降，求人倍率は青壮年人口の変動と歩調を合わせて急上昇し，2004年頃には0.9倍と人手不足の時代に突入した。リーマン・ショックの影響で求人倍率はいったん2009年に0.85に下がったが，政府の大型景気対策により景気が回復すると求人倍率もV字型回復を遂げた。経済成長率が10％超から

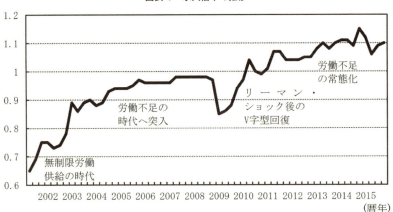

図表4　求人倍率の推移

（出所）労働省「全国職業供求分析報告」（主要約100都市が対象）より筆者作成。

徐々に 7% へと減速する傾向にある今日でも，求人倍率は恒常的に 1 を上回る需給ひっ迫の状態が続いている。

労働需給のひっ迫を地域別にみると，東部沿海よりも中部，西部地域のほうがより深刻である。例えば，2015 年第 3 四半期の東部，中部と西部の求人倍率はそれぞれ 1.08，1.11，1.12 であった。また，年齢階層別では 45 歳以上の求人倍率は 2014 年第 1 四半期で見ると 0.77 と低い。一定の年齢を超えると働き口が急激に減少するためで，これは農民工にとっての厳しい現実を示している。

もちろん，職種や地域などによっては労働需給のミスマッチがあり，失業者は常に一定の規模で存在する。国家統計局が 1989 年から調査している都市失業率は近年，5% 程度で推移しているようだ[5]。この数字は都市戸籍者を対象とした「登録失業率」と異なり都市部の全労働者をカバーしているため，失業が高い水準にあるとはいえない。

3.4　賃金水準の急上昇～「ルイスの転換点」を通過

労働需給が買い手市場から売り手市場へと移行するのに伴い，現場で働く一般労働者の実質賃金は低位停滞の状況から上昇し始め，経済全体はいわゆる「ルイスの転換点」を通過しようとしている[6]。2007 年に中国社会科学院が発表した「中国人口与労働問題報告」を皮切りに，中国経済が「ルイスの転換点」をすでに通過したかどうかを巡って国内外で大きな論争が繰り広げられてきた[7]が，ここでは転換点を通過したと見られる統計的裏付けを紹介する。

図表 5 は農民工の月収の「名目値」と全国消費者物価指数をもとに計算した「実質値」の推移を表している[8]。名目月収は 1980 年が 85 元だったが，1990 年に 190 元，2000 年に 518 元，2014 年に 2864 元と増加した。1980～90 年，1990～2000 年，2000～14 年の年平均伸び率はそれぞれ 8.4%，10.5%，13.0% と加速している。一方，実質値は 2000 年までの増加は非常に緩やかで，1980～90 年，1990～2000 年における年平均伸び率はそれぞれ 1.2%，3.1% にすぎず，同期間中の経済成長率（9.3%，10.4%）を大きく下回った。実質値が目立って伸び始めたのは 21 世紀に入ってからで，2000～10 年の年平均伸び率は 10.2% と同期間の経済成長率 10.4% に近づき，2010～14 年は 10.6% と同期

図表5　農民工の平均月収の推移

(注) 実質値は1978年の物価水準をもとに計算。
(出所) 蘆 (2012), 国家統計局「農民工監測報告」(各年) より筆者作成。

間の経済成長率8.0%を上回った。農民工の動態や求人倍率の推移と整合的に変化する実質月収を見ると，中国は2000年代初頭に「ルイスの転換点」を通過したと言えるかもしれない[9]。

労働市場の需給ひっ迫は農民工の実質月収を押し上げただけでなく，各省，自治区，直轄市（以下，地域と略す）の間で賃金水準の平準化も促している。図表6aは各地域の最低賃金の平均値と変動係数（標準偏差を平均値で割った値でバラつきの度合いを表す），および平均値の対前年伸び率を表し，図表6bは各地域の2003年最低賃金と2015年対03年の最低賃金倍数を基にした散布図である（2003年はチベットの数値がない）。

この2つの図表から，2003年から2015年までの最低賃金の動きは次のような特徴があることがわかる。第1に，リーマン・ショックの翌年を除けば，最低賃金は毎年，大幅に引き上げられ，12年間の年平均伸び率は12.0%となった。同期間の1人当たり国内総生産（GDP）の名目成長率（約14%）には及ばないが，それでも高い水準と言える。各地域の平均額は2003年の月390元から2015年には1525元へと約4倍に増えた。賃上げの背景には低所得層の収入を増やすことで，格差是正と小康社会の実現を図ろうとする中央政府の政策がある。例えば，第12次5カ年計画（2011〜15年）の中では「最低賃金を年平均13%以上引き上げるように努力する」と明記している。

第2に，地域間における最低賃金の格差が縮小し，全国的に統一された労働

図表6a 各地域の最低賃金平均値と伸び率,変動係数の推移　　図表6b 地域別にみる2003年最低賃金と2015/2003年の最低賃金倍数

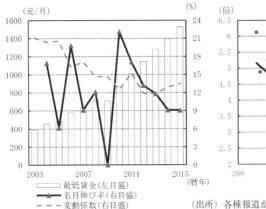

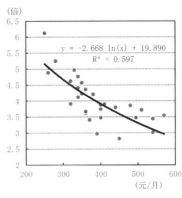

(出所) 各種報道から収集されたデータに基づく。

市場が形成されつつあるという点である。地域間における最低賃金のバラつきを表す変動係数は2003～05年は0.20くらいだったが，2008年以降は0.12～0.15で推移している。最大と最小の倍数を見ると，2003年の格差は2.3（上海／江西）だったが2015年には1.7倍（上海／黒竜江）に縮小した。もともと賃金水準が低かった地域では伸び率が高く，水準の高かった地域は伸び率が低いことが背景にある。2003年に最も低かった江西省の最低賃金は2015年には6.1倍に上がったのに対して，最低賃金が最も高かった上海市は3.5倍になったに過ぎない。当初の水準と増加速度の間には強い負の相関関係が存在する。図表6bのように，相関係数はマイナス0.773だった。

2000年代以降，最低賃金は全体として急上昇する一方で，地域間の格差は縮小している。近年では労働移動はほぼ自由になったため，労働者は高い賃金を求め移動し，各地域の賃金水準も労働市場の調整を受けて収斂したと言える。

4．人口問題に立ち向かうための制度改革

これまで見てきたように，中国では1人っ子政策の影響で人口転換のプロセスが圧縮され，少子高齢化も急速に進んできた。しかし，「未富先老」は絶対

に避けられない問題ではない。人手不足や賃金の高騰は非合理的な制度に対する改革の遅れが深く関係している。具体的には，戸籍制度や定年制度が労働資源の有効利用を妨げ，また，1人っ子政策がいびつな人口構造を生み出したのである。こうした制度・政策を抜本的に改革すれば，経済成長に対する労働制約が大きく軽減でき，「未富先老」を回避することは可能である。

4.1 依然として豊富な潜在的労働力～早すぎる定年退職の時期

国家統計局は2013年初め，2012年に16～59歳労働人口が前年比で345万人減少したと発表した。中国統計年鑑で公表される国際基準の15～64歳生産年齢人口も2014年には前年比で113万人の減少に転じている。生産年齢人口の減少を受け，「中国経済は一層の発展が難しい」と論じられたが，実際は，制度上の問題から有効に利用されずにいる潜在的労働資源は依然として多く，発展の余地は十分にあるのだ。

2010年人口センサスに基づいて推計すると，国際基準の生産年齢人口は当面，微減はするが，急激に減少することはない見通しだ（図表7）。2025年の生産年齢人口は2010年に比べわずか約400万人しか減少せず，年平均減少率もマイナス0.03％にすぎない。

問題は，生産年齢人口のわずかな減少よりも，このような豊富な労働資源

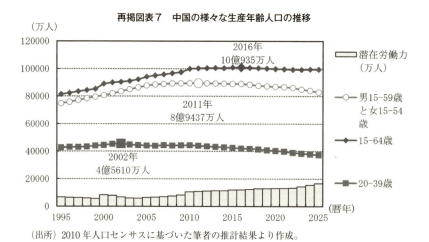

再掲図表7　中国の様々な生産年齢人口の推移

（出所）2010年人口センサスに基づいた筆者の推計結果より作成。

が現行の定年制度の下では有効に活用できていないことの方が大きい。中国の定年は原則として，男性が60歳，女性の幹部職員と労働者はそれぞれ55歳，50歳である[10]。ここでは男性60歳，女性55歳を定年として労働人口（男性15～59歳，女性15～54歳）を推計すると，その規模と国際基準の生産年齢人口の規模との差は1995年から2025年の30年間で広がる傾向にある（再掲図表7）。例えば，2015年のギャップは1億2000万人だが，2025年には1億7000万人近くに膨らむ。すなわち，国際基準で見ればまだ働ける年齢層が年々，増えていくわけだ。中国の都市部における実際の平均退職年齢は2015年時点で53歳だった[11]ことを考えると，潜在的な労働資源はこの推計よりさらに多いと思われる。ちなみに，最も働き盛りである20～39歳の青壮年は2010年から2025年の15年間で年平均1.15％減，合計では7000万人減少する見込みだ。

4.2 戸籍制度改革と新型都市化の推進

　計画経済期（1950～70年代）の中国は，戸籍制度を使って人々の移住や職業選択の自由を厳しく制限した。1980年代以降，農村から都市への出稼ぎ目的の労働の移動はほぼ自由化されたが，移動者が戸籍を故郷から移住先の都市に移すことは依然として難しい。都市部に常時居住する，いわゆる常住人口は急増し，戸籍住民を含む常住人口が全人口に占める割合（都市化率）も年に約1ポイントのペースで上昇しているが，多くの農民工は常住しても居住地の戸籍がないため，地元の市民と同じように働くことができないでいる。彼らは非正規雇用が主流であり，十分な研修を受け技能を高めた者が少ないので，多くは体力が衰え手先の器用さも欠けるようになると都市部で働けなくなり，30代や40代であっても帰郷を余儀なくされる。戸籍制度が障害となって労働資源が有効に利用されず，都市部の労働市場の需給ひっ迫に拍車がかかっているのである。

　政府はここ30余年の間，戸籍制度の改革に全く手を付けなかったわけではない。比較的大きな制度改革は3つの段階に分けてみることができよう[12]。①農村工業を中心とした郷鎮企業が急成長する中で行われた1984年の「農民進入集鎮落戸改革」②1990年代後半以降の農村から都市へ移動する農民工の

激増を背景にした 2001 年の「小城鎮戸籍管理制度改革」③ 調和的社会の構築と都市農村の一体化が掲げられる中での 2011 年と 2014 年の全面的「戸籍管理制度改革」――である。漸進的に進められたこれらの戸籍制度改革を関係する政府通達から分析すると，戸籍の転出入の範囲や用件，および移動者の権利規定などについて以下のような特徴が見られる。

第 1 には，戸籍を転入できる移動先が徐々に地方の中小都市から大中都市に広がった。1990 年代前半までは農村部から末端行政の郷鎮政府の役所がある町（中国語で「建制鎮」）にしか戸籍転入が認められなかった。その後，農村と都市の間の労働移動が大規模化した 1990 年代後半を経て，県政府または同じ行政レベルの市政府が立地する「城関鎮」への戸籍転入も認められるようになった。2011 年以降は大中都市への戸籍転入も改革の重要項目としてリストアップされている。

第 2 に，農村から都市への戸籍転入の用件が徐々に緩和された。移住先の町や都市で「安定的な収入がある」「定職がある」「決まった住居を持つ」という 3 点が戸籍転入の要件だが，2011 年の改革までは住居とは自分の所有物であることが暗黙の前提だった。改革により住居は賃貸住宅でも構わないとされ，都市部ではマイホームが買えない農民工も戸籍取得が可能となった。

第 3 に，戸籍を故郷から転出した者の権利規定はあいまいさが残っている。「城関鎮」への戸籍転入を果した農家世帯員は，村から請け負った農地の請負権は移転後も法によって保障される。しかし，「城関鎮」を上回る規模の大中都市への戸籍転入者に関しては，政府通達は農地に対する請負権は存続し，第 3 者に耕作させて一定の賃料を得ることは可能としているのだが，法による規定は今のところ明確ではない[13]。

戸籍制度が漸進的に改革される一方で，都市部に居住しているのに当該の都市の戸籍を持たない「流動人口」は依然として 3 億人近くに上る（第 1 章図表 4）。生産年齢人口が減少し労働市場の需給ひっ迫が続く現状を考えれば，農民工，中でも 1980 年代以降に生まれ，すでに都市部に移住し暮らしている新世代の農民工が都市戸籍を取得して普通の都市住民と同等の教育や就業，社会保障などの基本権利を享受できるとする「農民工の市民化」は急務である。

2015 年の五中全会で決定された「第 13 次 5 カ年計画建議」では，大学など

高等教育を受けた農家子弟，および軍隊から退役した若者が都市部に定住できるようにすることが明記された。また，2014年の戸籍制度改革では都市部に滞在する1億人程度の流動人口を向こう5年間で普通の市民に変える具体的な数値目標も提示されている。併せて都市化率も従来のように戸籍のない農民工も含めた常住人口を基準とするのでなく，都市戸籍を持つ人口を基に算出し，その水準を45％にすると宣言されている。都市への移住促進のため，政府は住宅も準備しなければならない。中小都市では住宅開発に必要な土地の確保に力を入れるため，農地転用の規制緩和も検討される。流動人口の市民化と定住化が進めば，中国経済のアキレス腱とされる住宅の供給過剰が消化されるだけでなく，都市部の家計消費も大きく拡大する。そして，何より重要なのは30代，40代という比較的若い農民工の継続的な就業，すなわち労働資源の有効利用が期待できることだろう。

　医療，年金，失業，労災などの社会保障制度に加入する農民工の比率が低く，それが農民工の市民化を阻んでいるという指摘もある。農民工は全体として若年層が多く，今のところ保険料を納める人がほとんどで，彼らが年金を受給する時期はまだ先になる。年金財政の健全化という視点からすれば，彼らを普通の市民として都市部に迎え入れ，諸制度に加入させた方がメリットは大きい。いずれにせよ，戸籍制度の一段の改革は，安定成長を目指す習近平政権の大きな課題と言える。

4.3　定年制度の改革～年金の支給負担の軽減も

　潜在的労働力を活用するためには，時代遅れの定年制度の改革も欠かせない。現行制度の骨格は1950年代に作られたものである。その後，60年余りの間に中国人の平均寿命は40歳から75歳にまで延びている事実を考えても，法定の退職年齢を徐々に引き上げる必要がある。

　国家統計局によれば，15歳以上の人口に対する経済活動人口の割合（労働参加率）は1995年の77.4％から2014年には69.8％へと19年間で7.6ポイント下がった。この背景には2つの大きな変化がある。1つは，教育水準の向上により若者の労働市場への参入が全体として先延ばしになっている点である。同期間中，高校以上（高校，大学および大学院）の在校生は約4倍に急増し，

2014年には5733万人となった。これは15歳以上人口の5.0%を占める規模である。

もう1つは都市部，中でも都市女性の労働参加率が急速に下がっていることである。中国社会科学院などが行った家計調査に基づいた推計では，農村世帯における女性の労働参加率は1988年から2010年にかけて比較的高い水準で安定しているのに対して，都市世帯では急速に低下する傾向にある。2010年で58.9%と，1995年に比べて12.5ポイントも下がった（図表8a）。また，都市部の就業率（16歳以上人口に対する就業者の割合）を男女別にみると，1995年，2002年，2007年および2010年における女性はそれぞれ65.2%，51.6%，48.5%，48.2%であり，男性の73.6%，65.1%，64.3%，60.6%をいずれも大きく下回る[14]。

人口センサスによると，50歳から64歳の都市女性における労働参加率は2000年からの10年間で全体的に上昇しているが，絶対的水準は依然として低い（図表8b）。例えば，50歳の都市女性の労働参加率は2000年，2010年にそれぞれ44.6%，47.3%であり，55歳だと28.1%，31.5%，60歳では15.8%，19.4%と年齢が上がるにつれて下がっていく[15]。日本の総務省統計によれば，2005年以降の10年間で，55～64歳の日本人女性の就業率は50%から57%に上がった。また，日本人男性の同年齢層における就業率は2000年代以降，80%前後で推移している。日本と比べても，男女ともに中国の都市部の労働参

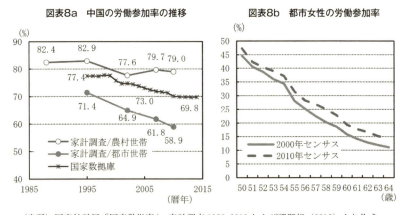

（出所）国家統計局「国家数拠庫」，家計調査1988-2010および課題組（2012）より作成。

加率または就業率がいかに低いかがわかる。

こうした状況の中，政府や有識者の間では法定退職年齢を引き上げるべきか，どのようなタイムスケジュールと手順で改革を進めるかなどが，盛んに議論されている[16]。総論では反対する声は少ないが，実際には，中国では党や政府機関で働く公務員をはじめ，給与から保険料を納め退職後に社会保障機構から年金を受給するという社会保障制度に加入していない膨大な数の特権階層が存在する。彼らは退職後も給与とほぼ同額の年金を受給できるため，一日も早い定年退職を望んでおり，性急な定年延長には及び腰である。制度改革のためには，まずは党や政府機関等の職員を社会保障制度に等しく加入させて特権待遇を無くさなければならないだろう。次に，現行の定年制度を厳格に執行し，様々な理由で早期退職して年金を不正に受給する行為を無くさないといけない。そのうえで，法定退職年齢を段階的に引き上げ，男女同一の年金受給年齢を導入する。これは現段階の社会保障制度改革に関する社会的合意といってよい。

中国社会科学院人口・労働経済研究所は定年制度について，次のような提案をしている。2017年から女性は一般労働者と幹部職員の区別をなくし，55歳定年制を一律に適用する。2018年から女性は3年毎に，男性は5年毎に定年を1歳延長し，2045年には男女とも65歳で定年を迎えて退職するようにする。自営業など非雇用就業者の年金受給年齢も2033年以降現行の60歳から3年毎に1歳先延ばしし，2045年には65歳から年金受給を開始する，としている[17]。

この提案は様々なメディアが大きく取り上げ，各界から高い関心を集めた。具体的な試算方法，および改革の年金財政や労働市場への影響に関する詳細な分析は公表されていないが，年金制度改革の必要性や個々人への影響についてアピールする効果は大きかったようだ。2015年の五中全会の「建議」も年金制度改革の必要性を強調し，年金受給年齢を段階的に引き上げると明記している。

中国では，都市と農村，あるいは地域間や職業間でバラつきがあるものの，ほぼすべての国民が何らかの医療保障制度と養老保障制度に加入する「国民皆保険制度」が出来上がりつつある。社会保障制度は個人と職場が保険料を分

担する積み立て方式を根幹としており，加入者は自分の社会保障基金口座を持ち，口座の残高もわかる。しかし，政府の管理下にある公的年金財政は個人や企業の納めた保険料を財源とし，そこから年金受給者に年金が支払われる。本質的には現役世代が退職者を支える日本の賦課方式の年金制度と変わらない。

　高齢化が進む今後の中国は，支えられる側と支える側の比率が急速に高まり，社会的な負担が重くなると予想される。政府は国有企業の営業利益から国庫への上納金比率を引きあげ，国有資産の一部を社会保障基金に組み入れることで年金財政の構造的問題を改善しようとしているが，その効果は限定的であろう。年金受給年齢の引き上げを中心とする定年制と年金制度改革こそが，年金財政の健全化と人手不足の軽減を同時に達成できる，一石二鳥の効果を持つと考えるべきである。

4.4　出産制限から子育て支援へ

　戸籍制度改革で農民工の市民化を促進し，定年制度改革で就業期間を拡張すれば，労働市場の人手不足は緩和できる。しかし，出生率の低下による少子化がさらに進むと，中長期的には生産年齢人口が少なく高齢被扶養人口が多いというアンバランスな状態を招き，社会経済の安定と発展にも大きく影響する。

　政府は1970年代に入ってから，食糧や雇用，エネルギーなどの深刻な不足を回避するため，晩婚化と少子化を内容とする計画生育政策を導入した。1960年代は6前後だった合計特殊出生率は1979年に1人っ子政策が施行されると急速に低下し，1992年には人口規模の維持に必要な2.1を割り込み，2010年の人口センサスに基づいた推計ではわずか1.18となった。これは少子化先進国の日本の水準を下回るレベルである。

　もっとも，1人っ子政策は全国一律で厳格に適用されたわけではない。都市部，特に党政府機関や大学などの事業体，国有企業といった正規組織では厳しく執行されたが，農村部では1984年頃から「1.5人政策」，すなわち1人目が女の子であればもう1人の出産を認める政策が導入されている。2001年には，一部で1人っ子同士の結婚なら2人までの出産を認める政策（中国語で双独二子）が試行され，2011年からは全国で実施された。さらに2013年には夫婦のどちらか1人が1人っ子なら2人までの出産を認める（同・単独二子）という

柔軟な政策運用も行われている。それにもかかわらず、出生率の低下は止まらず、少子化が予想以上のペースで進行したのである。「単独二子」政策が導入された際、新生児は年間100万人増えるだろうと予想されたが、実際はその半分に満たなかった。こうした状況から、政府は2015年、2人までの子供の出産を無条件に認める「完全な2人っ子政策」を打ち出し、2016年1月1日から実施した。

専門家は2000年代から、「双独二子」の社会実験を踏まえ、一刻も早く「完全な2人っ子政策」を認めるべきだ、と政府に繰り返し提言したが、当局は政策転換による人口の激増を恐れ、容易に踏み切れなかった。人手不足が顕在化し、高齢人口の急増に伴う社会的負担も増す中で、ここに来て改革の機運が一気に高まったのだ。

人口の年齢構造を見れば、2人っ子政策の実施はごく自然な成り行きともいえる。中国では子供の9割は母親が20〜35歳の時に生まれている。したがって、20〜35歳の女性の人数が変化すると、合計特殊出生率も大きく上下する。2000年人口センサスに基づいて推計すると、2015年から2030年までの15年間で、20〜35歳の女性人口は1億7000万人から1億1000万人へと約6000万人減少する（図表9）。2000年時点の比率をもとに試算すると、この6000万人のうち8割は都市部、2割は農村部の居住であり、しかも農村女性の割合は徐々に高まる傾向にある。しかし、もともと1人っ子が少ない農村部で「単独

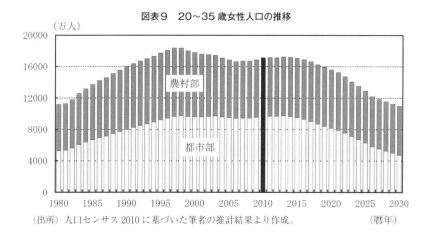

図表9　20〜35歳女性人口の推移

（出所）人口センサス2010に基づいた筆者の推計結果より作成。　　　（暦年）

二子」政策を実施しても，大きな効果は上がらない。20～35歳の女性人口動態だけ考えても，2人っ子政策の早期実施が必要だったといえる。

　政府は少子高齢化を克服するべく，中長期的には合計特殊出生率を目下の1.5～1.6から1.8に高める目標を持っているようだ。地方都市や農村部を中心に産みたくても産めなかった夫婦は実際に存在するので，「完全な2人っ子政策」の実施で出生率のある程度の上昇は期待できるだろうが，現実には子供の養育や教育に多くの出費が必要であり，「少なく生み立派に育てる」と考える人が多いことも事実である。女性の社会的進出に伴い出産の機会費用は確実に高くなっている。子供を多く生みたいという意思を持つ人も，実際には出産に踏み切れないことが多い。

　もっとも，政策の変更により，子供の生育をある程度個々人の判断で行うことができるようになったことは，出産行動の多様化をもたらす。産まないという選択もあれば，2人以上産みたいと考える夫婦も当然出てくる。そうなると，比較的同質だった世帯構造が今後は多様化し，多くの子供を抱える世帯の経済的負担はそうでない家庭より重くなる。中国でもいずれは個人所得税など税制の面で出産や子育てを支援する必要性が高まり，子供手当を給付するような財政支援策が必要になるかもしれない。

　多くの専門家も指摘するように，今回の2人っ子政策の全面実施は計画生育の完全廃止に向けた一歩にすぎない。日本，韓国，台湾など東アジアでみられるように，社会経済が発展していけば，出生率は必ず低下する。日本のように，過度に低下した出生率を回復させるには，税制や財政による支援ばかりでなく，人々の働き方，暮らし方にかかわる社会経済の仕組み，および人々の意識の変化も求められる。中国もその例外ではないだろう。

　2人っ子政策，さらに出産制限の全面廃止が円滑に進むなら，少子化の度合いを表す14歳以下人口の割合が上昇し，全人口に占める65歳以上人口比率の上昇も速度が落ちるはずだ。そして，20年後の2035年以降は1人っ子政策廃止後に生まれた子供が次第に成人し，労働市場への供給拡大が見込める。高齢化の速度が遅いほど超高齢社会に備えるための体力作りも容易にできる。中国は今こそ，より大胆に計画生育政策を見直す時期にある。

[注]
1 蔡昉（2011）『超越人口紅利』社会科学文献出版社。
2 大泉啓一郎（2007）『老いてゆくアジア──繁栄の構図が変わるとき』中公新書。加藤久和（2007）『人口経済学』日本経済新聞出版社。小峰隆夫（2010）『人口負荷社会』日本経済新聞出版社。
3 顧宝昌・王豊主編（2009）『八百万人的実践──来自二孩子生育政策地区的調研報告』社会科学文献出版社。郭志剛（2012）『中国的低生育率与被忽視的人口風険』社会科学文献出版社。
4 2014年に，何らかの医療保障制度，年金制度に加入している農民工の全体比はそれぞれ18.2％，16.4％に留まっている（国家統計局「農民工監測報告」）。彼らはどこで老後を過ごすかは大きな社会問題となっている。
5 蔡昉（2015）『贏得改革紅利』社会科学文献出版社。
6 経済学の考えによれば，労働過剰経済では都市部で働き暮らせるだけの賃金（生存賃金）さえ支払われれば，農村からの求職者が絶え間なくやってくるが，余剰労働が枯渇した後は，求職者を集めるために実質賃金を上げなければならなくなる。労働過剰から労働不足に変わる時点または期間をルイスの転換点と呼び，理論上，その実質賃金は農業部門の限界労働生産性に等しい。
7 南亮進・牧野文夫編（2013）『中国経済の転換点』東洋経済新報社。
8 蘆（2012）が様々な先行研究で報告された農民工の収入を基に推計した平均月収（1979～2000年）と，国家統計局が農家調査を基に推計した農民工の平均月収（2001～14年）を使っている。
9 ただし，実質生存賃金が農業部門の限界労働生産性と一致するとする二重経済論の判断基準が採られていない。
10 鉱山など作業環境の厳しい職種では早期退職も可能。
11 「中国人口与労働問題報告」No. 16, 2015年。
12 厳善平（2016）「戸籍制度改革と農民工の市民化」加藤弘之・梶谷懐編「二重の罠を超えて進む中国型資本主義」ミネルヴァ書房。
13 土地制度を改革し，農地の集団所有権・農家の農地請負権・農地の経営権という「三権分立」の下で，農地流動化を促し大規模経営を実現する。農地の用途を変更しない限り，農家は自らの意思で農地の請負権を有償で企業などに譲渡することができる。都市に移住した者は元村民として集団資産の経営利益の配分権を持つとしている。
14 厳善平（2016）「中国の農村と都市における就業率およびその決定要因：CHIP調査1988～2010に基づく実証分析」『中国21』第34号。
15 課題組（2012）「我国労働参与率変化分析」『中国労働』第11期。
16 「中国人口与労働問題報告」No. 16。
17 「中国人口与労働問題報告」No. 16。

[参考文献]
蘆鋒（2012）「中国農民工工資走勢：1979-2010」『中国社会科学』第7期。

第7章

2017年党大会と習近平政治の今後
──独自色打ち出し，闘争を乗り切る

東洋学園大学グローバル・コミュニケーション学部教授
朱　建栄

●ポイント
▶ 習近平国家主席は国内政治において激しい反腐敗闘争を乗り切り，強固な権力基盤を確立した。政権の最優先課題は2020年を目標にした「全面的小康社会」の実現にあり，そのために独自色を打ち出しながら強力な政権運営を展開している。
▶ 2017年の次期党大会は「ポスト習近平」の人事の前哨戦となる。首脳人事には年齢制限などのルールがあり，それに従うと栗戦書，汪洋，胡春華，孫政才氏らが新たな政治局常務委員となる可能性が高い。
▶ 習主席は2022年の党大会で退任することはほぼ確実だ。それまでに後任候補を絞るとともに，自らの政治路線を明確にして後継者に引き継ぐことになる。円滑な政権移譲が実現すれば，習主席は毛沢東，鄧小平氏と並ぶ偉大な指導者として歴史に名を残すだろう。

●注目データ ☞ 中国共産党政治局常務委員の顔ぶれ

序列	氏名	主な肩書	2017年7月末時の年齢
1	習近平	国家主席，党総書記，中央軍事委員会主席	64歳
2	李克強	首相	62歳
3	張徳江	全国人民代表大会常務委員長	70歳
4	兪正声	全国政治協商会議主席	72歳
5	劉雲山	党中央書記局書記，中央党校校長	70歳
6	王岐山	党中央規律検査委員会書記	69歳
7	張高麗	筆頭副首相	70歳

1. 習近平政権発足から今日までの再検証

　習近平国家主席が2012年11月の中国共産党第18回党大会の直後に開かれた第1回中央全体会議（一中全会）で党総書記に選出され，それから3年が経ち，2017年の第19回党大会までの折り返し点を通過した。第19回党大会での再選はほぼ間違いなく，慣例で任期の満了となる2022年の第20回党大会に向け，自らの政治色を打ち出しながら強力な政権運営を進めている。

　本章は，第19回党大会を焦点とし，まず習近平政権のこれまで3年間について，その思考様式および全般的な特徴を振り返って検証する。それを踏まえ，今後2年間の政治運営および次期党大会の人事を検討したい。最後に第20回党大会に向けた中長期的な展望も試みる。

1.1　習主席が描いた政権構想～3つの取り組みと「中国の夢」

　習近平国家主席は党と国家の指導者に就任するまで，中国をどの方向に導き，どういう政策を実施するかについて，かなりの程度，構想を練っていたと思われる。2007年秋の第17回党大会で政治局常務委員に選出され，2009年に国家副主席に就任した時点で，「ポスト胡錦濤」の座に就くことは自他ともにわかっていた。第18回党大会までの数年間，自らの歴史的使命を見極めつつ，目の前の主要な問題と課題，それに取り組む優先順位などをじっくり考えたはずだ。

　2012年11月15日，習主席は党総書記に選出されて人民大会堂で最初の記者会見を行ったとき，満を持して「我々（新指導部）の重要な責任」として以下の3つの取り組みを明言した。

　1つ目は，「中華民族の偉大なる復興を実現するために奮闘すること」。この「中華民族の偉大なる復興」という言葉は会見の2週間後，習主席が政治局常務委員会メンバー全員を引率して国家博物館を見学した際に「中華民族の偉大なる復興を実現することは，中華民族の近代以来のもっとも偉大なる夢だ」と補強され，以来，様々な場で200回以上にわたり，「中国の夢」が繰り返される。

2番目は，よりよい教育，収入，社会保障，医療水準，居住条件，環境などを含めた「麗しい生活に対する人民の憧憬はすなわち我々の奮闘目標」とすることだ。2013年3月，国家主席に就任した際には，これをいわゆる「2つの100年」の1つである中国共産党の結党100周年（2021年）を目指し，「全面的小康社会を実現することだ」と具体的な目標として提示した。「全面的小康社会」の実現は，鄧小平時代に提起され2002年の党大会で決議された「3段階発展戦略」のうちの第2段階の目標と結びついており，習主席は「全面的小康社会」の実現を任期中の2020年までの目標に掲げた。

3番目は執政党内の汚職腐敗，大衆離れ，形式主義，官僚主義などの問題を解決し，中国共産党が「中国の特色ある社会主義事業の強固な指導的中核」としての地位を保つ，という努力目標を提示したことだ。「反腐敗闘争」の宣言である。

3つの取り組みは，要するに「反腐敗闘争」で環境整備し，続いて「全面的小康社会」の実現に集中的に取り組み，これを21世紀半ばにおける「富強・民主・文明・調和の社会主義現代化国家」という「中国の夢」の実現につなげるということだ。習主席が描いた最初の政権構想であり，長期ビジョンであった。

習主席の政権構想の中核である「中国の夢」について，日本など海外では「対外拡張」「覇権主義」を求めたものと拡大解釈されがちだ。中国国内でも指導者の言葉を針小棒大に解釈する風潮があり，「中国の夢」をあたかも内政外交のすべての側面を詰めた「体系的な思想，構想」のごとく説明する向きがある。中国切っての外交専門家である北京大学国際戦略研究院の王緝思院長が2014年11月に来日した際，筆者は「中国の夢」について質問してみた。王院長は「拡大解釈すべきではない」とし，「主に近代以来の立ち遅れ，貧困を脱却し，世界の先進的水準との格差を縮めることを念頭に置いたもの」と解説した。筆者もほぼ同じ認識である。

習主席が9歳だった1962年，父・習仲勲氏が毛沢東氏の逆鱗に触れて失脚した。それ以後，習主席はいじめや飢餓，政治批判を体験し，16歳からの7年間は陝西省の貧しい農村で生き抜くのに必死だった。中国の最高指導者に昇りつめ，2014年9月末に訪米した際，シアトルで行った講演では，この少年

時代の辛い体験にわざわざ言及し，自分が体験したような貧困や格差，いじめの社会を抜本的に変えることこそが最大の「夢」であると語った。少なくとも，そこには「覇権主義」の意味は無い。

国内の前近代的で歪んだ社会と経済の再建は，習主席にとって何にも優先して重要だと思われる。外交は内政の延長だが，「夢」の中心ではない。中国の現代史，国内政治という現実に立って，「中国の夢」とは何を指すのか，客観的に見極める必要がある。

1.2　反腐敗闘争の意味〜より良き中国につながる避けられぬ道

「中国の夢」と「全面的小康社会」を実現するため，習近平国家主席が真っ先に着手したのが，執政党自身が襟を正すことであった。共産党内の巨悪を暴き，汚職腐敗や官僚主義などに宣戦布告した。「反腐敗闘争」は中国の輝かしい未来のための「環境整備」であり，「露払い」とも言え，避けては通れない道であった。汚職などの容疑で，地方政府の幹部だけでなく，周永康・前政治局常務委員や徐才厚，郭伯雄・前中央軍事委員会副主席ら大物を次々と処分した。

「反腐敗闘争」について「権力基盤を強化するのが主な目的だ」といった分析も多い。そういった要素が無いとは言えないし，結果的に権力基盤の強化につながったのは事実だが，習主席が最初から権力基盤だけを見据え「反腐敗」の名を借りた闘争を仕掛けたのだと決めつけては，指導者としての器の大きさ，発想の大きさを見落とすことになる。権力の掌握だけを中心に考えたのなら，警察，司法の元締めだった周永康・前常務委員らの「大トラ」の摘発にまで踏み込む必要はなかったかもしれない。巨悪との真っ向勝負はあまりに大胆過ぎて，「生きるか死ぬか」（習主席自身の言葉）のリスクを招いた。もっと穏便で妥協的なやり方で済ませれば，少なくとも身の危険を覚えることはなかっただろう。

しかし，党や政府内部の事情を知り尽くした習主席は，誰よりも腐敗問題の根の深さと深刻な影響を認識していた。建国世代の元老である父を持つが故に，共産党政権を自分の世代で崩壊させてはならないという強い責任感を抱き，人々の予測をはるかに超える気魄と度胸をもって，相当の覚悟で「反腐敗

闘争」に臨んだのである。

闘いの激しさ，問題の根の深さは予想以上だった。「周永康摘発」は ① 本人の支持勢力 ② 後ろ盾とされる江沢民派の勢力 ③ 既得権益の喪失を恐れる他の利益集団グループ ④「国家最高指導者クラス」の前政治局常務委員が汚職で摘発されることで共産党政権に深刻なダメージを与えると懸念する長老グループ——など，少なくても「四重の壁」を乗り越える必要があった。さらに，徐才厚，郭伯雄という2人しかいない前軍事委副主席をいずれも摘発することは軍の反乱や政情不安を招くリスクすらあった。それでも，習主席は果敢に挑戦し，2年近くかけて「反腐敗闘争」の勝利を収めた。

「闘争」の成果は「習近平革命」と呼んでもおかしくない内容だった。国家指導者クラス（副首相，全人代副委員長，軍副主席以上）だけで5人が摘発され（図表1，習主席が党書記に就任する前に解任された薄熙来を除く），次官以上と地方の副省長以上の高級幹部は60人以上，さらに人民解放軍の将軍級幹部は50人以上が免職，処分された。100以上の大手国有企業グループの首脳もほぼ全員が退任するか，異動させられ，既得権益層の旧来の構図が完全に打破された。

多くの新興国や途上国では汚職腐敗の現象が大同小異で見られる。しかし，「開発独裁」の段階でここまで切り込んだのは，習主席以外にほとんど前例はない（韓国と台湾はいずれも民主化を遂げた後に着手している）。5億人が使うSNSの微信（WeChat）では「中国が日中戦争，朝鮮戦争で失った将軍は1人か2人だけだったのに，今度は一挙に50人以上の将軍を失い，解放軍の重

図表1　摘発された主な中国共産党の幹部

蘇栄・前全国政治協商会議副主席
2014年6月，規則違反で解任，15年2月，党籍剥奪
令計画・前全国政治協商会議副主席（中央弁公庁主任）
2015年2月，規則違反で解任。同7月，収賄容疑などで党籍剥奪
徐才厚・前中央軍事委副主席
2015年3月，汚職容疑で起訴手続き中に死去
周永康・前政治局常務委員
2015年6月，収賄や職権乱用などで無期懲役が確定
郭伯雄・前中央軍事委副主席
2015年7月，収賄容疑などで党籍剥奪

大な損失だ」と揶揄する声も上がった。芋づる式に引っ張り出された腐敗幹部は後を絶たず，一部の長老，各派閥と利益集団の「核心的利益」も侵害されたため，「反腐敗闘争」は「死活をかけた」様相へとエスカレートした。習主席は謀略を警戒したためか，党中央の駐在地や首脳の身辺警備担当を務める中央警備局のトップまで相次いで交代させた。

　切羽詰まった政治闘争に直面し，習近平政権は発足直後から，いささかも気を緩められない状況が続いた。中国当局の発信と見られるWeChatの「学習小組」サイトに掲載された解説文は「この3年間，習近平指導部は政治リスクを負い，様々な利益集団や既得権益者と決戦した」との表現を使ったことで話題を呼んだ（「三年来，習近平如何治理中国」，2015年11月15日）。中国政治に詳しい中国のある専門家が筆者に語った表現を借りれば，指導部は最初の2年近くは，8割以上の注意力とエネルギーを「反腐敗闘争」に費やすことを余儀なくされた。

1.3　2つの新しい視点～「強硬」だけではない内外政の姿勢

　「反腐敗闘争」がいかに激しく重い意味があったのか確認した上で，習近平政権の最初の2年間の外交と内政について，「通常」の解釈と異なる2つの視点を提示したい。

　ここ数年，中国は特に領土，領海といった主権にかかわる問題や歴史問題に関して「原則論」を貫いており，海外では外交における中国の「強硬路線」を懸念する声は少なくない。それは一面では，胡錦濤時代の不作為に対する苛立ちの反動といえる部分があるだろう。南シナ海の領海問題は中国からすれば，もともと中国が長年主張してきた海域に他の国が後から入って来ただけ，ということになる。さらに，2002年に東南アジア諸国連合（ASEAN）諸国と「主権相違を棚上げにして共同開発する」という「行動宣言」で合意したにもかかわらず，その後の10年間，ベトナムとフィリピンは着々と実効支配や埋め立て，石油開発ないし防衛力増強をやった。中国は傍観するばかりだったので，それが現在の難しい状況を招いたとの不満もある。

　習政権も発足当初は国内の政治闘争を意識して，外交や領土紛争においても「弱腰」と批判されるような従来の妥協，協調策を取ることはできなかった。

ただ，2015 年夏以降は，習主席や李克強首相ら指導部の発言から，現実的な解決法を打診する動きも感じられるようになった。主権の主張は簡単に取り下げられるものではないが，「反腐敗」という国内政治の死闘にメドをつけた習政権は外交面でも幅広いアプローチを見せる可能性が出てきた。したがって，現段階で習政権の外交を単純に「強硬路線」と決めつけるべきではない。これが1つ目の視点である。

もう1つは国内政治を巡る視点である。中国では大学が思想教育を強化したり，弁護士の拘束が相次いだりしていることは海外にも伝わってくる。思想面での締め付けは海外からの批判だけでなく，国内でも知識人や言論人などの顰蹙を買っている。ただ，当局は 2014 年末，民主化運動の象徴とも言える人権派弁護士，浦志強氏の案件で「懲役3年，執行猶予3年」というやや妥協的な判決を下してもいる。

思想面における一連の強硬措置は地方政府やイデオロギー担当の部門などが主導したものであった。習主席は「反腐敗闘争」がある程度進むまでは，「政治的立場が軟弱」と指弾されないため，強硬措置も黙認せざるを得なかったのだろう。また，イデオロギー部門は特に保守的で，情報化という時代の変化や権利意識の向上という社会の変化にまだ対応し切れず，何かにつけて「政治教育」「見せしめ的拘束」といった旧来の手段に頼るという，中国ならでは複雑な背景があることも理解する必要がある。

言い換えれば習政権は，社会や国民意識の変化にいかに対応すべきか，「試行錯誤」の過程にあるのである。したがって，現時点で思想面での締め付けだけを挙げて，習政権は「保守派だ」と断言するのは避けるべきだ，という視点を提起したい。党内の民主改革派と見られる『炎黄春秋』誌グループの1人も，習主席はどういう政治をやろうとしているのかという筆者の問いに「現段階では矛盾するシグナルを見せているので，2017 年の党大会まで判断を保留し，もう少し見守ったほうがいい」と話している。

1.4　闘争から「制度化」へ～権力基盤固まり，安定した政権運営へ

激しい政治闘争を突破するため，習近平国家主席は一時期，自らへの権力の集中を図った。経済，政治，軍，外交などに関わるいくつもの重要な指導小組

図表2　習近平主席が自ら組長を務めた指導小組リスト

指導小組名	指導内容	組長就任（もしくは初公表）時期	備注
中央全面深化改革指導小組	改革の設計，指導と各部門協調，監督を担当	2013年12月30日	新設
中央インターネット安全情報化指導小組	ネットの安全保障と情報化推進を担当	2014年2月28日	新設
中央軍委深化国防軍隊改革指導小組	人民解放軍の全面改革の指導を担当	2014年3月15日	新設
中央財経指導小組	財政・経済全般の指導を担当	2014年6月13日	1980年設立
第13次5カ年計画起草組	第13次5カ年計画（2016～2020年）の作成担当	2015年	新設
第19回党大会準備工作指導小組	2017年第19回党大会の準備担当	2015年	新設
釣魚島応変小組	野田内閣の島「国有化」対策を担当	2012年9月以降	台湾紙の報道による

（注）筆者作成，就任時期は一部推定。

（グループ）の組長をいずれも兼任した（図表2）。

　指導小組の設立と習主席の組長就任について，中国の研究者は「わが国の改革が最も難しい段階に突入したため指導力と実行力の強化が必要だが，多くの常設機構は実行力不足の問題を抱えている。指導小組の設立はトップレベルから各部門を統一的に指揮し，改革を推進するのに有利だ」と説明している[1]。

　権力の集中をテコにして，習主席は激しい駆け引きを乗り切り，ついに2014年夏，周永康問題を決着させた。これは習主席が国内政治におけるリーダーシップを確立したシンボリックな出来事であり，「反腐敗闘争」に大きな区切りをつけたと言える。打倒された大物政治家と軍将校，瓦解された利益集団は必死に巻き返しを図るが，権力構図の大勢は決した（江沢民，李鵬，曽慶紅氏といった，かつての大幹部まで追及されるのではとの観測も後を絶たないが，権力のバランスを完全に崩し，共産党の正当性まで否定しかねないので，「大トラ」退治はもうないだろう。1つの根拠として，習主席は2016年の新春談話において，江沢民氏の「3つの代表論」を指導思想の1つとして継承していくことを表明している）。

　習主席は反腐敗闘争が一段落すると，外交面では領土問題や歴史認識問題を巡って日本との間で4項目の合意にこぎつけ，北京市でのアジア太平洋経済協

力会議（APEC）では中国外交の新しい方針を打ち出し，さらに米中間の協力や妥協の動きも多く見せるなど，矢継ぎ早に手を打った。

　国内政治も「ポスト反腐敗闘争」に向けて動き出した。2015年に入ると，指導部は地方政府の役人らに対して「汚職腐敗の摘発は今後も手を緩めない」と言いつつも，少しずつ軌道修正を模索し始めた。「反腐敗の制度化」である。

　2015年3月の全国人民代表大会（全人代）において，「幹部の汚職腐敗を防ぐ制度作りが急務」との声が多くの代表から出された。全人代も39人の代表（議員）が汚職や不正絡みで資格をはく奪されており，危機感が強まっていた。習主席は全人代初日の3月5日，上海代表団の会議に参加し「指導幹部を重点的な対象とし，権力を籠に入れ，制度をもって党を治め，権力を監督し，役人を管理する」と発言した。上海代表団を真っ先に訪れたのは，中央全面深化改革指導小組の2月末の会議で「上海市での指導幹部の配偶者，子女とその配偶者によるビジネス経営を管理することに関する意見」が採択されたからだ。

　全人代での議論の盛り上がりを受け，李克強首相は全人代閉幕後の記者会見で「制度的な反腐敗の推進」を公約する。3月末には，党中央弁公庁と国務院弁公庁が「指導幹部による司法介入に対する責任追及に関する規定」を発布。指導幹部の司法介入に対して司法担当者は記録を取り，上級機関へ定期的に報告することを義務付け，司法介入が発覚すれば公表して責任を追及することを明文化した。

　さらに2015年12月5日，党中央組織部は翌16年からの「指導幹部個人申告事項」に関する通達を発し，前年から試行された申告の項目を大幅に追加し（北京市では申告用紙は前年の1枚から5枚に増加），申告内容を2016年第2四半期から定期的にランダムに調査・確認する作業も始めるとしている。

2．本格化する「全面的小康社会」への取り組み

2.1　改革の推進と法治国家の基盤づくり〜行政の簡素化にも着手

　「反腐敗闘争」が進行していた時期に，習近平国家主席は自らの政権の中心目標，すなわち「全面的小康社会」の建設に向けた手も打ち始めていた。

2013年7月下旬，習主席は湖北省を視察した際，改革推進の「五大関係」を提示した。すなわち，①思想解放と実事求是との関係②全般的推進と重点突破の関係③トップダウンのデザインと「実験を行いつつ推進する」こととの関係④大胆な取り組みと堅実な推進との関係⑤改革と発展と安定の三者関係——の5つである。後に提唱する「新常態」へとつながる改革推進の方法論について，真剣に考え始めた現れと言えよう。

習政権の大方針を示すことになる同年秋の三中全会では，60項目の経済改革を盛り込んだ決議が採択された。三中全会の決議文の起草段階では市場経済の位置づけについて慎重論が出たが，習主席は自ら「市場経済は資源の配置過程における『決定的な役割』を果たす」という表現の使用を決定し，市場原理に基づく改革の推進に対する決意を示した[2]。

1年後の2014年秋に開かれた四中全会では「以法治国」（法をもって国を治める）が打ち出され，190項目の法治に向かう改革措置が決議に盛り込まれた。続いて2015年2月27日，習主席が組長を務める「中央全面深化改革指導小組」の第10回会議は法治の推進に関するロードマップを採択した。それを受けて2015年春の全人代は「法治」の推進を中心的内容の1つに据え，李克強首相は政府活動報告の中で「すべての政府業務と活動を法治の軌道に乗せよ」との号令を発した。続く3月15日には立法プロセスの細則化と透明化，地方への立法権限授与，各部門と地方政府の権限に対する制限，司法解釈に対する規範と監督などの修正内容が加えられた「立法法」が採決された。

習政権はさらに立法の面だけでなく，行政システムにもメスを入れる。行政に経済運営を左右する権限が過度に集中することは「賄賂がつけ入る温床だ」として，李首相は2015年春の全人代の記者会見で，「2013年の全人代では5年以内に行政による許可の3分の1を削減すると公約したが，3年前倒しで実現する」と表明。また，①1年以内に残りの1200項余りの許認可のうち200項以上を削減すること②年内に省市自治区レベルで，翌年の2016年はそれ以下のレベルで権限と責任のリスト（権限の所在，範囲などを明示）を公表して大衆の監督を受けること③事後監査の新しい方法を導入すること——を公約した。

2.2　一党独裁下での「法治」は可能か

　ところで，習近平政権の法治の取り組みに対して，「一党独裁下の法治はあり得ない」とする見方がある。確かに真の法治の実現には民主化が必要だろうが，「法治の基盤づくり」ならば，必ずしも民主化は前提とはならない。歴史を振り返れば，ほとんどの先進国は真の民主化に入る前の段階で法治の基盤を作り上げている。日本も明治維新以後，法治の整備に数十年を要した。韓国，台湾では開発独裁の段階で法治の基本が整えられ，その上で民主化を迎えた。「法治」の総仕上げは民主主義制度が担保するが，「法治」の基本が民主化以前の段階で整備されていないまま民主化の波が押し寄せると，中東の多くの国のように大混乱するか，ロシアのように逆戻りしてしまう恐れすらある。

　2014年の四中全会の決議は法治国家の基盤づくりに力を入れるためのものである。中国における真の法治の実現は容易ではなく，しばらく一進一退が続くだろうが，10年スパンで見て，2020年代半ばまでに法治の基盤が固められれば，政治の民主化の波が起きてもソフトランディングできる可能性は高いと思う。

2.3　第13次5カ年計画の実施が最重点課題に

　2015年10月の五中全会では，2020年までの「全面的小康社会」の実現に向けた行動プランとも言える第13次5カ年計画（2016～2020年）が審議，決定された。習近平国家主席は今回の5カ年計画を自分の任期内の最重要課題と位置づけている。

　従来の5カ年計画と比べて，第13次5カ年計画は特別な意義をもつ。2020年までの5年間は鄧小平時代以来の30年間の経済発展モデルを全面的転換する時期に当たり，経済以外にも民政，社会など各分野で同時進行的な改革が求められる。そのうえで，共産党結党100周年の目標達成や「三段階発展戦略」の第2段階の仕上げに結び付けなければならないからだ。

　習主席は就任早々，「全面的小康社会」の実現を念頭に全国を回った。各地での調査研究や地方のトップと懇談，座談会を通じて経済発展の「新常態」を模索し，その結果として，第13次5カ年計画の最重要任務は「全面的小康」の達成であり，まず最貧困の地区と人口をなくし格差を縮小することを掲げ

た[3]。

　そして、五中全会が採択した「国民経済と社会発展第13次5カ年計画の制定に関する建議」は、「第13次5カ年計画の時期は全面的小康社会を建設する決勝の段階」と明示し、「今後5年間の活動の中心はこの奮闘目標の達成にある」と宣言したのだ。

　具体的な達成目標として①経済の中高速成長②人民の生活水準とその品質の向上③モラル・教育水準・法治意識などの国民素質と社会的文明の度合いの著しい向上④生態環境の全般的な改善⑤各方面の制度の成熟化と定型化――の5つが掲げられ、発展の新しい理念として「創新（イノベーション）」「協調」「緑色（グリーン）」「開放」「共享（発展成果の共有）」が打ち出された。

2.4　盛大だった胡耀邦・生誕100周年記念活動が持つ意味

　五中全会の後、2015年11月20日、胡耀邦・元党総書記の生誕100周年記念活動が北京市で盛大に行われ、習近平国家主席も出席して講話をした。胡耀邦氏は学生運動に同情的だったことで批判されて失脚し、1989年4月に死去するとそれが直後の天安門事件の引き金になった。そのため、胡錦濤時代までは胡耀邦氏を巡る記念活動は小規模で低レベルに抑えられてきた。今回の記念活動は規模や出席者のレベルにおいて過去をはるかに凌いだため、「いよいよ天安門事件の見直しか」との観測も出たが、それは早とちりだろう。習政権は少なくとも「全面的小康社会」の目標達成より前に、民主化につながる天安門事件の見直しに着手するはずはない。

　では、なぜこの時期に盛大に胡耀邦記念活動を行ったのか。香港紙の東方日報は2015年11月20日付のコラム「神州観察」で「党内の自由派を宥め、左派と自由派の衝突による政治矛盾の緩和を図ったもの」と分析している。「中国社会のイデオロギーの左右分裂は習近平氏の取り組みの阻害要因になっている。毛沢東生誕120周年と胡耀邦生誕100周年をそれぞれ鄭重に記念することで、左派と自由派という二大派閥の間で新しい均衡を保ち、党内と社会の支持を一段と取り付ける狙いがある」という。

　筆者もこの見方にほぼ賛成である。現指導部としては左にも右にも寄らず、

双方の間でバランスを取りながら，最重要課題である「全面的小康社会」の実現とそこにつながる次期指導部の人事に集中したい，というのが本音であろう。

2.5 王岐山，李克強氏とのトロイカ体制

「反腐敗闘争」に前後して，習近平国家主席の支持基盤には一定の変化が見られている。政権発足から最初の2年間，習主席は王岐山・党中央規律検査委員会書記に代表される「太子党」の支持を取り付けて，自らの決意と行動力に基づいて「反腐敗闘争」の決戦に臨んだ。このため，一時期は李克強首相の陰が薄れ，早期辞任の観測まで出たが，2015年に入ると李首相ら「共青団」[4]人脈が習主席の支持基盤に全面的に組み込まれた。

現指導部は，習主席がリーダーシップを取りながら，「王岐山・李克強とのトロイカ体制」を組んでいると見ることができる。李首相は2015年以降，国内の経済指導で発言力を強め，「国際産業協力」などの対外経済交流に関する新しいコンセプトを打ち出したり，「一帯一路」構想を推進したり，高速鉄道の対外的売込みにも精力的に動いている。トロイカ体制の陰では，胡錦濤前総書記が習主席に全面協力していると見られる。江沢民氏の動静がほとんど伝えられていないのに対し，胡・前総書記については地方視察などの活動も目立って報道されているのはその現れだ。

3．これからの習近平政権～2017年と2022年の党大会に向けて

ここまで習近平国家主席の政権発足から基盤固めの過程，および政権が目指す目標について検証してきた。五中全会が閉幕して，2016年から新しい5カ年計画が始動すると，中国の政局の次の焦点は2017年に開かれる第19回党大会，さらには「ポスト習近平」を決める2022年の第20回党大会へと移っていく。習政権は次の党大会をにらみながら，どのように政権運営をしていくのだろうか。また，注目される党首脳人事はどうなるのだろうか。

3.1 「4つの全面」が習政権の「重要思想」に

習近平国家主席の今後の政権運営のカギを握るのが,「全面的小康社会」実現のための思想的な裏付けとされる「4つの全面」と呼ばれるコンセプトである。

これは,四中全会が閉幕した直後の2014年12月,習主席が江蘇省を視察中に提起した。すなわち,① ややゆとりのある「小康社会」の全面的実現 ② 改革の全面的深化 ③ 法による統治 ④ 党の厳格な管理——の4つの「全面的な取り組み」を同時並行で進めるという方針である。2015年2月には「4つの全面」が党中央の「戦略的な方針」に位置づけられた。党機関紙「人民日報」は連続5回で,この「習近平の重要思想」に関する論評を掲載し,その意義を解説した。

中国の指導部は今後,「4つの全面」の方針の下に団結して,2020年までの「全面的小康社会」の実現を目指し,第13次5カ年計画の実施を主要任務として進めていくことになる。その過程で「習近平カラー」が一段と色濃く形成されていくと見られる。

2014年末,建国以来という人民解放軍の組織体制に関する抜本的大改革が発表された。ゲリラ作戦で政権を取った解放軍は,本土防衛を最重点とする組織体制を維持してきたが,今後は米軍などの近代的な組織体制をにらみながら,「陸海空軍の並列」「ミサイル部隊の創設」「総参謀部・総政治部など4総部体制の撤廃」などに取り組んでいくという。軍の組織改革は2016年から2017年にかけて指導部がかなりの労力を注ぐ事項の1つになるが,これも「習近平カラー」を形成する一環と言える。

3.2 注目される党首脳人事～円滑な人選のための3つのルール

党中央政治局は2015年12月28日から29日にかけて,「民主生活会」を招集したと伝えられた。「民主生活会」は重大な問題を巡って意見交換し,取り組みの方向について最大公約数を見出す「根回し」の場として利用されるケースが多い。今回の「民主生活会」は事前に「党内外のハイレベルの人士および引退した政治局常務委員の意見も聴取した」ことが明らかになっている。長老らの意見を聴取したうえで政治局の根回し会議を開いたということは,根回し

の主要な内容の1つが第19回党大会に向けた人事と関係する可能性が高い。習近平国家主席が組長，李克強首相と王岐山・党中央規律検査委員会書記らが副組長を務める第19回党大会準備工作指導小組もすでに発足した。中国の政治は人事の季節に突入したのだ。

第19回党大会は慣例からすれば，2017年10月から11月ごろに開かれる。そこで決められる人事は2022年までの5年間，中国の新しい指導体制を形成し，習近平時代の仕上げを支えていくとともに，「ポスト習近平」を占う重要な意味を持つ。

主要人事を考えるには，まず，これまで中国で20年余りの間に形成された首脳人事の選抜と決定に関するいくつかのルールを整理，確認しておく必要がある（図表3）。

1つは「3選禁止」のルールだ。江沢民時代以来，副首相以上の人事はいずれも1期5年，最長2期10年までとなっており，3選の前例はない。鄧小平氏はこのルールの導入により，個人的な独裁を防ごうとした。

もっとも，「3選禁止」だけだと，絶大な権力を握っている最高指導者は2

図表3　党首脳人事を巡るルール

```
3選禁止
    副首相以上の任期は，1期5年，最長2期10年まで。
年齢制限
    党政治局常務委員は，68歳を超えたら再選されない。
次期リーダーの育成
    次期党総書記や首相候補は，遅くとも選任される5年前の
    党大会で政治局常務委員に選出。
```

| 数段跳びの抜擢人事は極力避ける | 意見が分かれたら表決で決着 |

期10年を終えた段階で職務名だけを変えて,「別の職に異動したのだから3選に当たらない」と言い張るケースが考えられる。権力温存の抜け道を塞ぐために,第2のルールとして「年齢制限」が設けられた。当初は「70歳を超えると(党の最高指導部である)政治局常務委員になれない」という決まりだったが,1997年の党大会では「改選時に68歳を超えていると常務委員会に入れない」という新しいルールに変わった。改選時に67歳なら,任期は5年なので退任時は72歳になるが,それは構わないという,事実上の「定年延長」措置だ。中国では4文字熟語をもじって「七上八下(中国語であれこれ迷うの意味)」のルールと呼ばれている。

　3番目のルールは,次期リーダーの候補者と目される1人あるいは2人は,遅くとも党総書記が交代する5年前の党大会において政治局常務委員に選出すること,というものである。リーダーの候補者は,少なくともトップ就任の5年前から政治局常務委員会の一員となって,指導者としてのいわば見習い期間を経験させる狙いである。周囲の観察や評価を受けてから最終的にリーダーとして選出されるのが望ましい,というわけで,トップ人事において,なるべく客観的な判断のもとに党の路線継承を保証するとの発想である。実際に,胡錦濤前総書記は就任10年前の1992年から,習近平,李克強の両首脳は就任5年前の2007年から,それぞれ常務委員会に名を連ねている。

　これら3つのルール以外に,「暗黙の了解」もあるようだ。「ヘリコプター方式」,すなわち数段跳びの抜擢人事は極力避ける,とされる。最近では,一介の党中央委員がいきなり政治局常務委員になった例はない。党員構成(図表4)がどうなっているのかを踏まえたうえで,数段跳びを排除するルールを考えることは党大会人事の重要な目安になる。さらに,政治局常務委員の選定では,意見が分かれた場合は表決で最終的に決着をつけることが定着している。1987年の党大会では保守派の鄧力群氏が政治局常務委員に内定していたが,常務委員に選ばれる前の中央委員選挙で落選したため,すべてを失うことになった。

　もちろん,現在でも裏工作,駆け引き,取引など水面下や密室でのやりとりも残っているだろうが,少なくともこれらのルールによって,最高指導者やごくわずかな指導部が他の大勢の反対を押し切って強引に人事を進める,という

図表4　中国共産党の党員構成（2016年1月末時点）

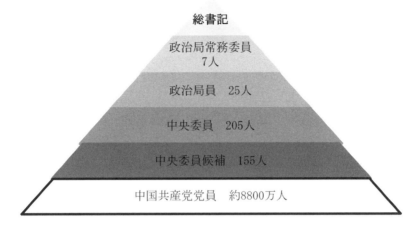

ことはできない。

3.3　政治局常務委員は誰か〜王岐山氏の続投は無い

　中国の最高指導部は政治局常務委員会であり，常務委員の人選は中国の行方を大きく左右する。首脳人事のルールに照らして次の常務委員メンバーを考えると，いくつかのことが見えてくる。まず，現在の政治局常務委員会のメンバー7人（再掲図表5）のうち，張徳江，兪正声，劉雲山，王岐山，張高麗の5氏は党大会がある2017年には68歳を超えるため，留任できない。5人のうち王岐山氏は「反腐敗闘争」で習近平国家主席の右腕を務めたことから留任を求める声があり，党内長老の要請書簡も出ていると伝えられるが，筆者は留任

再掲図表5　中国共産党政治局常務委員の顔ぶれ

序列	氏名	主な肩書	2017年7月末時の年齢
1	習近平	国家主席，党総書記，中央軍事委員会主席	64歳
2	李克強	首相	62歳
3	張徳江	全国人民代表大会常務委員長	70歳
4	兪正声	全国政治協商会議主席	72歳
5	劉雲山	党中央書記局書記，中央党校校長	70歳
6	王岐山	党中央規律検査委員会書記	69歳
7	張高麗	筆頭副首相	70歳

の可能性は低いと見る。「反腐敗闘争」は峠を越えており，習主席の絶対的指導力もすでに確立された。これからの「制度化」重視の段階において，腐敗対策担当の責任者である王氏がルールを破って留任することは，よほどのことがない限りないだろう。

次に，数段跳びの抜擢を回避するとの暗黙の了解によれば，次期政治局常務委員の候補はほとんど現在の政治局委員から選ばれることになる。

この2，3年，習主席はかつての任地だった福建省や浙江省，上海市および父親の権力基盤だった陝西省から数10人を抜擢して，中央政府や地方の要職につけたと報じられている。これらの「近衛軍」が第19回党大会で，どこまで党内の地位を高められるかが注目されている。複数の報道を総合すると，この「近衛軍」グループと目されて，すでに中央政府の閣僚や地方政府の省長級もしくはそれに近い要職に着いている幹部は少なくとも14人とされる（図表6）。また，このほかにも趙楽際・中央組織部部長，江沢林・国務院副秘書長，李希・遼寧省書記，舒国増・中央財経弁公室副主任，楊振武・人民日報総編集長，蔡奇・国家安全委員会弁公庁副主任，鐘山・商務省第一副大臣，龔清概・中央台湾弁公室・国務院台湾弁公室副主任らも習近平人脈と言われる。

ただ，この中で栗戦書・中央弁公庁主任を除くと，いずれも中央委員や中央候補委員ではない。したがって，2017年党大会で中央委員となり書記局書記

図表6　習近平国家主席が抜擢したとされる幹部

氏名	主な肩書き
栗戦書	政治局委員，中央弁公庁主任
蔡英挺	軍上将，南京軍区司令官
張又俠	軍上将，総装備部部長
趙克石	軍上将，総後勤部部長
陳希	中央組織部常務副部長
劉鶴	中央財政金融弁公室主任，発展改革委員会副主任
丁薛祥	中央弁公庁副主任，習近平弁公庁主任
黄坤明	中央宣伝部常務副部長
何毅亭	中央党校常務副校長
陳敏爾	貴州省省長
夏宝龍	浙江省党書記
李強	浙江省省長
何立峰	発展改革委員会副主任
鐘紹軍	中央軍事委員会弁公庁副主任

あるいは政治局委員に昇格することがあっても，政治局常務委員会に入る可能性はかなり低い。数段跳びの抜擢回避という点は，人事を見るうえで非常に重要である。

意見相違が現れた場合，表決で決めるというルールは習近平人脈の行方を見る上でも手掛かりになる。劉少奇・元国家主席の子息で解放軍総後勤部政治委員，上将だった劉源氏は軍幹部だった徐才厚，郭伯雄氏の摘発に決定的な役割を果たし，習主席からも高く評価されていた。2015年後半の新しい軍改革で，劉源氏は中央軍事委員会の規律検査委員会書記に就任するとの観測があったが，同年10月から11月にかけて開かれた2回の軍事委員会会議では軍事委員会委員就任がいずれも否決され，12月末には劉源氏が軍から離れることが決まった。

3.4　栗戦書，汪洋，胡春華，孫政才氏らが有力候補

いくつかのルール，およびこれまでの地位や実績を踏まえて考えれば，次期政治局常務委員会メンバーのうち，習近平，李克強の両首脳の続投はもちろん確定的である。では残りの椅子には誰が座るのだろうか。

どこの国でも人事は「一寸先は闇」である。第19回党大会まで，まだかなりの時間があり，その間には多くの不確定要素もあるだろう。現時点での人事の予測は不謹慎かもしれないが，あえて以下のような分析を試みる。

政治局常務委員会の定数が今後も現状維持の7人となるなら，残る5つの空席には，まず栗戦書氏が入る可能性が高い。同氏は政治局常務委員よりワンランク下の政治局委員で，日本の官房長官に当たる中央弁公庁主任を務めており，習近平主席の信頼が篤い。

次に，前述の3つの人事ルールに従えば，「ポスト習近平」を決定するのは2022年の党大会なので，その候補者は2017年の党大会で常務委員に選んでおかなければならない。党総書記や首相は2期10年務めるのが慣例であるため，「68歳定年ルール」に基づけば候補者は2022年時点で62歳以下，2017年では57歳以下でなければならない。現在の政治局委員のうち，胡春華・広東省書記と孫政才・重慶市書記の2人は実績があって年齢制限もクリアするため，「ポスト習近平」含みの次期常務委員の最有力候補と見られる。ほかの人

事との絡みで，2017年の党大会では「ポスト習近平」の候補者はどうしても1人しか常務委員入りできない可能性もある。その場合は胡春華氏が比較的有利と思われる。

　胡春華，孫政才両氏を除いて，栗戦書氏に次いで有力なのは，習近平政権の中で経済担当として評価が高い汪洋・副首相だろう。栗戦書，汪洋，胡春華，孫政才の4氏が常務委員となれば，残る空席は1つ。最後のイスを巡っては複数の可能性が残っている。

　もともと早い段階では李源潮・国家副主席が最有力候補だったが，同氏は収賄容疑などで党籍を剥奪された令計画・前中央弁公庁主任に近いとされ，人事レースから既に脱落したと言われる。政治局委員の中では王滬寧氏を推す声が比較的多いようだが，趙楽際・中央組織部部長らの名も挙がっている。

　第19回党大会までの1年半余りの間，情勢とパワーバランスの変化により，ダークホースが出てくる可能性もある。2016年初め，習主席は重慶市を視察した。重慶市書記の孫政才氏にとっては人事レースの上で朗報と見られたが，実は重慶市では，汚職などで無期懲役となった薄熙来・元書記と一線を画しながら経済指導に手腕を発揮した黄奇帆・市長の評価が急上昇中だ。黄市長が政治局委員になって副首相に抜擢される可能性も囁かされる。孫氏は将来の首相候補者として期待されているが，重慶市のトップ2人が首相，副首相と並ぶことはありえない。そうした人事のアヤにも注目していく必要がある。

　一部には「習主席はルールを破り2022年以降も続投する」との憶測があるが，後述するように3選の可能性は極めて低いと思う。仮に政局が今後，そのような展開になったとしても，2017年の党大会の段階で他の候補者を封じ込める人事をすれば，習主席は権力闘争の手の内を先に見せてしまうことになる。そんな愚挙を犯さないだろう。

4．2022年に向けた長期的展望～習主席は歴史に名を残せるか

　中国の政治のスケジュールにおいて，2017年の第19回党大会は次の党大会への「中間点」「通過点」に過ぎない。2022年の第20回党大会で任期満了を迎える習近平国家主席が「3選禁止」のルールに従って引退する場合，次期

リーダーは誰になるのか。中国だけでなく世界に大きな影響を与える「ポスト習近平」の方程式は，2017年党大会での人事を詰める上で関係者の頭から離れることはない。

　繰り返しになるが，習主席が3選する可能性はほとんどなく，ルールに従って10年間という任期を満了して退陣するだろう。

　習主席は現在，激しい反腐敗闘争を乗り切り，自らのカラーを打ち出しながら「全面的小康社会」という大きな目標の達成に全力を挙げている。任務をうまく達成できれば党指導部における不動の地位を確立し，それ以上，絶対トップの座に留まる必要性はかえって減るのである。鄧小平氏も全面引退した後，党内に強い指導力と影響力を残していた。中国の政治においては，「ポスト」より「路線の確立」がより重要である。習主席も新しい路線を確立し，その路線の継続を保証する後継者の人事が確定すれば，総書記や国家主席の職に留まらなくても，社会主義中国の第3の時代を切り拓いた指導者として毛沢東，鄧小平氏と肩を並べることになるだろう。

　習主席が目指す路線とは何だろうか。前述した「4つの全面」は党中央の「戦略的方針」と正式に位置づけられたが，それを見た日本の新聞は「毛沢東主席や鄧小平氏ら歴代政権の最高指導者が掲げた思想・理論と同じく，中国の将来を左右する党の重要な行動指針となり，いずれ党規約に盛り込まれる可能性が高い」と分析した[5]。しかし，党の規約に入るには長期にわたる理論的な指導意義をもつ内容であることが必須条件である。「4つの全面」が掲げる「小康社会の全面的実現」は2020年までの限定的な目標である。2022年の第20回党大会で目標をすでに達成した「4つの全面」が，「習近平路線」を象徴する指導思想として，そのまま党規約に盛り込まれる可能性はほとんどない。

　習主席はすでに江沢民と胡錦濤の両体制を越えて，鄧小平時代に肩を並べる勢いを見せている。したがって習近平体制の代名詞となる路線が正式に指導思想として党規約に盛り込まれるならば，それは江沢民氏の「3つの代表の重要思想」と胡錦濤氏の「科学的発展観」の後に並べられるのではなく，この2つを押しのけて「鄧小平理論」の後に「中国の特色ある社会主義理論」といった表現で並ぶ可能性もある。つまり，「3つの代表論」も「科学的発展観」も「中国の特色ある社会主義」のコンセプトの中に集約され，新しい党規約では毛沢

東思想と鄧小平理論の次に「中国の特色ある社会主義」が並ぶのだ。そして，習主席は「中国の特色ある社会主義」の創立者として位置づけられることになる。

　中国の指導者はみな，自分が歴史の中でどのように評価され位置づけられるかを重んじる。歴史が習主席に求めているのは，中国が抱える多くの課題の解決である。経済発展モデルの大転換，「反腐敗闘争」がもたらした官僚や役人の「不作為」の克服，民衆の信頼を取り戻すための制度化と民主化，さらに，5億人以上が社会的中間層になり権利意識が普遍的に向上する中で，旧来の統治方法を抜本的に変え，いかに真の「調和社会」「法治国家」を構築するか。こうした課題を直視して1つ1つクリアしていければ，習主席はやがて中国の歴史にその名を刻むことになるだろう。

［注］
1　「中共中央至少有18個中字頭小組 習近平兼4組長」北京青年報＝2014年6月23日。
2　「習近平改革這三年」南方週末＝2015年12月3日。
3　微信「学習中国」＝2015年10月27日。
4　太子党と共青団　太子党とは党幹部の子弟を指す。党内部の親子にわたる人脈で緩やかに連携している。共青団（共産主義青年団）はエリート人材の輩出を目的にした共産党の青年組織。王岐山氏は元副首相を義父に持つ太子党の1人。
5　東京新聞2015年3月3日朝刊。

第8章

中国の外交，積極展開で影響力拡大
―― 「一帯一路」で広域協力圏を構築

早稲田大学教育・総合科学学術院教授
青山瑠妙

◉ポイント

▶ 習近平政権は「中華民族の偉大なる復興」を目指して，積極的な対外政策を展開している。その柱は ① 米中関係の安定化 ② 影響力圏の創出と国際社会における影響力拡大 ③「核心利益」では妥協しない――の3点である。影響力圏の創出のため，「一帯一路」構想が重要な外交戦略となっている。

▶ 「一帯一路」構想はユーラシア地域に限定した政策にとどまらず，グローバルな性質を帯びた戦略である。「一帯一路」構想が打ち出されてから，中国は構想の推進に有利な周辺環境を作り出すため，日本や韓国，北朝鮮，台湾，ASEANとの関係改善に動き出している。

▶ 習近平政権は「一帯一路」構想と並んで対米政策を重要視している。対立より米中関係の安定化を図り，重要な国際問題においては米国との協調を望んでいる。米中関係の安定化を進めると同時に，自らの「核心利益」を擁護し，国際社会における中国の影響力の拡大を狙う。こうした外交戦略によって，「偉大なる復興」を目指すだろう。

◉注目データ ☞ 「一帯一路」構想を構成する2つのルート

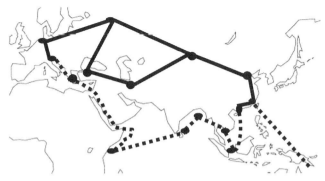

―― で示したルートが「シルクロード経済ベルト構想」

▪▪▪▪ で示したルートが「21世紀海上シルクロード構想」

1.「中華民族の偉大なる復興」を目指す習近平政権の積極外交

「中華民族の偉大なる復興」。習近平政権が発足後,幾度となく繰り返している言葉である。この言葉は単なる政権のスローガンではなく,国内においては政権の正統性を担保し,民衆を結集するといった重要な機能を担っており,対外政策においては国家戦略の目標となっている。

これまでも中国の歴代の指導者はそれぞれ重要思想を唱えた(図表1)が,それが定着するには政権発足から一定の時間を要した。習政権は発足直後から明確に従来の重要思想と相並ぶ「目標」を掲げた形であり,歴代の指導者と比べても,その権力基盤を早急に強化する必要性がうかがわれる。

「偉大なる復興」を果たすため,習政権は中国共産党設立100周年に合わせた「100年の夢」という目標も打ち出した。この「100年の夢」は「2つの100年」とも言われる。「100年の夢」が成し遂げられれば,国内の安定だけでなく,対外的にもアジア地域および世界の政治,経済情勢に与える中国の影響は一層増すであろう。

「偉大なる復興」を果たすため,習近平政権はどのような政策を展開していくのか。政権が正式に発足してから3年が過ぎ,対外政策の面では方向性が徐々に明確になってきている。習政権の対外政策は次の3つの柱から成り立っている。

① 米中関係の安定化を図る
② 影響力圏を創出するとともに,国際社会における自国の影響力拡大を狙う
③ 「核心利益」では妥協しない

対外関係において,米中関係は中国にとって最重要テーマであり,米中両国

図表1 歴代の指導者が唱えた重要思想とスローガン

毛沢東	毛沢東思想
鄧小平	鄧小平理論
江沢民	3つの代表
胡錦濤	科学的発展観
習近平	中華民族の偉大なる復興

の協調関係の構築は喫緊の政策課題となっている。米中関係を安定させつつも，一方で中国はチベット，新疆，南シナ海など中国の「核心利益」においては決して妥協せずに，国際社会における自国の影響力の拡大を図ろうとする。これが現在の中国外交の大きな方向性である。

こうした積極的な対外政策の姿勢は習政権ができてから始まったという指摘があるが，実際は政権発足前から外交戦略は徐々に変化していた。天安門事件後，鄧小平氏は「韜光養晦（能力を隠し，力を蓄え時機を待つ），有所作為（なすべきことをする）」を外交の基本方針とした。野心や軍事能力は隠し，力を蓄えて経済建設を優先する考え方である。これを胡錦濤政権が2009年ごろから「堅持韜光養晦，積極有所作為（韜光養晦政策を堅持しつつ，積極的になすべきことをする）」という新しいスローガンに切り替えた。「韜光養晦」政策を「堅持」しながらも，実際は「有所作為」に力点を移した。この方向転換をより明確，かつ大胆に展開したのが習政権である。

習政権はいかにして国際社会における自国の影響力の拡大を図ろうとしているのだろうか。本章では，習政権が提唱する「一帯一路」構想を切り口として，米中関係や南シナ海に関する政策と関連づけながら，中国の対外政策を検証し，習政権の狙いと実態を解明する。

2．「一帯一路」構想とはなにか

2.1 「西」と「南」を結ぶ広域経済圏

習近平政権が唱えるもう1つのスローガンが「新常態」（ニューノーマル）である。高度成長を追求するのではなく，安定成長を目指しつつ構造改革を図るのがその主眼である。2015年の実質成長率は6.9％と前年の伸びを下回った。数字を見ても，現在は2ケタの高度成長から安定成長への転換期と言えるが，これまでの指導部は政権の正当性を経済成長に求めてきただけに，経済成長が著しく鈍化してしまうと，政権に対する不満が高まって社会的不安が広がるリスクを強く意識するはずである。

中国は国内においては経済減速の懸念を抱える一方，対外関係に目を移すと，米国との関係安定化は容易ではない状況にある。米国は2011年秋から

「アジアへの復帰」を宣言し,「アジア地域における米国の一国優位体制を維持する」というメッセージを発信した。経済的に環太平洋連携協定（TPP）を推進し，安全保障分野では日本，豪州などのアジア太平洋の同盟国との間で軍事協力を強化する。こうした米国のアジア政策を，中国は「中国の台頭を抑止するための戦略」として受け止め，強い危機意識をもって激しく反発した。

こうした「内憂外患」に直面する習政権が打ち出した外交戦略が「一帯一路」構想と称する「新シルクロード戦略」である。

政権発足当時は，尖閣問題によって日本との対立が深刻になり，南シナ海でも領海問題を巡る周辺国との関係が緊張化していた。中国を取り巻く環境が著しく悪化する中で，習政権は外交の活路を「西」と「南」の方向に見い出そうとした。「一帯一路」構想は鉄道や道路，港湾などインフラを整備して，「西」すなわち「中央アジア～欧州」と「南」すなわち「東南アジア，南アジア諸国～中東，北アフリカ」につながる経済圏を創出するという，壮大な戦略である。これらの地域には中国からインフラや設備を輸出して，国内で抱えている過剰な生産能力を解消するという，経済政策の側面も包含している。

2.2　構想提唱の経緯と主なルート～陸路では8900億ドルの投資も

習近平国家主席は2013年9月に訪問先のカザフスタンで「シルクロード経済ベルト構想」を，同年10月にはインドネシアで「21世紀海上シルクロード構想」をそれぞれ明らかにした。同じ10月に開いた周辺外交工作座談会では「周辺外交重視」を唱え，2014年11月に北京市で開催したアジア太平洋経済協力会議（APEC）では，中国が総額400億ドルを出資する「新シルクロード基金」の設置を表明した。

一連の動きを受け，2015年3月，国家発展改革委員会と外務省，商務省が共同で「一帯一路」の構想を正式に発表した。さらに同年5月には構想における具体的な政策が披露された。すなわち「一帯一路」は習主席が提唱した陸路である「シルクロード経済ベルト構想」と海路の「21世紀海上シルクロード構想」の2つを基軸とする。「シルクロード経済ベルト」は投資総額が8900億ドル以上と予想される「6つの国際経済回廊」を構築し，「海上シルクロード」は2つのルートを中心に展開するとしている（図表2, 3）。

2015年に正式な構想となり具体策も示されてから、「一帯一路」構想は関連するプロジェクトが策定されたことで徐々に肉付けされるようになっている。構想の行方は後述するように極めて流動的ではあるが、中国が構想を通じて、ユーラシア大陸における自国の経済的、政治的な影響力圏を作り出そうとしていることは明確である。

また、構想は単なる地域戦略ではなく、世界全体を見渡したグローバル戦略でもある。「一帯一路」構想は協力の重点と方向性を示しているだけであって、対象国と地域を限定せず、参加したい国は参加できるとしている。習政権はアフリカや中南米も視野に入れながら、ユーラシア地域での取り組みと同様の外交戦略を展開している。

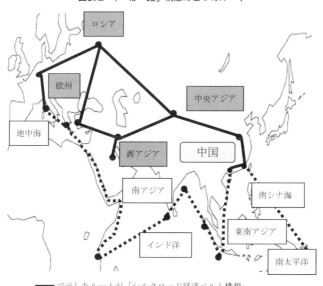

図表2　「一帯一路」構想の2つのルート

──で示したルートが「シルクロード経済ベルト構想」
▪▪▪▪で示したルートが「21世紀海上シルクロード構想」

図表3 「一帯一路」構想を構成する陸と海の回廊

中国・モンゴル・ロシア経済回廊	2つの経済回廊が含まれる。1つは中国の華北地域から内モンゴル自治区フフホト市を経て、モンゴル、ロシアに至る回廊。もう1つは東北地域から満州里を経て、ロシアのチタに至る。いずれもシベリア鉄道を利用して中国を欧州と連結する。
新ユーラシア・ランドブリッジ（第2ユーラシア・ランドブリッジ）経済回廊	江蘇省連雲港市からオランダのロッテルダム港までを結ぶルートで、3つに分かれる。連雲港を通じて、日本、韓国や欧州との連結も可能という。カザフスタン経由でイランやロシアからハンガリーにも到達できる。30数カ国をカバー。
中国・中央アジア・西アジア経済回廊	新疆ウイグル自治区からペルシャ湾を経て地中海沿岸やアラビア半島まで及ぶ。カザフスタンやキルギス、タジキスタンなどの中央アジア諸国、イラン、トルコなどを結ぶもので、石油や様々な鉱物が豊富な地域であり、中国への資源・エネルギー供給源となる。
中国・インドシナ半島国際経済回廊	広西チワン族自治区南寧市や雲南省昆明市を起点としてシンガポールを終点とする。中国はASEANとFTAを成立させ、大メコン川流域開発でも協力してきたが、他方で南シナ海では緊張関係も生じており、この回廊の構築は大きな難題に直面する。
中国・パキスタン経済回廊	新疆ウイグル自治区カシュガルからパキスタンのグワダル港を結ぶ全長3000キロに及ぶルート。「一帯」と「一路」をつなぐ役割を担う。中国とパキスタンはグワダル港の整備のほか、エネルギーやインフラ、産業の分野で幅広く協力することで合意。
BCIM経済回廊	バングラデシュ、インド、ミャンマーの3カ国との間で構築する。これにより、中国はこれまで関係が比較的に緊密ではなかったバングラデシュやインドとの関係を促進することができるとしている。
21世紀海上シルクロード	南シナ海からインド洋から欧州、アフリカに至るルートと、南シナ海から南太平洋へ向かうルートから成る。海上シルクロード構築のため、中国は上海や天津、寧波・舟山など15の港湾に重点的に投資するという。

3．グローバル戦略としての「一帯一路」構想の特徴

「一帯一路」構想は、従来の外交路線の延長という側面と、習近平政権が目指している新しい側面という2つの特徴を持っている。

構想は習政権の象徴的な外交政策ではあるが、中国が胡錦濤時代に積み上げた実績の上で展開している点は見落としてはならない。1990年代後半から中国は、世界各地の地域機構に積極的に関与し、協力関係を構築していた（図表4）。このため「一帯一路」構想はアジアの周辺国をはじめ、欧州や中東地域、

太平洋島しょ国における従来の取り組みを一本化させ，新しいネーミングを付与したものとも言える。

また，中国は構想には含まれていないアフリカや中南米地域に対する外交的な取り組みにも引き続き積極的なことから，構想はユーラシア地域に限定した政策にとどまらず，グローバルな性質を帯びた戦略と言える。さらに言えば，これまでの政策の経緯からすれば，「一帯一路」構想の展開は2国間の関係構築とともに，世界の各地域機構との関係構築によるところも大きい。

他方において，「一帯一路」構想はこれまでの対外政策とは以下の2点において異なっている。第1に，地理的範囲の拡大である。アジア外交（周辺外交）とリンクしている中国の西部大開発プロジェクトは始まってから20年近くが経とうとしているが，中国の東西に見られる地域間の経済格差の解消には目立った成果が得られていない。これは民族問題を抱える西部の対外開放の難しさが原因であると同時に，中央アジア諸国と中国が経済的相互補完の関係を構築できていないことも一因となっている。こうした教訓を踏まえて，「一帯一路」構想は経済圏の対象を中央アジアだけでなく，さらに西の欧州や中東諸国へと拡大させたのである。

第2に，「東西の開放」と「陸・海」の同時進行である。2015年10月の中

図表4　中国が構築した地域との主な協力枠組み

地域	開始年	協力枠組み
アジア	1996	中国・ASEAN対話（非公式対話：1991～）
	2001	SCO（前身の上海ファイブ：1996～）
	2003	六者会合
	2005	SAARCのオブザーバー
ヨーロッパ	1998	中国・EUサミット
	2012	中国・CEEサミット
アフリカ	2000	中国・アフリカ協力サミット
	2008	中国・AU戦略対話メカニズム
アラブ地域	2004	中国・アラブ諸国協力フォーラム
	2010	中国・GCC戦略対話
太平洋島嶼国	2006	中国・太平洋島嶼国経済発展協力フォーラム
ラテンアメリカ・カリブ地域	2014	中国・CELACフォーラム

（出所）青山瑠妙，天児慧『超大国・中国のゆくえ2　外交と国際秩序』東京大学出版会，2015年，64頁。

国共産党第18期中央委員会第5回全体会議(五中全会)は,2016年から始まる第13次5カ年計画に関する提言を採択した。この中で「一帯一路」構想は「陸海で内外と連動し,東西で双方向に開放する全面的な開放の新しい枠組みを造る」としている1。「陸路」と「海路」を連動させて利用することで,複層的な外交ルートを構築するとともに,構想を通じて,中国の東北地域や東部地域のさらなる対外開放を促進しようともしている。

以上のように,「一帯一路」構想はこれまでの対外政策の成果と教訓を汲み取りつつ,新しい発想を加えて考案された対外戦略である。東西格差の解消による国土の均質な発展,過剰設備に苦しむ国内産業の構造転換に加え,国際社会における中国の影響力の拡大も目指す。中国が抱えている問題を解決する「万能薬」として,構想には多大な期待が寄せられている。

4. 「一帯一路」構想がもたらした外交姿勢の変化～強硬から協調へ

「一帯一路」構想は習近平政権の外交の基軸の1つである。構想の推進に有利な周辺環境を作り出すため,日本や韓国,朝鮮民主主義人民共和国(北朝鮮),台湾,東南アジア諸国連合(ASEAN)との関係改善に動き出している。もう1つの基軸である対米関係では安定化を図るとともに,重要な国際問題における米中両国の協調関係の構築に努めている。ここでは,習政権の対米,対アジア外交の変化を考えてみたい。

4.1 米国とは「新型大国関係」を目指す

2015年9月,習近平国家主席は就任後2度目となる訪米を果たした。中国はこの訪米を習政権の大きな外交成果と位置づけ,深刻な対立を避けつつも決して譲歩する姿勢は見せずに,米中を対等な関係とする「新型大国関係」という言葉を巧みに使用しながら,両国が協調して世界の各地域やグローバルな問題を管理する枠組みの構築を目指した。こうした姿勢こそが習政権における対米外交の基本路線である。そこには,米国と渡り合う姿を見せることで国内の政治基盤をより強固にするという思惑もある。

実際には米中間には対立点が少なくない。南シナ海の領海問題のほか,習

主席の訪米時には特にサイバーセキュリティの問題が大きな懸案だった。中国は南シナ海では譲歩しないが，サイバーに関しては事前に特使を派遣したうえで，米中首脳会談において，新たな国際ルールを確立すべく努力した。両国は結局，対話のチャンネルをつくることを合意しただけに終わったが，他方では，気候変動に関して，2015年初めから米中の間で協議を重ね，習主席の訪米後の11月に開催された第21回国連気候変動枠組み条約締約国会議（COP21）では双方が歩調合せて，主導的な役割を果たした。一連のやり取りと成果は，中国の「譲歩はしないが衝突も避ける」という対米外交の基本路線の産物と言える。

4.2 軟化する対アジア政策

「一帯一路」構想が打ち出されて以降，中国のアジア外交には軟化の兆しが見られる。尖閣問題や南シナ海の領海問題（図表5）では譲歩するような気配はないままだが，一方では，「一帯一路」構想により多くの国が参加するよう促し，構想実現に有利な環境を作り出すため，周辺諸国・地域との関係改善に

図表5 南シナ海における領海権

（出所）日本経済新聞電子版2015年11月23日。

動いている。

　南シナ海の問題において，中国は「二国間協議」の原則を棚上げして，限定的な「多国間協議」を受けいれるようになった。

　中国の王毅外相は2014年8月，ASEANとの会合で，当事者の間で南シナ海問題を話し合いによって解決するとともに，南シナ海の安全を当事者で維持するとの提言を公表した。アメリカの影響力を排除し，ASEAN諸国との安全保障協力を促進しようという狙いである。さらに，王外相の提言にはもう1つの意味もある。これまでの中国は，領土問題に関しては二国間交渉を強く主張してきたが，王外相は中国とASEANとの多国間交渉を認めたのである。

　領海問題で特に激しく対立していたベトナムとは，二国間の話し合いで相互理解の道を探る努力もしている。2015年4月初めに，破格の待遇でベトナム共産党の最高指導者，グエン・フー・チョン書記長を迎え入れた。両国は「インフラ協力ワーキンググループ」「金融・貨幣協力ワーキンググループ」の立ち上げについて合意するとともに，ベトナムが「21世紀の海上シルクロード」の一端を担うことを確認した。対立する南シナ海の問題では「共同開発を含め，双方の基本的な立場に影響を与えない過渡的な解決方法を積極的に探る」ことが共同声明に盛り込まれた。

4.3　好転する日中関係～朝鮮半島情勢も注視

　日中関係は2014年11月のAPEC首脳会議を契機に確実に改善に向かっている。その後のジャカルタでの日中首脳会談に続き，2015年11月には韓国ソウルにおいて日中韓首脳会議が再開され，安倍首相と李克強首相との日中首脳会談も実現した。首脳会議の再開を契機に，これまで中断していた政府レベルの様々な交渉メカニズムや政党間の対話なども動き始めている（第10章参照）。

　中国の対外政策における北東アジアや東アジアの重要性も高まっている。中国と韓国は近年良好な関係を続けており，2015年には海洋境界を確定する交渉もスタートした。中韓両国が主張する排他的経済水域（EEZ）は黄海で一部重複しており，韓国側が海洋科学基地を設置した東シナ海の岩礁，離於島（イオド，中国名・蘇岩礁）の領有権を巡っては対立している。1996年から2008年まで14回にわたり局長級の境界画定交渉が行われたが，2015年以降，この

交渉は次官級会談に格上げされ，今後毎年実施するという。中韓は北朝鮮問題においても協力を強化し，2015年12月に国防部門間のホットラインを開通させた。

　2013年の北朝鮮の核実験以降，冷え切っていた北朝鮮との関係も，2014年から改善に動き出した。朝鮮労働党の創設70周年の記念式典に，中国共産党序列5位の劉雲山政治局常務委員が北朝鮮を訪問し，習近平の親書を金正恩に手渡したという。2015年3月には王毅外相が「中朝の伝統的友誼を大切にする」と発言し，中朝の「伝統的友誼」という表現を復活させた。「一帯一路」構想に北朝鮮を取り込もうというアイデアまで浮上している。習近平政権は中国の東北三省の経済振興を重視しており，そのためには北朝鮮との良好な関係の構築が重要である。ただ，その後，中朝関係の改善は中国の思うようには進んでいない。2015年12月，北京で公演する予定の北朝鮮の「牡丹峰」楽団が突如公演をキャンセルし帰国するなど再びギクシャクした関係に戻っている。さらに北朝鮮は2016年1月に水爆実験に踏み切り，関係修復を探っていた中国を大きく困惑させた。

　中国は周辺諸国との関係改善を模索する中で，2015年11月には1949年の分断以来，初めて，台湾との首脳会談を実現させ，習近平主席が台湾の馬英九総統（当時）と握手した。台湾側が首脳会談を受け入れたのは2016年初めの総統選挙をにらんでのことだったが，中国としては中台首脳会談により「一帯一路」構想に有利な周辺環境を作ることも意図したと考えられるだろう。

5．「一帯一路」構想の進展と課題

　「一帯一路」構想はどこまで進行しているのだろうか。現状では関連した政策は形成プロセスにあり，国際情勢に応じて実現のスピードや内容は変化する。「一帯一路」構想を実行するうえで，2つの要素がカギとなる。1つは資金調達であり，もう1つが関係国の協力である。資金面は中国が主導して準備が進んでいるが，関係国はそれぞれ複雑な情勢を抱えており，協力を取り付けるのは容易ではない状況だ。

5.1 AIIBの役割

中国の予想によると,「一帯一路」構想で必要な投資総額は約6兆ドルという。各省・自治区がこれまで「一帯一路」構想に関連して計画しているインフラ投資額は総額1兆400億元に上り,そのうち道路,高速鉄道,空港,港湾への投資額はそれぞれ5000億元,1235億元,1167億元,1700億元となっている[2]。

膨大な資金を調達するうえで重要な役割を担うのが,中国が主導して設立した国際金融機構「アジアインフラ投資銀行（AIIB）」である（図表6）。

AIIBはアジア地域に生じる巨大なインフラ投資需要に応えるため,既存のアジア開発銀行だけでは賄いきれない資金を調達する目的でつくられた。2016年1月16日,正式に開業し,創設メンバーは57カ国。イギリスやドイツ,フランスなど欧州の主要国が顔を揃えたほか,東南アジアの主要国もほぼすべて参加した。中国と領海問題で激しく対立し,当初は不参加としていたフィリピンも,国内のインフラ需要を優先する形で最終的にはメンバーに加わった。

AIIBの活動が本格化するにはなお時間がかかるだろうが,それを補うように,中国の国有銀行が先行して「一帯一路」構想にかかわる融資を積極化している。2015年9月までに,中国輸出入銀行は合計49カ国・2057件のプロジェクトに融資を行った。国家開発銀行も2015年8月までに48カ国の400件以上のプロジェクトに融資している。

中国が設立した新シルクロード基金をはじめ,既存のASEAN基金,ユーラシア基金なども「一帯一路」構想にかかわるプロジェクトの融資に動き出している。

図表6　アジアインフラ投資銀行の概要

加盟国数	57カ国
資本金	1000億ドル
本部	北京
初代総裁	金立群・元中国財務次官
出資比率	中国が約30％で最大。2位インド,3位ロシア
議決権	中国が約26％。重要案件で事実上の拒否権

（出所）2016年1月17日日本経済新聞朝刊。

5.2 関係国の協力〜中核はパキスタン，BCIM 回廊

「シルクロード経済ベルト構想」にかかわる経済回廊の中で，中国が最も重視しているのは中国・パキスタン経済回廊と BCIM 経済回廊である。

2015 年 4 月，習近平国家主席がパキスタン訪問した際，両国は新疆ウイグル自治区のカシュガルとパキスタンのグワダル港を結ぶ道路，鉄道，石油・天然ガスパイプライン，光ファイバーの整備に関する計画について合意した。これらの中国・パキスタン経済回廊を構築するための事業規模は 460 億ドルに上るが，習主席の訪問時に，このうち 51 件の協力プロジェクト，280 億ドルの投資が両国で合意され，同年 12 月には中国輸出入銀行が 28.9 億ドルの融資を決定した。

グワダル港までのパイプラインは胡錦濤時代から検討され，パキスタン側が非常に積極的だった。ただ，寒冷地域を通過するため工事の難度は高く莫大なコストがかかると予想され，中国側が躊躇した。そのためパイプラインは棚上げして，2001 年にグワダル港建設への援助を先に決定した経緯がある。習近平政権による「一帯一路」構想によってパイプライン建設が再び動き出したのである。

もっとも，中国・パキスタン経済回廊の建設は治安リスクが高く，収益も見込みにくい。パキスタン政府は協力的だが，反体制派は回廊建設を妨害する姿勢も示している。習政権はこの回廊を「一帯一路」構想のモデルケースとして成功させたいとの思いが強いものの，パキスタンの国内情勢を考えるならば，実現は容易ではない。

バングラデシュ，インド，ミャンマーの 3 カ国が関係する BCIM 経済回廊は，北，中，南の三つのルート案がある。南ルートは雲南省瑞麗からミャンマー西部のベンガル湾に面するチャウピュー港までの石油・天然ガスパイプラインと同じルートである。中間のルートは雲南省昆明からインドのコルカタまで 4 カ国を通るルートで，北ルートはブラマプトラ川の沿線を通るルートである。

習国家主席が初めて「シルクロード経済ベルト構想」を表明した直後の 2013 年 10 月，インドのシン首相が中国を訪問し，両国は BCIM 経済回廊を推進することで合意した。インドだけでなく，バングラデシュとミャンマーを含

めた関係4カ国からなるワーキンググループも2015年末までに3回開催された。北，中，南の3つのルート案のうち，南ルートは中国とミャンマーで交渉を重ねており，中間ルートも4カ国で話し合っている。ただ，関係国の意見はなかなか一致せず，現状ではルートを確定できずにいる。

BCIM構想に積極的なバングラデシュは3つの中でも南ルートを先行させるべきだと主張している。ミャンマーからバングラデシュの港までのルートを開拓すれば，南ルートがバングラデシュにとって最も有利であると考えているからだ。しかし，インド国内ではBCIMに反対する声も大きいほか，ミャンマーではアウン・サン・スー・チー党首率いる「国民民主連盟（NLD）」が2015年11月の選挙で大勝を収めており，同国での政権交代が問題を複雑化している。

5.3　中央アジアルートもなお難航

「中国・パキスタン」「BCIM」以外の経済回廊の構築はさらに遅れている。中国・モンゴル・ロシア経済回廊は3カ国の間で協議が始まったが，この回廊についてはロシアは熱意を示していない。新ユーラシア・ランドブリッジ経済回廊（写真＝起点となる中国江蘇省連雲港）はコストが高く，また複数の国家を横断するため，共通の規格の設定や通関手続きの簡素化など貿易の利便化を

連雲港の中国カザフ国際物流基地

いかに図るかが課題である。中国・中央アジア・西アジア経済回廊は治安問題を抱える。中国側には，この回廊を通じて西アジアから新疆ウイグル自治区に反政府勢力が流れ込む，という懸念もあるようだ。

　中央アジアを経由する多国間の経済回廊がいずれも難航していることから，中国はまず関係国との2国間協力を構築し，それを基盤としてシルクロード経済ベルト構想の実現につなげようとしている。2015年5月，習近平国家主席はロシア，カザフスタン，ベラルーシを訪問した。カザフスタンではシルクロード経済ベルト構想と同国の経済政策「光明の道（Nurly Zhol）」戦略をリンクさせることを確認した。ベラルーシとの間では，工業パークをシルクロード構想のシンボル事業として進めることを合意した。ロシアとはエネルギー，高速鉄道，航空，宇宙などの領域における32項目，250億ドルに及ぶ契約を締結した。さらに，共同声明の中ではシルクロード構想とロシアの主導するユーラシア経済同盟（EEU：ベラルーシ，キルギス，ロシア，カザフスタン，アルメニアの5カ国）を連携させることを表明している。

5.4　欧州との関係は密接に〜英国には原発輸出も

　ドイツ，英国，フランスなど欧州連合（EU）諸国と中国の協力は着実に進んでいる。2014年，EU財務相理事会はEUの成長と雇用増大を促す総額3150億ユーロの投資計画を明らかにした。中国はこの投資計画と「一帯一路」構想を結び付けることを狙っている。EU内部でも経済的に立ち遅れている国々は中国への接近に慎重とされるが，一方で，2015年12月には欧州復興開発銀行（EBRD）が中国を新たな加盟国として承認する方針を固めた。これにより，「一帯一路」構想とEUの投資計画を連携させる道が開かれた。

　2015年には中国の首脳が相次ぎ欧州各国を訪問し友好関係を確認した。6月には王毅外相がハンガリーを訪問し，両国は「シルクロード経済ベルトと21世紀海上シルクロードを共同で推進するための覚書」に調印した。これは，EU加盟国との間で初めて結ばれた「一帯一路」構想に関する国家間協定である。6月下旬にブリュッセルで開催された中国と欧州（EU）の首脳会議には李克強首相が出席し，EU加盟国との協力を提唱。フランスとの間では「第三国市場開発に関する協定」を締結し，「中国・フランス共同基金」についても

合意した。

10月には，習近平国家主席が英国を訪問し，中英の親密ぶりを大いにアピールした。両国は金融分野における協力の強化を再確認しただけでなく，英西部ヒンクリーポイントの電力事業会社への中国の出資と，東部ブラッドウェルへの中国の原子炉「華龍1号」の導入も合意した。これは「中国製原子炉」を先進国が初めて導入する象徴的な事業である。

首脳訪問はなかったが，中国とドイツの関係も良好だ。独，英，仏のほかオランダ，ベルギーなども「一帯一路」構想に興味を示しているという。中・東欧諸国との協力関係は中国・CEEサミットを通じて構築されている。2014年12月にベオグラードで開かれた中国・CEEサミット第3回首脳会合では李克強首相がセルビアとハンガリーを結ぶ鉄道プロジェクトへの協力を提案し，中国鉄路総公司が受注に成功した。同プロジェクトはベオグラードのドナウ川橋梁建設に次いで，中国にとって欧州で実施する2つ目の大きな投資プロジェクトとなる。2015年11月に蘇州で開かれた中国・CEE第4回首脳会合では，李克強首相は中国とCEEの間での「金融会社」の設立やアドリア海，バルト海，黒海での港湾建設などを提案した。特にスロベニアのコペル港の建設と鉄道事業に中国は関心を持っており，同国の国有企業の民営化プロセスに中国企業が参加しようとしている。

5.5 海外での港湾整備を重視～ギリシャでは大型買収も

「一帯一路」構想の海路において，中国が重視しているのは港湾の建設である。前述したパキスタン・グワダル港やアドリア海，バルト海，黒海での港湾建設に関する中国の提案はその例である。

中国はすでにカンボジアやミャンマー，バングラデシュ，スリランカ，パキスタン，ジブチ，タンザニア，モザンビークなどで港湾建設を手掛けている。2016年1月には，中国国有の海運大手，中国遠洋運輸集団（コスコ・グループ）がギリシャ最大のピレウス港を買収すると発表。投資総額は15億ユーロに達する。ピレウス港は地中海北部に位置し，EU域内に中国製品を輸送するスエズ運河に近い。地中海の要衝である同港を足掛かりにすれば，欧州やアフリカへの経済・軍事的な進出を加速でき，「一帯一路」構想の重要な拠点を築

くことができる。

　このほか，2015年11月には米海兵隊の拠点である豪州ダーウィン港の経営権を中国山東省の嵐橋グループが獲得した。契約期間は99年であり，リース権の入手価格は5億豪州ドルだった。

　2008月12月から海賊対策のために中国海軍は艦船をソマリア沖に派遣し，また国連平和維持活動を通じて，アフリカの安全保障にも中国はかかわっている。こうした中，2015年12月には，ジブチで海軍用の補給施設を建設する計画が明らかとなった。ジブチにおける初の海外の軍事拠点の建設により，中国の軍事プレゼンスがさらに拡大したといえよう。

6．「一帯一路」と中国経済の構造改革～インフラ輸出で過剰生産能力解消

　「一帯一路」構想は外交政策の面だけでなく，中国経済を活性化する狙いもある。国内の需要が低迷する中，中国政府は「一帯一路」構想を通じたインフラ投資や鉄道，原子力発電，セメントなど建材のプラント輸出を促し，中国企業が抱える余剰生産能力を海外移転することで産業構造の転換を図ろうとしている。これに関しては，習近平国家主席は2014年に「今後10年の間の中国の対外投資は1兆2500億ドルに達する」とまで発言している。

　実際に，中国による「原発外交」や「鉄道外交」が活発化している。2013年10月に国家エネルギー局が原発の海外進出政策を初めて打ち出すと，前述した英国ブラッドウェルの原子炉案件のほかに，中国核工業集団（CNNC）はアルゼンチン原子力発電会社と総額300億人民元の契約を結んだ。中国広東核発電集団（CGN）もルーマニアの国営原子力発電会社（SNN）と原子力協力に関する覚書を調印している。このほか，タイやカザフスタン，トルコ，イラン，ブラジル，エジプト，南アフリカ，ケニアなど数多くの国と原発協力に関する交渉が進行中である。

　鉄道外交も「一帯一路」構想のインフラ投資プロジェクトの重要な要素である。2014年だけでも，李克強首相が12カ国に対して鉄道事業に関する提案をしたという。2016年1月には習主席がイランを訪問した。核問題に伴う経済

制裁が解かれた後のイランに外国の元首が訪れたのは初めてで，その成果が注目された。両国は中国がイランの高速鉄道整備に資金を支援するなど，経済や技術分野で協力することに合意した。イランの高速鉄道はテヘランと北東部にある第2の都市マシャドを結ぶ約900キロの計画で，中国は「一帯一路」構想の一部として整備を担うという。

7．ユーラシアからグローバルへ～世界全体に及ぶ中国外交

「一帯一路」構想はユーラシア地域に限定したものではなく，中国は世界戦略としても位置づけられ，資金や貿易，インフラなど様々なレベルでアフリカやラテンアメリカ地域とも関係強化を図っている。2015年12月，中国とアフリカの「メディア・サミット」が北京で開催された。アフリカ47カ国，120社の通信社が参加した同サミットにおいて，中国はアフリカの通信社への援助を約束する一方，アフリカにおける西側メディアの影響力を弱めるための報道協力を呼びかけた。

さらに，同じ時期に開かれた中国・アフリカ協力フォーラム首脳会合において，習近平国家主席は今後3年間に総額600億ドルの資金援助と100億ドルの中国・アフリカ生産能力協力基金の新設を約束した。

ラテンアメリカ・カリブ諸国との関係もインフラ建設，湾岸建設などを中心に展開している。2015年5月に李克強首相がブラジル，コロンビア，ペルー，チリの4カ国を訪問した際に，ペルー，ブラジルを連結するアマゾン鉄道の事業化調査（FS）に関する合意が調印された。この南米大陸を横断する鉄道構想は2014年7月に習主席が提案したもので，全長5000キロ，建設費は100億ドル以上に上るとされている。

8．習近平外交の行方

8.1 対米関係は安定重視

習近平政権の外交政策は今後，どうなっていくのか。「一帯一路」構想と並ぶ柱である対米関係では，アジア太平洋地域において，中国と米国の「力の均

衡」を探るパワーゲームが渦巻いており，「新冷戦」への懸念すら浮上している。

　米国が主導する環太平洋経済連携協定（TPP）は加盟国の間で大筋合意に達した。日米同盟の強化をはじめ，日米豪や日米印などアジアにおける米国主導の軍事同盟ネットワークの構築も着々と進行している。

　米国によるアジア太平洋地域への関与とパワーバランスの変化に対して，中国だけでなくロシアも危機意識を強めている。ロシアは極東開発を進めると同時に，アジア太平洋の国々との海軍の軍事演習を実施するとしている。そして，中国にも急接近している。

　中国に最新の軍事技術の供与を渋っていたロシアは2015年，中国に対してS-400対空ミサイルシステムなどの武器売却に合意した。2015年5月に地中海を舞台に中ロ海軍の合同軍事演習を行い，8月には極東ロシアのウラジオストク沖で大規模な軍事演習を実施し，両国海軍の間で初めての上陸訓練にも踏み切った。一連の軍事演習は日米同盟強化に対抗するためとみられている。

　中ロ両国は経済分野においても，ロシアの極東開発計画やユーラシア経済同盟と中国の「一帯一路」構想とを連携させようとしている。このように，アジア太平洋地域をはさんで日米中ロの攻防が激しくなっているが，米中関係と中ロ関係とは必ずしもトレードオフの関係となっているとは言えない。

　習近平政権は対米政策を格別に重要視しており，対立するよりも米中関係の安定化を図り，重要な国際問題においては米国との協調に取り組もうとしている。米中間の協調関係の枠組み構築は，今後の習政権の対外政策の重要な柱となっていく。米中関係の安定化と協力を進めると同時に，自らの「核心利益」を擁護し，国際社会における中国の影響力の拡大を狙う。こうした外交戦略によって，「中華民族の偉大なる復興」を実現しようとするだろう。

8.2　「一帯一路」構想には「民心」獲得が大切

　中国は総力を結集して「一帯一路」構想に取り組んでいるが，課題も少なくない。まず，経済が減速する中で中国のけん引力が問われている。第2に，「一帯一路」がカバーしている地域には中央アジアや西アジアなど治安，政情が不安定なところが多い。一部では過激派組織「イスラム国」（IS）の動きも

〈Box.〉政府主導で開発が進む「一帯一路」西の窓口

　「一帯一路」構想との関連で，中央アジアへの窓口として急速な発展を遂げている都市の1つが中国の西側，カザフスタン国境にある新疆ウイグル自治区ホルゴス市だ。中国，カザフスタン両政府が2011年，両国国境地帯に自由貿易区を開設。中国政府主導で国境を跨ぐ鉄道や国境付近までの高速道路が整備され，辺境の小さな街はわずか数年で人口10万の新しい都市に生まれ変わった。

ホルゴス自由貿易区の中国側ゲート

　自由貿易区は528ヘクタールの広さで，両国国民はノービザで出入りでき，一定限度額までは免税でショッピングや取引ができる。2015年7月に現地を訪ねると，中国側のエリアにはビルが立ち並び，ゲートをくぐった中国人の多くは敷地内にある高級ブランド品や酒，タバコ，化粧品などを扱うショッピングセンターに吸い込まれていった。

　中国製の廉価な生活必需品や衣料，家電製品などを扱うモールや商店もある。ここでは買い付けに訪れたカザフスタン人も目立ち，大きな荷物を抱えてバスを待つ姿があちこちで見られた。敷地の内外でホテルやアパートの建設計画が相次ぎ，政府主導の地域開発を当て込んだ不動産の広告宣伝が活発に行われていた。中国には「援建」と呼ばれる地域間の協力援助

> システムがあり，江蘇省など沿海部の資金も流れ込んでいるようだ。
> 　同じ自由貿易区の中でもカザフスタン側は開発が遅れ，貨物倉庫以外はカザフ・ロシア製の菓子や食品を売るテント式の土産店がある程度だった。カザフスタンは中国から欧州や中東に至る貿易の中継地点を目指して物流インフラの整備を進める計画だが，開発資金の確保が課題。マシモフ首相が2015年3月の訪中で総額230億ドル規模の経済協力を取り付けており，中国の支援頼みなのが実態だ。
> 　急速な発展を遂げるホルゴスでは「いずれは北方の深圳と呼ばれるような都市になる」と期待する声がある半面，開発バブルを懸念する声もある。政府主導の開発がいずれ実需を生み，新たな物流ルートとして定着するのか。カザフスタンと中国で事業展開する物流会社のマネジャーは「現状は市場行為というよりも政府行為。インフラだけでなく，中国は輸送の面でも国を挙げて中央アジアや欧州向けのブロックトレインをたくさん出しているが，中央政府や地方政府の補助金がなくなればそのうちの多くは淘汰されるのではないか」と慎重な見方を示した。
>
> 　　　　　　　　　　　　　　（日本経済研究センター　**伊集院敦**）

活発だ。2015年にシリアとマリで中国人が過激派組織に殺害されている。国際社会におけるイスラム過激派組織に加えて，国内でも新疆ウイグル自治区などでの過激派の問題を抱える中で，「一帯一路」構想を推進していくには，難しいかじ取りを迫られる。

　また，これまで見てきたように，現状において「一帯一路」構想は必ずしも中国の思惑通りには進んでいない。中国・パキスタン経済回廊や欧州の一部，アフリカとの協力に進展がみられているとはいえ，全体としては停滞している。

　もっとも，グローバル戦略としての「一帯一路」構想は，資金，貿易，インフラ，民心の5つレベルで相手国や地域との関係を強化する役割（「五通」）を持つ。中国が影響力を拡大させる可能性を秘める一方で，自由貿易協定

（FTA）や投資貿易協定の締結を通じて，中国が一段と世界経済秩序に溶け込むことにもなる。金融協力を通じて国際金融秩序における中国の存在感もさらに高まるであろう。

　「一帯一路」構想は「脅威」ではなく，相互にとっての「チャンス」であることを，関係国にいかに説明し，納得させるか。「一帯一路」構想を成功させ，中国が真の大国として台頭するには，国内外の「民心」を獲得する政策が重要なカギである。対外政策の推進には，中国の内なる変化も求められる。まさしくこうした点において，習近平外交の真価が問われることになるだろう。

［注］
1　「中国通信」2015年11月24日〜12月11日から抜粋。
2　「『一帯一路』這両年投了多少銭？如何入選官方項目庫？」http://www.wxmw123.com/finance/20151225/127591.html

第9章

環境問題と向き合う中国
——関連産業の育成で巨大市場が出現

立命館大学政策科学部教授
周　瑋生

●ポイント

▶ 中国は経済発展と地域の環境問題，さらに地球全体の環境問題という3つの局面に同時に直面しており，同時に解決策を講じる必要がある。このための環境保全を中心とした「グリーン経済とエコ文明」の実現は中国の新たな指導思想「五大発展理念」の1つとなっている。

▶ 環境規制の強化と環境技術の革新は「新常態」の下で環境対策の両輪となる。改正環境保護法は環境産業全体の拡大にプラスとなろう。日中両国の技術格差は急速に接近しているが，協力のポテンシャルは依然として大きい。

▶ 環境産業は，中高速の経済成長を維持しながら環境保全を目指す「新常態」経済の新たな牽引役になる。第13次5カ年計画では環境関連の投資総額が5年間累計で17兆元を超える見通しで，中国は今後，世界最大の環境産業市場となるだろう。

●注目データ ☞ 日中両国の環境クズネッツ曲線の比較

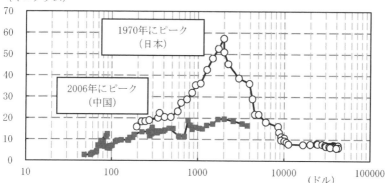

（注）横軸は1人当たりGDP，縦軸は1人当たりSO_2排出量。
（出所）EDMC／エネルギー・経済統計要覧2015，中国統計年鑑より作成。

1. はじめに

　経済，社会と環境の調和ある「科学的発展観」を掲げた胡錦濤前政権は，高度成長の傍らで拡大した「社会のゆがみ」の是正を政策の主軸に据えるとしたが，深刻な環境汚染や生態系破壊など多元的な環境問題に十分に対応することはできなかった。胡政権の後を受けて，習近平政権が発足した直後の2013年1月には，北京市をはじめとする広範な地域で例年より深刻な大気汚染が発生した。これまでの環境対策がいかに不十分だったか，習政権が直面する環境問題がいかに大きな課題なのかが，この大気汚染の実態1つをとってもよくわかる。習政権は高度成長により増大した国力だけでなく，体制の安定性を左右しかねない環境問題をも引き継ぐこととなった。

　習政権は「2つの100年目標」の1つとして，中国共産党建党100周年までに全面的小康社会（ゆとりのある生活）の実現を目指している。目標達成には経済成長だけでなく，環境問題への対応が欠かせない。政権が提唱する「新常態」（ニューノーマル）は，まさに経済と環境の両立を図るものと言えよう。

　本章では，中国の環境問題の現状と特徴，「新常態」における環境問題の位置づけ，中国史上で最も厳しいとされる改正環境保護法の内容や2016年からの5カ年計画における環境対策の見通しを分析し，習政権が環境問題とどう向き合おうとしているのかを解説する。

2. 中国が抱える環境問題の深刻さ

　中国の歩んできた高度成長モデルは大量生産，大量消費とともに，大量廃棄，大量汚染を招いた。先進国がかつて歩んできた道と同じで，大気汚染が北京をはじめ中国の多くの国土を席巻するようになった。

　中国が現在，抱えている環境問題はどこまで深刻なのだろうか。環境問題は空間的な広がりから，主な対象がローカルである「地域レベル」と，海外にまで影響が及ぶグローバルな「地球レベル」に分けて考えることが必要だ。ここでは，まず，地域レベルの環境問題に関わる大気汚染やPM2.5（直径2.5マイ

クロメートル以下の大気中に漂う超微粒子），廃水，土壌汚染，廃棄物について，それぞれ，現状と特徴を分析してみる。

2.1 大気汚染～政府発表とは食い違う実態

大気汚染については，工業に由来する二酸化硫黄（SO_2）は1990年から右肩上がりで増え続け，2006年頃をピークに，その後は減少傾向を見せている（図表1）。これは，第11次5カ年計画（2006～10年）と第12次5カ年計画（2011～15年）の期間中に脱硫装置が大幅に整備されたためとされている。

日本の場合，中国よりも35年早く1970年に1人当たりSO_2排出量はピークを迎え，その後，SO_2濃度は1970年の0.035ppmから1998年の0.005ppmまで低減した。これはLS計画（Low Sulfur，硫黄酸化物排出規制低硫黄計画）の実施による成果である。1970年から1998年までの28年間で，日本は約2400台の脱硫装置を導入し，さらに自動車排気ガス対策なども実施しして，青空を取り戻すことに成功した。

中国では2005年の脱硫装置設置率はわずか12％（全国計148台）にとどまったが，全国の火力発電所に対して2010年末までに脱硫装置を設置するよう義務づけたことなどから，2010年の設置率は83％（計2158台）に上昇し，

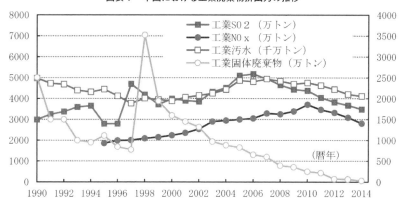

図表1　中国における工業廃棄物排出力の推移

（注）工業固体廃棄物のみ左目盛。工業固体廃棄物は1997年から県レベル以下の企業も対象に入れたためデータが急増した。
（出所）EDMC/エネルギー・経済統計要覧2015，中国統計年鑑より作成。

現在ではさらに約9割にまで高まったとされる[1]。

しかし，実際は，そのうち4割の脱硫装置は安定して運転できないか，あるいは生産コスト低減などの理由から稼働させていない。また，2014年を事例でみれば，SO_2 の年間総排出量（1974.4万トン）のうち約12％は生活由来であり，この分の SO_2 はなにも処理されないまま大気中に放出されている。生活由来の排気対策が十分でないことが，今日の深刻な大気汚染を招いた主要な原因の1つと考えられる[2]。

窒素酸化物（NOx）は1995年から年平均5％近いペースで増加して，15年間で2倍に増え，「2005年比で10％削減」とした第11次5カ年計画の削減目標を達成できなかった。火力発電所における脱硝装置の稼働率の低さや自動車の急増による排気ガスの大量発生が主な理由だ。例えば，2014年のNOxの年間総排出量のうち，自動車に由来するものが30％を占めた。このため，2011年からの第12次5カ年計画ではNOx対策と特に自動車に対する規制強化が始まった。

環境保護省が公表した2015年の都市部の大気環境状況によれば，SO_2 のほか，二酸化窒素（NO_2），微小粒子状物質「PM2.5」「PM10」，一酸化炭素（CO），オゾンなどの指標を測定した結果，全国338の大・中都市のうち，73の都市しか基準値を達成していなかった。多くの都市は大気汚染が深刻な水準にあると言える。また，酸性雨の被害も深刻であり，2014年にモニタリングを実施した470カ所の都市および県のうち，酸性雨が出現したのは208カ所に及んだ[3]。特に南方地域の都市の約6割は酸性雨に見舞われ，その面積は国土面積の30％を占めるとも言われる。

2.2　衝撃的なPM2.5の汚染〜米大使館の観測がきっかけに

現在の中国の大気汚染の元凶と指摘されるのがPM2.5である。中国は最近までPM2.5を観測・評価システムに入れていなかった。1995年ごろに一部の中国人研究者が測定し問題視したのだが，政府はこれを重視せずに研究レベルの範囲にとどめていた。社会の注目を集めたきっかけは，2011年11月，北京市にある米国大使館が独自に観測した結果を公表してからである。米国大使館はPM2.5とそれに基づく空気質指数（AQI）の監視を行い，AQI測定値が

500という最悪のレベルに達したことで，北京だけでなく，中国社会全体に大きな衝撃を与えた。

米国大使館の観測値は，環境保護省の測定結果とほぼ一致しており，決して大げさな数値ではない。米環境保護局（EPA）が定めた AQI 値は 0〜500 まで 6 段階に分かれ，100 を超えと「敏感なグループ（Sensitive Groups）」として，人々に影響が出始めるとされる。301〜500 は危険（Hazardous）レベルで，心肺疾患を持つ人や高齢者は疾患が悪化して早死のリスクがあるほか，それ以外の人でも呼吸器に障害が生じる可能性があるため，すべての人は屋外での活動を中止する必要がある。

ただ，北京市環境保護局の公表によれば，2015 年の一年間で北京市が大気環境基準値を達成したのは 186 日（51％）あり，2014 年より 14 日増えた。優良日は 2014 年より 13 日多く，重度汚染日は 46 日（12.6％）で，2014 年より 1 日減った。PM2.5 の年平均濃度は 2014 年比で 6.2％減少したという。

2.3　渇水と水質汚染〜全国に 200 以上の「がんの村」

中国にとっては，大気汚染とともに深刻なのが水問題である。「渇水」と「汚水」の両方に直面し，経済発展を阻害する要因となっている。

中国は世界の人口の 20％を占めながら，水資源は世界全体のわずか 7％しかない。1 人当たりの水資源は世界平均の 4 分の 1 で，660 の都市の半分以上が水不足に苦しんでいる。中国は一般的に，南方地域のほうが北方より水資源が豊富である。政府は南方の水を北方に運ぶプロジェクト「南水北調」を試みているが，費用対効果に乏しいとの指摘もある。米国科学アカデミー紀要（PNAS）に掲載された英イーストアングリア大学のダボ・グアン教授らのリポートは，このプロジェクトには 810 億ドル（約 9 兆 6000 億円）規模の費用が投じられるが，2020 年までに移送される追加水量は北京市の総需要のわずか 5％にとどまる公算が大きいとしている。

深刻な渇水にさらされている一方，工業や農業による汚染水の排出によって，地下水や河川，湖沼の水が汚染され（図表 2），水質汚染は今や大気汚染よりも深刻な状況にあると言われている。

環境保護省がまとめている「中国環境状況公報」（環境白書）は水質汚濁

図表2　中国地下水観測拠点の水質状況（2013年）

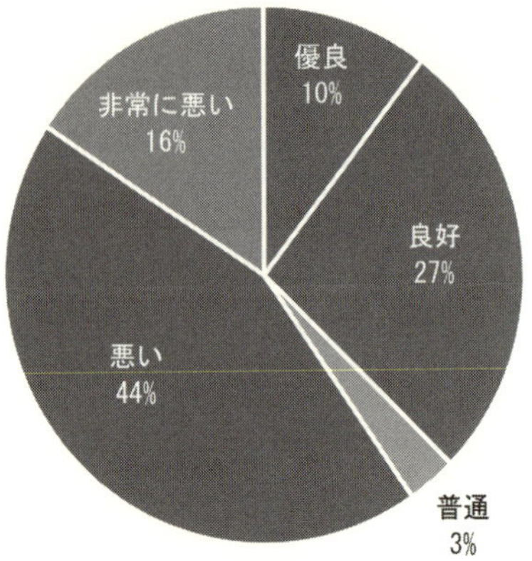

- 優良 10%
- 良好 27%
- 普通 3%
- 悪い 44%
- 非常に悪い 16%

（出所）中国環境監視総站。

や地表水の汚染については，水質データである化学的酸素消費量（COD）が2005年に比べて12.5％低下し，第11次5カ年計画で定められた「2005年比で10％削減する」という目標を上回ったとしている。汚水処理率も2005年の52％から72％にまで改善したことになっている。しかし，実態としては30％以上の飲用水源が基準を満たしていないなど，状況は依然として深刻であり，改善と言うにはほど遠い。

中国水利科学研究院水資源研究所の王浩所長によると，水源汚染や土壌汚染によるがんの発生率が通常よりも著しく高くなっている「がんの村」は全国に200以上存在するという。そのほとんどは，政府の水質汚染評価の5段階のうち最低とされた河川の周囲に集中している。工業廃水や生活排水が垂れ流しになっていることに加え，化学肥料や農薬の大量散布により，飲料として使用される地下水にまで発ガン物質が流れ込んでいるのが原因とみられる。

2.4　土壌汚染～全国の耕作地の10％で重金属被害

中国では急激な工業化が進み，法律や規制が守られることなく鉛や水銀，カドミウムなどが土壌や排水に放出され，こうした重金属による土壌汚染を引き起こしている。環境保護省が2014年4月に公表した「第1回全国土壌汚染状況調査公報」（調査期間2005年4月～2013年12月）によると，汚れた農業用

水により汚染された耕作地は全国で220万ヘクタール，廃棄物が堆積している耕地は0.9万ヘクタールあり，合計すると，およそ全国の耕作地の10%で基準値を超える重金属が確認された。また，国土資源省によると，中国は毎年1200万トンの食糧が重金属に汚染され，直接の経済損失は200億元（約3800億円）を超えるという。がん患者の増加など健康被害も多発しているが，重度に汚染された土地をすべて浄化するには膨大な費用と時間が必要で，一種の不可逆な環境破壊ともいえる。

2.5 廃棄物問題〜未整備なリサイクル網

日本では一般的に「産業廃棄物」と呼ばれる工業固体廃棄物や生活廃棄物の急激な増加も，都市部を中心に大きな問題となっている。政府の発表や公式統計では工業固体廃棄物の発生量は減少しているとされるが，実際には生活廃棄物や有害廃棄物は毎年7%の割合で増加している。制度，技術，資金などの制限からこれら廃棄物の資源化や減量化，無害化の水準は低く，放置された廃棄物が生み出す汚染も日ごとに深刻な状態になっている。

廃棄物をリサイクルするのにも課題が多くある。自動車を例にとると，保有台数は2009年の7619万台から2013年には1億3741万台まで年平均20%のペースで増大しているが，使用済みとなってスクラップにされる廃車の数はほ

図表3　中国の自動車保有台数と廃棄台数の変化

(注) 理論廃車台数は先進国の最低年平均廃車率6%で計算。
(出所) 中国報廃汽車回収市場調査研究報告より作成。

とんど増えていない。先進国では保有台数の6～8％が廃車される（廃車率）が，中国では1％前後にとどまったままだ（図表3）。効率が悪く排気ガスもひどいので廃車にしなければならない車（2013年は700万台前後）が不法改造などを経て，農村や僻地で走り続け，大気汚染などの原因となっている。

2.6 環境汚染による経済損失

こうした環境問題により，中国はどのくらいの損失を被っているのだろうか。環境汚染や環境破壊による経済損失には2つのタイプがある。1つは財産損失で，企業の汚水処理コスト，農業や漁業の損失，一部の生態系損失などがある。もう1つは健康被害で，この損失は計算が難しい。

世界銀行と中国国務院発展研究センターは2007年，共同で「中国の汚染代価」（Cost of Pollution in China）という報告書を作成した。これによれば，中国の環境汚染による毎年の経済損失はおよそ0.6兆～1.8兆元（約11兆円～34兆円）で，GDPの5.8％を占めるという。そのうち，健康被害などによる医療保健費用はGDPの3.8％の割合という。また，環境保護省環境企画院の王金南副院長は2010年の環境汚染による経済的損失は1.1兆元（約21兆円）に達し，これはGDPの3.5％（医療保健費用は除外）と指摘している。これらの推計が明らかになってからも，中国の環境問題は一段と深刻になっており，現在ではその経済損失はさらに膨らんでいると見られる。

3．地球の環境に及ぼす影響

ここまでは，中国国内が抱える環境問題がいかに深刻化を見てきた。しかし，近年では，中国発の環境問題が越境汚染や二酸化炭素（CO_2）排出量の増加などによって，国際的に影響を及ぼすようになっている。次に，グローバルな「地球レベル」の環境問題と中国の関係を考えていきたい。

3.1 世界最大の CO_2 排出国

中国は高度成長の代償として，エネルギー消費量を急劇に増大させた。エネルギー源の大半を石炭に依存する構造であることから，特にCO_2排出量の大

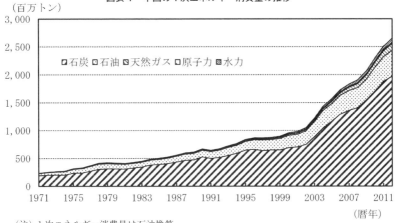

図表4　中国の1次エネルギー消費量の推移

(注) 1次エネルギー消費量は石油換算。
(出所) EDMC/エネルギー・経済統計要覧2015，中国統計年鑑より作成。

幅な増加を招きやすく，「持続可能な社会」の実現を困難にしている（図表4）。

1971年から2011年までの40年間で，中国のエネルギー原単位（実質GDP当たりの1次エネルギー消費量）は3分の1に低減し，日本とのエネルギー原単位の差も1971年の8.6倍から2011年には4.9倍に縮小したとされる。しかし，1次エネルギー消費量（石油換算，以下同）の推移を見ると，1990年は6.7億トンだったのが，2000年には9.6億トン，2014年は29.7億トンと4倍以上に拡大している。2010年の中国の国内総生産（GDP）が世界に占める割合は9.5％だったのに，石炭消費は47％，アルミニウム消費は30％，鋼材消費は44％，セメント消費は40％を占めた。GDP100万ドル当たりの生産には，約800トンの石油が必要とされ，これは日本の8倍，欧米先進国の4倍，世界平均の3倍に匹敵する量という[4]。いかに中国のエネルギー消費が急速に増えて，エネルギー利用も実際にはいかに非効率的かがわかるだろう。

がぶ飲みするようにエネルギーを非効率的に消費し続けた結果，中国の1次エネルギー消費当たりのCO_2排出量（排出原単位）は1971年から右肩上がりに増え，40年間で計39％増加した。中国のCO_2排出総量は1997年（COP3）では米国の56％だったが，2006年には米国を抜いて世界最大の排出国となってしまった（図表5）。中国の1人当たりの排出量もそれぞれ12％から25％に

図表5　日米中の CO_2 排出総量の変化

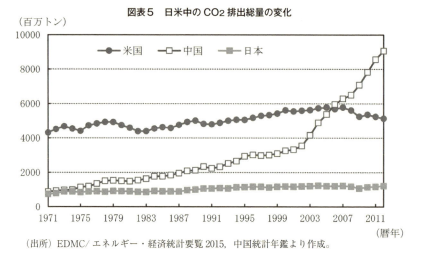

（出所）EDMC/エネルギー・経済統計要覧2015，中国統計年鑑より作成。

まで増加した。

　排出総量は「世界最大」，排出原単位は「大」，1人当たりの排出量はまだ「小」というのが，現在，中国が置かれる立場と特徴である。CO_2 の削減には「共通だが差異ある責任」の原則に基づいて，中国には今後，さらなる大きな責任が求められるのは確実である。

3.2　北米大陸にまで到達する越境汚染

　アジアは世界の硫黄酸化物（SOx）排出量の15％を排出しており，中国がそのうちの70％を占めている。大気汚染の原因物質にはSOxやNOx，また残留性有機汚染物質（POPs）や重金属などがある。これらは黄砂など土壌粒子に付着して，まず湿性沈着と乾性沈着の形で，汚染者自身に被害を与える。同時に，これら汚染の原因物質は気流に乗って発生源から数百〜数千キロの遠く離れた場所まで広範囲に浮揚，移動し，いわゆる越境汚染を起こす。越境汚染によって被害者はまた加害者にもなり，地域の環境汚染問題が地球全体の環境問題へと広がっていくのである。

　越境汚染の程度を計量評価するのは容易ではない。手法としてはコンピューターシミュレーション，人工衛星，モニタリング，汚染成分分析などがあるが，2015年12月に東北大学東北アジア研究センター工藤研究室が開設したイ

ンターネットサイト「越境大気汚染衛星画像データベース」を紹介する。衛星技術と太陽光の反射の違いなどを利用して，大気中に漂う雲と黄砂，PM2.5などを見分けられるのが特徴で，サイト上の画像で大気汚染物質や煙を黄色，黄砂は赤色で表示し，汚染状況を可視化している。このサイトを使うと，中国から日本に飛来するPM2.5などの大気汚染物質や黄砂の状況を毎日更新される人工衛星画像で閲覧することができる[5]。

　中国発の越境汚染が及ぶのはアジアの周辺国だけではない。2015年4月14日に米カリフォルニア工科大学ジェット推進研究所のワン博士研究員らが全米科学アカデミー紀要に発表した報告[6]によると，東アジアの大気汚染は太平洋上空の暴風雨を激化させ，北米の気候に変化をもたらしている可能性があるという。これまで大気汚染が近隣諸国で越境汚染を起こす例は多数報告されてきたが，この報告は最新のコンピューター技術を駆使して，中国で深刻化するPM2.5などの大気汚染の影響が太平洋を渡り北米大陸にまで到達していると分析し，さらには地球規模の異常気象との関係も指摘した。越境汚染が北半球における異常な巨大嵐や大量降雨，大寒波などの重大な気候変動の原因になっているという。

　一方，全米科学アカデミー紀要の別の報告[7]は，太平洋を渡る越境汚染の責任は相当部分，米国にあるとしている。米国人が消費する物品の多くが中国で委託生産されており，米国の旺盛な消費を満たすために中国の大気が汚染されている，という理屈である。汚染の原因がすべて中国にあるとするのはアンフェアだろうが，国際的な環境問題に対しては，互いに責任を押し付けあうのではなく，関係国が足並みを揃えて解決に向けた対策を講じていくことが求められる。

3.3　国境を越える砂漠化

　中国は世界で最も砂漠化が進んだ国でもある。現在，砂漠化しつつある土地は30の省，区，市および851県に分布している。2013年から2年余り費やされた専門グループによる砂漠化や荒れ地化の状況調査（「中国砂漠化報告」）によれば，2014年の時点で荒れ地化した土地は261.16万平方キロメートルで，国土面積に占める割合は27.2％，砂漠化した土地は172.12万平方キロメート

ル（日本の面積の約 4.6 倍）で，同 17.93％。さらに，砂漠化しつつあることが明確な土地は 30.03 万平方キロメートルで，同 3.12％だった。中国国家林業局の張建龍局長は 2016 年 1 月，北京での記者会見で，中国の土地砂漠化と荒れ地化は依然として深刻で，環境保護や整備が難しい状況が続いていることを明らかにしている。砂漠化の進展は黄砂の原因となるだけでなく，国境を越えて土地を荒廃させることにもつながり，地球レベルの環境問題の 1 つといえる。

4．環境問題に挑む習近平政権

4.1　環境対策の位置づけ～「新常態」に必要不可欠な条件

　30 年以上の高成長を続けてきた中国において，経済規模の拡大による人間活動の拡大（資源とエネルギー利用の拡大と環境負荷の増大）が，これまで述べたように「生態系の劣化」や「人間の生存条件の劣化」および経済活動の基盤である「生産条件の劣化」をもたらしている。

　ある国の経済発展と環境問題の関係を図る手法として「環境クズネッツ曲線」がある。横軸には 1 人当たりの所得水準，縦軸には汚染物質の排出量をとってグラフを作ると，所得水準の向上とともに最初は汚染物質が増えるが，一定の所得水準に達すると，その後は汚染物質は減少するようになり，グラフは逆 U 字形の曲線を描くというものだ。人々は豊かになるにつれ環境保護を重視し，様々な規制や技術を使って汚染を減らすようになるという考え方だが，もちろん，自然にそうした傾向になるわけではなく，政府や国民の努力が前提となる。

　日中両国の環境クズネッツ曲線（再掲図表 6）を見てみると，中国の環境悪化のピークは日本より 36 年遅い 2006 年だったことがわかる。中国のピーク時の 1 人当たり SO_2 排出量は日本の 3 分の 1 で，これは中国が先進国の技術を活用する「後発者利益」が大きかったためとされている。しかし，中国の曲線は日本のように明確な逆 U 字形を描いておらず，実際には一部で改善が見えたものの，全体は依然として危機的な状態にあるといえよう。

　環境の再生能力と環境容量を軽視した開発が続けられれば，災害や健康被害

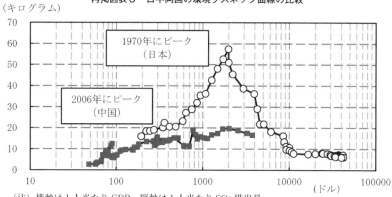

再掲図表6　日中両国の環境クズネッツ曲線の比較

（注）横軸は1人当たりGDP，縦軸は1人当たりSO₂排出量。
（出所）EDMC／エネルギー・経済統計要覧2015，中国統計年鑑より作成。

の増加など，今後さらに大きな対価を払わねばならず，国や民族の持続可能な生存そのものが脅かされかねない。環境問題に対する危機意識は中国社会全体で高まっており，習近平政権も真剣に対策に取り組む必要性を認識している。環境問題の抜本的な解決なしには「新常態」の実現，ひいては習政権の最大の目標である「中国の夢」の実現はありえないのだ。2012年11月の中国共産党第18回党大会では，環境保全を中心とした「エコ文明の建設」が経済建設，政治建設，文化建設，社会建設と並び，「五位一体」とされる社会主義事業の柱の1つに位置づけられた。さらに，2015年10月の共産党第18期中央委員会第5回全体会議（五中全会）が採択した「国民経済と社会発展第13次5カ年計画の制定に関する建議」では，高度成長から中高速成長への転換に合わせて，創新（イノベーション），協調，緑色（グリーン），開放，共享（発展成果の共有）という新たな「五大発展理念」を提起された。習政権は「緑色」，すなわち環境対策を2016年から始まる新しい5カ年計画の中核的な指導思想の1つとして推進する決意を示した。

4.2　先進国の考え方〜コスト増より波及効果

　では，環境保全をどう進めるべきなのだろうか。先進国の例を見ても，当初は思い切った対策をとることは難しかった。日本では公害が著しかった当時，

環境対策に伴うコスト上昇(価格効果)の懸念が真っ先に指摘された。公害対策から地球環境対策に至るまで,環境対策費はそれを実施した企業のコストを上昇させ,結果として国際競争力が低下するため,経済全体にも悪影響を与えるとの考え方が存在した。

しかし,マクロの視点に立てば,誰かの支出は誰かの収入になる(経済循環)。環境対策の実施は新たな所得と需要を生み,また,その過程で社会や技術のイノベーションを誘発する。化石燃料消費の削減に伴うエネルギーシステムのコスト改善など経済にプラスの効果をもたらす面がある。実際に,日本では1975年に公害防止投資が全設備投資の18%,GNPの8.5%を占めるに至ったが,当時の政府の推計は「公害防止投資をしなかった場合よりも経済が拡大した」としている(1977年版環境白書)。また,1970年代の自動車の排ガス規制は自動車メーカーの技術革新を促し,結果として日本車の国際競争力を高め,世界市場,特に米国市場に進出するきっかけとなった。米国は排ガス規制である「マスキー法」の実施を延期したため,自動車産業の技術開発が進まず,逆に産業の衰退を招いてしまった。

日本と並びドイツも環境先進国といえる。ドイツは過去20年の間,日本以上に高い経済成長を維持しながら,1次エネルギー消費や温室効果ガスを減らしている。再生可能エネルギーの導入やコジェネレーションシステムによる地域熱供給体制の構築,住宅の断熱化などにより,関連雇用を大幅に増やしつつエネルギー効率を高めてきた。

4.3 環境産業を新たな支柱産業に～規制主導型の環境産業の発展

中国でも,かつての日本がそうであったように,環境対策は産業の活力を落とし,経済を衰退させ,失業者を増加させるのではないかという見方は少なくなく,先進国並みの法律や規制を定めても,これまでは十分に執行できなかった。しかし,環境問題が深刻化するにつれ,指導部には,先進国に倣って厳しい環境規制を実施することこそが新しい技術を生み出し,その結果として新しい産業の創出,さらには既存産業の国際競争力の向上につながる,との考え方が定着しつつある。

中国が今後,中高速の経済成長を維持しながら,環境保全を達成するために

は，環境産業を新たな経済の牽引役とする必要もある。環境規制と環境産業の育成を両輪に，経済発展を牽引することが期待される。

環境産業は環境汚染対策関連産業と環境インフラ関連産業に大別できる。その市場規模は法制度の有無およびその内容に依存する法定需要依存産業（公共政策特に法制度がその産業の需要を創り出している産業）という側面をもっている。言い換えれば，環境政策の進展，特に環境規制が，この規制に伴う新たな環境技術の需要，即ち環境産業の市場を創り出すといえる。環境汚染対策関連産業は規制の動向に大きく影響を受けるが，環境インフラ関連産業は企業の生産活動に直接的に連動しているため，好況下では比較的成長が期待できる。環境規制は環境産業市場を安定的に成長させるためには必須条件である。

4.4　中国史上，最も厳しい環境法の施行

2015年1月，25年ぶりに改正された「環境保護法」が施行された。李克強首相はこの年の全国人民代表大会（全人代）で同法の施行について「関連法規に違反する企業に対しては，どんな企業であろうと，法に基づいて，その責任を追及していく」と明言し，環境対策への強い意気込みを示した。

改正環境保護法では違反企業（汚染者）への罰金の上限がなくなった。汚染物質を違法に排出した企業には罰金が科されるが，是正命令に従わなかった場合，1日単位で連続して罰金が加算され，是正するまで無制限に増えていくことになっている。当局の監督管理を逃れて汚染物質を排出した場合には行政罰として勾留される。当局に工場閉鎖など法執行の権限を持たせたのも特徴の1つだ。

環境保護省は同年10月，改正環境保護法の実施効果を担保するため，1日単位での連続処罰制度に加えて，「封鎖・差押え」「生産制限・生産停止」「企業・社会団体による環境情報開示」という追加の措置を公布した。地方政府には深刻な大気・水質汚染が発生した際に警報を発令するなどの緊急措置を義務づけた。

中国の経済紙『経済日報』によれば，同法の施行後，半年間で，検査対象となった企業は延べ62万社にのぼり，生産中止命令を受けたのは1万5839社，閉鎖を命じられた企業も9325社あった。罰金の規定が厳しくなったため，罰

金総額は2億3000万元にのぼった。「環境犯罪」として立件されたのも740件あったという。陳吉寧環境保護相はこうした成果を見て「法律を遵守するため，1日当たりの罰金や差し押さえ，生産制限，中止などを活用し，環境面の管理監督を厳しく行っていく」としている。

　改正環境保護法は中国の歴史上，最も厳しい環境法制とされ，習近平政権の環境問題に対する強い意思を象徴するものともいえよう。法改正により企業は環境保護を重視せざるを得ず，また，その経済性も再考しなければならなくなる。企業の負担を軽減するような，優れた技術を持つ環境関連ビジネスにとっては，改正環境保護法は新たなチャンスにつながるだろう。

5．第13次5カ年計画における環境対策

5.1　5年間で17兆元の投資〜世界最大の「環境市場」に

　中国では2016年から第13次5カ年計画が始動し，これに伴い「環境5カ年計画」も動き出す。清華大学学長から抜てきされた陳吉寧環境保護相は第13次5カ年計画の期間中，「大気」「水」「土壌」の3大環境汚染分野の改善と防止に努めるため，2016年から5年間で実施される環境関連の投資は総額17兆元を超える，との見通しと明らかにしている。これまでの環境分野への投資額

図表7　中国環境保全投資総額の推移

（出所）中国国家統計局，中国環境統計年鑑より作成。

は第 11 次 5 カ年計画が 1.54 兆元，第 12 次 5 カ年計画は 3.4 兆元であり（図表 7），今後 5 年間はそれらに比べて大幅に拡大することになる。

　第 13 次 5 カ年計画では単なる基準値の削減といった数値目標を掲げるにとどまらず，環境の質的改善も目指すという。農村部の汚水処理やごみ処理など，国民の生活の質に直結する分野に注力する構えである。併せて，環境分野への民間部門の投資も奨励する。これにより，中国の環境保護産業は今後，年平均 15％～20％のスピードで成長し，環境分野では中国は世界最大の市場の 1 つになると見られる。

5.2 「気・水・土」三大環境行動計画～最大で 12.4 兆元の投資

　陳吉寧環境保護相が強調する「大気」「水」「土壌」の 3 大環境汚染分野の改善と防止のため，環境行動計画の制定も進んでいる。「大気」ではすでに 2013 年 9 月に「大気汚染防止行動計画」（大気 10 条）が発表されており，2015 年 4 月に「水質汚染防止行動計画」（水 10 条）が打ち出され，残る「土壌汚染対策行動計画」もすでに取りまとめ作業が終わり，近く政府の批准を受けて正式に発効する見通しだ。これらの行動計画を実施するために，より厳格化した排出規制基準が導入される見込みである。特に COD，SO_2，NOx などに加え，製造業から排出される煙や粉じん，揮発性有機化合物（VOC），総リン，総窒素への規制も設けられる見通しである。

　国泰君安証券の市場予測によれば，「大気 10 条」の実施による社会の投資額は 1.7 兆元，「水 10 条」は 4～5 兆元，さらに「土壌 10 条」が実施されると 5.7 兆元の追加投資が見込まれるという。すなわち，今後 5 年間の累計で，「気・水・土」の三大環境行動計画の実施に伴う総投資額は最大で 12.4 兆元になる試算である。

5.3　温暖化対策をどう進めるか

　中国は 2015 年 6 月，2030 年までの温暖化ガスの排出抑制目標を国連側に提出した。① GDP を一定額生み出すのに排出する CO_2 量を 2005 年比で 60～65％減らす ② 2030 年ごろをピークに全体の排出を減らす ③ 1 次エネルギーの消費に占める非化石燃料の比率を約 20％に引き上げる――という内容だ。

この野心的な目標を達成するには，エネルギー利用効率の改善や省エネの徹底とともに，クリーン・エネルギーへの転換，特に石炭発電に依存する電源構成の見直しが欠かせない。発電量の約8割を占める石炭比率を徐々に引き下げて，発電中に温暖化ガスを出さない再生可能エネルギーや原子力発電の比率を向上させていく。エネルギー消費を抑えた効率的な暮らしを実現する低炭素都市への変革なども求められる。

国家発展改革委員会の解振華副主任は2015年6月，米・ワシントンで開催された，米中両国の戦略・経済対話において，2030年ごろをピークに温暖化ガスの排出量を減らすという目標達成のためには41兆元が必要だ，と説明した。会合に参加したケリー米国務長官はこれに対して，太陽光や風力発電などに「数百万人の雇用を創出する信じられないほどの機会がある」と述べ，中国の温暖化対策が米中両国の経済成長につながるとの期待を表明している。

中国が低・脱炭素社会を目指すことは，イノベーションの国際競争を通じて，海外にも広く経済効果を波及させることになるだろう。第13次5カ年計画も「グリーン経済」の確立のため，技術革新の必要性とともに国際協力の必要性を強調している。中国による環境関連の様々な取り組みは，海外の企業にとってもビジネスチャンスとなるだろう。

6．国際協力と技術革新

6.1　膨大な省エネの「ポテンシャル」

中国の省エネルギーやCO_2排出量の削減のポテンシャルは非常に大きい。1971年から2011年までの40年間の1次エネルギー消費量は合計で353億7600万トン（石油換算）だったが，日本並みの省エネレベル（GDP当たりエネルギー消費量レベル）を達成できたとすると，その量は66億7000万トンと2割以下にまで減少する（図表8）。

1971〜2011年の間で，中国のCO_2合計排出量は1175億トンだった。これも，日本並みの環境対応ができたとすると，40年間の削減可能なCO_2量は1023億トンで，これは合計排出量の87％に相当する（図表9）。

中国が消費エネルギーやCO_2を削減する余地は非常に大きい。いかに削減

するかは，主にGDP当たりのエネルギー消費の減少（すなわちエネルギー利用効率の改善，産業構造の改善など）とエネルギー消費量当たりのCO_2排出量の低減（すなわちエネルギー構造の変換など）に由来する。例えば，中国の石炭火力発電の効率を日本並みにまで向上できれば，CO_2は日本の年間排出量の約半分に相当する量を削減できる。日本の技術協力により中国の石炭火力

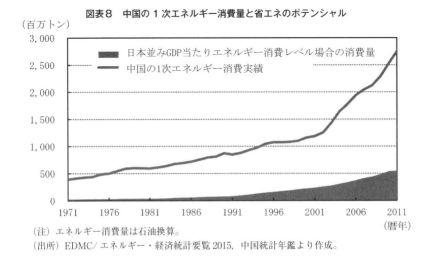

図表8　中国の1次エネルギー消費量と省エネのポテンシャル

（注）エネルギー消費量は石油換算。
（出所）EDMC/エネルギー・経済統計要覧2015，中国統計年鑑より作成。

図表9　中国のCO_2排出量の実績値と削減ポテンシャル

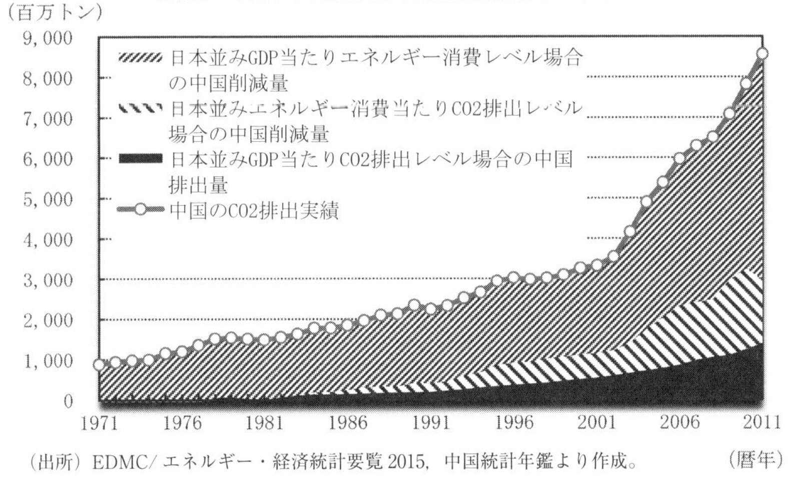

（出所）EDMC/エネルギー・経済統計要覧2015，中国統計年鑑より作成。

が改良できれば，中国の石炭消費量の削減と大気汚染物質や CO_2 の削減，経済性の向上につながるだけでなく，日本の産業振興と経済成長にも大いに寄与できるものと考えられる。もっとも，技術には「賞味期限」があり，高度な技術の開発と商業化した技術の適正な移転は，中国の環境問題を解決する不可欠な両輪である[8]。

6.2 期待される日本の協力

中国では北京の深刻な大気汚染で示されるように，今後は，経済発展（貧困克服）とローカルな環境問題（公害克服），グローバルな環境問題（CO_2 削減など）に同時に取り組まなければならない。具体的には大気汚染や水質汚濁，土壌汚染，生態系破壊，黄砂・砂漠化・越境汚染の共同解決，原子力発電とエネルギー資源の長期安全保障など，ローカルとグローバルの両面で課題が山積みである。

このため，今後は多元的で複合的な対策の実施と幅広い国際協力が益々重要となる。日本と中国との環境協力は，温暖化対策に加えて，経済発展，公害克服と社会の調和が取れた持続可能で活力のある国際社会を形成していくものと期待する。

[注]
1 『中国緑色国民経済核算 研究報告』国家環境保護総局，国家統計局，2015 年 9 月。
2 『中国マクロ環境政策概説，資源環境政策』周瑋生，2012 年 5 月。
3 『2014 年中国環境状況公報』国家環境保護総局。
4 APEC Energy Demand and Supply Outlook.
5 https://tapsidb.cneas.tohoku.ac.jp/
6 「Assessing the effects of anthropogenic aerosols on Pacific storm track using a multiscale global climate model」http://www.pnas.org/content/111/19/6894.abstract
7 「China's international trade and air pollution in the United States」http://www.pnas.org/content/111/5/1736
8 『習近平政権下における中国の環境政策の動向（特別寄稿）』環境パートナーズ，周瑋生，2013 年 4 月。

第10章

世界の中の「日中関係」
──2020年に向け信頼築き「王道」を

日本経済研究センター研究主幹
泉　宣道

◉ポイント

▶ 世界有数の「経済大国」同士になった日本と中国の関係は曲折を経て改善の兆しが出ている。両国とも2020年の国民総生産（GDP）の具体的目標に向け「デフレ脱却」，「新常態」の成長路線を歩むには関係修復が欠かせない。

▶ 日中関係が1972年の国交正常化以来，最悪の緊張関係に陥った主因は日本政府による尖閣諸島（中国名・釣魚島）の国有化と中国の強硬な海洋進出。両国の防衛関係費，国防費は拡大しつつあり，ともに冷静な対応が求められる。

▶ 国際社会に貢献する「世界の中の『日中関係』」が問われている。世界で経済統合が進む中，日米が中核となる環太平洋経済連携協定（TPP）と中国主導の「一帯一路」構想・アジアインフラ投資銀行（AIIB）をどう融合させ，日中の信頼を築くかも北東アジアの歴史を背負った世襲政治家の責任である。

◉注目データ ☞ 2020年に向けた日中関係とGDPの推移

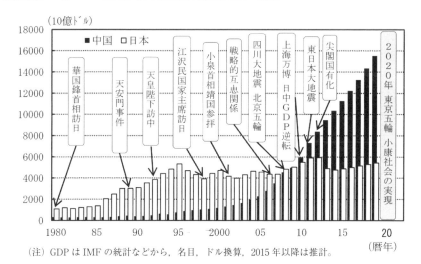

（注）GDPはIMFの統計などから，名目，ドル換算，2015年以降は推計。

1. 「経済大国」として並立する日中両国

　日本と中国の関係は有史以来 2000 年に及ぶ交流がある中で，新たな歴史的転換点を迎えている。日中の名目の国民総生産（GDP）が 2010 年に逆転し，「世界第 2 の経済大国」の座を中国に明け渡したのは記憶に新しい。この瞬間，歴史上初めて日本と中国がともに「経済大国」として並び立った。

　ところが，5 年も経たないうちに中国の名目 GDP は日本の 2 倍以上に膨らんだ。この差はさらに拡大する傾向にある。

　日中両国が北東アジアの"強国"として共存していくことは可能なのだろうか。日中関係はこれまでも様々な曲折を経てきたが，2012 年 9 月の日本政府による沖縄県・尖閣諸島（中国名・釣魚島）の国有化を境に一段と悪化した。中国の軍事費増大，強硬な海洋進出も日本国内に警戒感を増幅させ，一時は 1972 年の国交正常化以来最悪とまでいわれた。

　最近の各種世論調査でもお互いに好感を抱いていない。両国の政府間にも信頼関係が築かれているとは言い難い状態が続いている。2015 年は戦後 70 周年の節目だったが，日中関係は「和解」には程遠い。

　両国の関係は今世紀に入って「政冷経熱」と形容された時代もあったが，中国の経済減速に伴い，両国間の貿易や投資にもマイナスの影響が出ているのが現状だ。このままでは「政冷経冷」の深刻な事態が続くかもしれない。

　「2000 年の友好と 50 年の対立」——。周恩来首相はかつて日中関係をこう例えた。両国は 2000 年近い往来という「友好」の歴史がある半面，1894〜95 年の日清戦争から 1945 年の終戦までの半世紀は「対立」の時代だった。

　国際社会は 2016 年の年明けからテロの続発，中東情勢の緊迫，北朝鮮の核実験強行などが相次ぎ，不安定さが増している。こうした中で，世界第 2，第 3 の経済大国が対立を続ければ，世界経済にも悪影響をもたらす。21 世紀の日中関係は単なる 2 国間関係ではない。国際社会に大きな責任を負っている「世界の中の『日中関係』」である。いかに協調し，安定した関係を築いて国際社会に貢献していくかが問われている。

1. 「経済大国」として並立する日中両国　195

1.1　安倍・習政権とも 2020 年に中期目標

　2020 年は日中双方にとって節目の年になる。

　日本では東京五輪・パラリンピック開催が予定されているが，アベノミクス第 2 弾の具体的な目標もある。

　安倍晋三首相は 2015 年 9 月に自民党総裁再選を受けて記者会見し「アベノミクスは第 2 ステージに移る」と表明，2020 年に向けた新たな「3 本の矢」を打ち出した。この中で「デフレ脱却はもう目の前だ」としたうえで，「GDP600 兆円の達成を明確な目標に掲げたい」との考えを示したのである。

　日本の名目 GDP は 2014 年度に 490 兆円だった。内閣府の中期試算によると，GDP が実質 2％，名目 3％以上のペースで成長した場合，名目 GDP は 2020 年度に 594 兆円，2021 年度に 616 兆円に達する。

　一方，中国の習近平国家主席が率いる指導部は新たな経済政策に舵を切っている。かつての 2 ケタの高度成長から持続可能な「中高速成長」と構造改革との両立を目指す「新常態」（ニューノーマル）と呼ばれる路線への転換である。

　中国共産党は 2021 年に創立 100 周年を迎えるに当たって，ややゆとりのある「小康社会」を実現したいという夢がある。習政権は「中華民族の偉大な復興」と「中国の夢」の具体的目標として，2020 年までに GDP と都市・農村住民の 1 人当たり平均収入を 2010 年に比べて 2 倍に増やし，小康社会を全面的に実現することなどを掲げている。

　GDP を 10 年間で倍増するには，年平均成長率が 7％程度必要になる。2010 〜 15 年まではこのペースを上回る成長率を維持してきたが，習主席が中国の「第 13 次 5 カ年計画（2016 〜 20 年）」期間中の平均成長率を「6.5％以上」と表明しているのも，悲願を達成したいからである。ただ，シナリオ通りになるかどうかは，中国がどこまで構造改革を進められるかにかかっている。

　日本経済研究センターが 2015 年 6 月末に発表した「アジア経済中期予測」によると，中国経済は「新常態」への移行を通じて成長のソフトランディングを目指すが，生産年齢人口の減少や地方政府の債務増加など様々な問題がうまく処理されないと，年平均実質成長率は 2011 〜 15 年が 7.8％なのに対し，2016 〜 20 年は 5.9％に減速するとしている（図表 1）。

　中国の「GDP 倍増計画」は微妙な段階ともいえる。それでも中国の経済規

図表1 各機関の中国経済の見通し

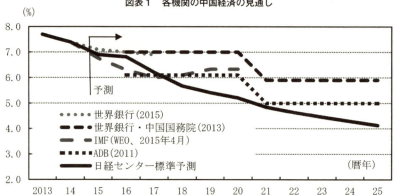

(注) ADB (2011) および世界銀行・中国国務院 (2013) は 2016〜20年，2021〜25年の成長率平均。
(出所) IMF，世界銀行，ADB，日経センター。

模が今後，さらに拡大していく傾向に変わりはない。

1.2 「中国の夢」は米国を凌駕することか

「三国一」という言葉がある。室町時代，京都で流行したといわれる。「三国」とは日本と唐土（中国），そして天竺（インド）のことである。今の言葉で言えば，「三国一」とは「世界一」という意味だったのではないか。室町時代の日本人の世界観は中国，インドが中心だったかもしれない。確かにアジアの主要国である3カ国は歴史的に世界経済の中でも主要な位置を占めてきた。

世界的に著名な経済学者だったアンガス・マディソン教授のGDPの歴史的研究によると，世界のGDPシェアは19世紀前半まではずっと中国，インド，日本の3カ国合計で5割以上を占めていた。もっとも，中国，インドが圧倒的に経済規模が大きく，日本のGDPシェアは3％前後で推移してきたのが実態である。

例えば，西暦1000年（日本は平安時代）のシェアはインド28.9％，中国22.7％，日本2.7％で計54.3％，1500年（同室町戦国時代）は中国25.0％，インド24.5％，日本3.1％で計52.6％，1820年（同江戸時代）は中国32.9％，インド16.0％，日本3.0％で計51.9％と推移してきた。1820年の時点では日本は

世界6位、建国まもない米国のシェアは1.8%にすぎず世界9位だった。

だが、英国で産業革命が起きて、1840年のアヘン戦争で清（中国）が大英帝国に敗れ、インドも英国の植民地となり、さらに2回にわたる世界大戦を経て、世界のGDPシェアは大きく変わった。1952年には中国5.2%、インド4.0%、日本3.4%で計12.6%まで下がり、欧州は29.3%、米国は27.5%に達した。欧米が6割近くを占めたのである。

日本は1968年に当時の西独を抜いて米国に次ぐ世界第2の経済大国になり、42年間、その座にあった。が、2010年に名目GDPで中国に抜かれた。

「眠れる獅子が目覚めたとき、世界は震撼するとナポレオンは言ったが、目覚めた獅子は穏やかで文明的な獅子である」。2014年3月末、欧州を歴訪した習近平国家主席はフランスでこう表明した。アヘン戦争以来、列強に侵略された屈辱の歴史を経て、中国が平和的に台頭することを世界に宣言した形だ。

米国が英国を経済規模で抜いたのは1872年（明治5年）とされる。それ以降、米国が最大の経済大国として君臨してきたため、19世紀は英国の時代、20世紀は米国の時代といわれた。

21世紀にアジアの時代が到来するなら、その中心となるのは「目覚めた獅子」であるのはほぼ間違いない。

習主席の「中国の夢」の含意は経済規模で米国を追い抜き、やがては軍事力でも米国に迫ることだろう。

当面は2020年をにらみ、日本は「デフレ脱却」、中国は「新常態」の経済成長路線をそれぞれ歩む。中国の視線の先にあるのは日本ではなく、米国であることは冷徹な事実である。ただ、日中が北東アジアの「経済大国」として共存していくには安定した日中関係が不可欠なことは言を俟たない。

2．日中の緊張関係と改善の兆し

2.1　相互不信に陥る日中関係

中国にも詳しかった欧州の著名な政治家で論客のヘルムート・シュミット元西独首相が2015年11月10日に96歳で死去したが、生前は宮沢喜一元首相（2007年6月28日に87歳で死去）と親しかった。このふたりが戦後50年の

1995年5月10日，サンフランシスコで日中関係をめぐって語り合った。（1995年8月5日付日本経済新聞朝刊1面参照）

シュミット氏 「2015年とか2020年ごろになれば，中国の人口は15億人くらいになり，相当の経済大国になっているだろう。いま，日本は中国に対して文化的なコンプレックスがあり，一方の中国は日本に対する技術的コンプレックスがあると思うが，そのころはどうなっているだろうか」
宮沢氏 「日本の文化的コンプレックスは，依然として残っているかもしれないな」
シュミット氏 「恐らく中国の技術的コンプレックスはなくなっている。15億人の中国の隣にいる日本の人口は1億3千万人くらいだろうから，あまりカンファタブル（快適）ではないだろう。だが，日本は決して軍事大国にはならないと思うよ」

日独を代表する政治家の20年前の予言がどれだけ当たっているかは別にしても，中国はこの間，急速な勢いで台頭し，世界第2の経済大国に浮上した。現在の日中間には相互不信という心理的葛藤があることは，各種世論調査でも鮮明になっている。

内閣府が2014年12月20日に発表した「外交に関する世論調査」（同年10月16～26日に全国の20歳以上3000人を対象に面接方式で実施。1801人から回答，有効回答率は60.0％）によると（図表2），中国への親近感は1978年に調査を開始して以来，最低となった。中国に「親しみを感じない」は83.1％で

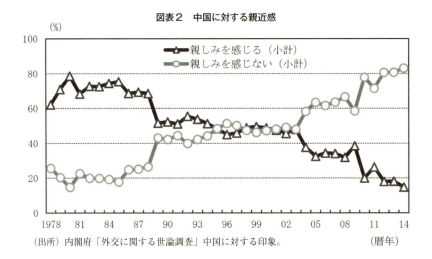

図表2　中国に対する親近感

（出所）内閣府「外交に関する世論調査」中国に対する印象。

前年より 2.4 ポイント上昇，3 年連続で 8 割を超えた。中国に「親しみを感じる」も過去最低になった。尖閣諸島をめぐる摩擦などが影響したとみられる。

日本の言論 NPO と中国国際出版集団は 2015 年 10 月 22 日，第 11 回日中共同世論調査（日本側調査は同年 9 月 4～28 日に全国の高校生を除く 18 歳以上を対象に訪問留置回収法で実施，有効回収標本数は 1000，中国側調査は同年 8 月 21 日～9 月 7 日に北京，上海，広州，南京，青島など 10 都市で 18 歳以上を対象に実施，有効回収標本数は 1570）を発表した（図表 3）。

日本人の中国に対する印象が「良くない」「どちらかといえば良くない」は 88.8％となり，2005 年以来過去最高だった前年から 4.2 ポイント改善した。中国人の日本に対する「良くない」「どちらかといえば良くない」印象も前年比 8.5 ポイント下がり 78.3％となった。発表資料によると，「両国とも悪化のピークを脱しつつある」としており，改善の兆候は出ている。

日本人が中国に「良くない印象」を持つ最も多い理由は「歴史問題などで日本を批判するから」が 55.1％で，「資源やエネルギー，開発などの行動が自己中心的に見えるから」53.0％，「国際的なルールと異なる行動をするから」47.9％，「尖閣諸島を巡り対立が続いているから」46.4％と続く。

一方，中国人が日本に「良くない印象」を持つ理由は「侵略の歴史をきちんと謝罪し反省していないから」が前年より 10 ポイント以上上昇し 70.5％と

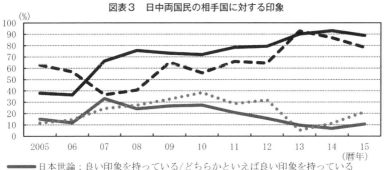

図表 3　日中両国民の相手国に対する印象

（出所）第 11 回日中共同世論調査。

最多。「日本が釣魚島(尖閣諸島)を国有化し対立を引き起こしたから」は68.1％(前年は64.0％)だった。

　日中関係向上のため有効なことを聞いたのに対し,日本人は「政治・安全保障関係の強化」が32.6％で最も多く,「グローバルイシューにおける協力関係の促進」が19.1％で続く。これに対し,中国人は関係向上に有効なのは「経済関係の強化」が31.8％で最多,「民間対話と文化的交流の促進」が22.4％で続いた。

　米国の調査機関ピュー・リサーチ・センターは2015年9月2日,米国をはじめアジア太平洋地域11カ国での相互好感度調査(同年4～5月に11カ国で約1万5千人を対象に実施)の結果を発表した。アジア各国の国民が日本,中国,韓国,インドの4カ国をどう見ているかを主要テーマとした調査だ(図表4)。

　日本に対する好感度を国別にみると,マレーシアが84％で最も多く,ベトナム82％,フィリピン81％,オーストラリア80％,インドネシア71％などと続いた。中国の対日好感度は最低の12％にとどまった。

　一方,中国への好感度はパキスタンが82％で最多,マレーシア78％,インドネシア63％,韓国61％,オーストラリア57％,フィリピン54％などと続く。中国と南シナ海で領有権紛争をしているベトナムの対中好感度は19％と

図表4　日本,中国,インド,韓国に対する好感度(％)

	日本	中国	インド	韓国
マレーシア	84	78	45	61
ベトナム	82	19	66	82
フィリピン	81	54	48	68
オーストラリア	80	57	58	61
インドネシア	71	63	51	42
パキスタン	48	82	16	15
インド	46	41	—	28
韓国	25	61	64	—
中国	12	—	24	47
日本	—	9	63	21
中央値	71	57	51	47

(注)縦軸は調査国,横軸は対象国。
(出所)米ピュー・リサーチ・センターの調査,2015年4～5月実施。

低かったが，日本はそれを下回る9％で最低だった。

　内外の各種世論調査で日中双方ともお互いに好感を抱いていない相互不信の構図が裏付けられた。まさに今世紀に入ってからの日中関係の悪化を反映している。日中の確執は必然的に外交・安全保障，貿易や投資など経済分野でも両国に大きな影響を及ぼしている。

2.2　尖閣問題と防衛・国防予算膨張

　21世紀の日中関係は小泉純一郎首相の2001年8月から始まる在任中の靖国神社参拝で大きな試練を迎えた。2005年4月には中国で日本の国連常任理事国入りに反対する大規模な反日デモが起きた。冷え込んだ日中関係を立て直したのは安倍首相だった。第1次安倍内閣が発足してまもない2006年10月8日に電撃的に訪中，胡錦濤国家主席，温家宝首相と会談し，「戦略的互恵関係」を構築した。

　民主党政権下の2010年9月の尖閣諸島近海での中国漁船の海上保安庁の巡視船への衝突，2012年9月の日本政府による尖閣諸島の国有化とこれに対する中国での暴徒化した反日デモと続き，日中関係は再び冬の時代に突入した。中国の公船が尖閣諸島の日本の領海に侵入する事態が常態化した。

　2012年12月に第2次安倍内閣が発足から1年も経たない2013年11月，中国側は尖閣諸島上空を含む東シナ海の空域に「防衛識別圏」を設定したと唐突に発表，安倍首相は直ちに撤回を要求した。翌12月，「前回の首相在任中，靖国神社に参拝できなかったことは痛恨の極みだ」と述べていた安倍首相が靖国神社参拝に踏み切ったことで，今度は中国側が強く反発するなど，日中関係は新たな対立の時代に突入したかのような状況が続いてきた。

　こうした動きと並行して，日中両国とも防衛関係費，国防費の増額が目立つ。

　日本政府が2015年12月に閣議決定した平成28年度（2016年度）の予算案によると，防衛関係費は前年度比1.5％増の5兆541億円となり，初めて5兆円を超えた。2015年4月の新たな日米防衛協力指針（ガイドライン）決定，同年9月の安全保障関連法成立後，最初の当初予算案で，防衛関係費は4年連続で増えた。中国公船・航空機による尖閣諸島周辺への接近や北朝鮮の弾道ミ

サイル発射などに備えるのが狙いとみられている。

これに対し中国共産党機関紙，人民日報系の『環球時報』によると，中国の専門家は「今回の防衛費決定は明らかに中国を目標としたものである。日本は一貫して中国の台頭に憂慮を示しており，中国を脅威だととらえている」との見解を示した。

一方，中国の国防費は1989年以降，リーマン・ショック後の2010年を除いて2015年まで2桁成長が続いた。2015年の国防予算（中央政府分）は前年実績比10.1％増の8868億9800万元（約16兆8500億円）と，5年連続で2桁の伸びを維持した。日本の3倍以上の規模だ。中国はここ10年間で国防費を3.6倍に伸ばし，海洋進出に必要な戦闘機や潜水艦などを急激に増やしている。

習近平国家主席の「中国の夢」には太平洋を挟んだ軍事超大国，米国と肩を並べたいとの願望も含まれているのかもしれない。

2013年6月，国家主席として初訪米した習主席がカリフォルニア州パームスプリングスでオバマ大統領に「広大な太平洋には米中両国を受け入れる十分な空間がある」と語り掛けたことは有名だ。習主席はその後も「広大な太平洋」発言を続けている。

中国の軍部にはかねて太平洋のハワイから西は中国が管轄したいとの野望がある。2007年5月，訪中したキーティング米太平洋軍司令官に中国海軍高官は「中国が空母を保有したら，米国がハワイから東を管理し，中国が西を管理することで合意できないか」と分割管理を提案したとされる。

人民解放軍の幹部でもある劉明福・中国国防大学教授は2010年1月に著書『中国夢』を出版，中国は世界最強の軍隊を持つべきだと説いた。劉教授は，世界が求めているのは米国の「覇道」ではなく，長い歴史を有する中国の「王道」であると指摘，米国と戦争をしないためにも最強の「軍事大国」を目指す必要があるなどと力説している。独りよがりの大国的思考で，とても「平和的台頭」とは言えない過激な内容だが，軍の一部にはこうした考えも存在する。

中国は1992年に領海法を制定，日本の固有の領土である尖閣諸島や東南アジアが領有権を主張している南沙諸島も自らの領土として明記した。中国の最近の人工島造成など国際法を無視した一方的な海洋進出はこれに連動している。南シナ海での領有権紛争は冷戦の終焉に伴い，むしろ激化している。中国

は第 2 次世界大戦後,現状の国境を固定すると言明したことは一度もなく,「核心的利益」と呼ぶ南シナ海問題だけでなく,尖閣諸島が位置する東シナ海でも強硬な対応を取り続ける公算が大きい。「尖閣国有化」は中国の軍部の予算獲得の口実にされている可能性さえある。

2.3　経済減速も対日姿勢変化の背景

　日中関係は尖閣諸島問題などで一時は国交正常化以来最悪とまでいわれたが,好転の兆しも出ている。その契機となったのは,2014 年 11 月の北京での日中首脳会談。北京でのアジア太平洋経済協力会議（APEC）首脳会議に出席するため訪中した安倍首相が人民大会堂で習近平国家主席と会談した。本格的な日中首脳会談は 2011 年 12 月の野田佳彦首相と胡錦濤国家主席以来,約 3 年ぶりだった。第 2 次安倍政権では初めての中国首脳との会談。写真撮影の際,安倍首相は声を掛けたが,習主席は黙って正面を向いたまま厳しい表情を崩さなかった。

　再会談は 2015 年 4 月。インドネシアのジャカルタで開かれたアジア・アフリカ会議（バンドン会議）首脳会議の合間に会談し,習主席は冒頭,微笑みながら安倍首相と握手した。2 回の首脳会談を経て,関係改善へのレールが敷かれた。

　中国側が対日関係の改善に向けて決定的なメッセージを送ったのが,2015 年 5 月 23 日の北京での習主席の「重要講話」である。自民党の二階俊博総務会長が率いる超党派の国会議員,御手洗冨士夫経団連名誉会長ら経済人,全国旅行業協会など観光業界関係者など約 3 千人の訪中団を前に,習主席が人民大会堂での「中日友好交流大会」で演説し,日中間の「悲惨な歴史」に触れながらも「中日は一衣帯水であり,2 千年以上にわたり平和友好が両国国民の心の中の主旋律であり,両国民は互いに学び合い,それぞれの発展を促進し,しかも人類文明の進歩にも貢献した」「中国は高度に中日関係の発展を重視している」などと関係改善に向けた意欲を明確に示した。

　国営の中国国営テレビはトップニュースで伝えた。共産党機関紙『人民日報』や軍機関紙『解放日報』など主要紙も 1 面で報じ,「重要講話」の全文も掲載した。習主席としては中国国内にも対日関係改善の方針を浸透させる狙い

があったとみられる。

　日本側も安倍首相が6月15日，首相官邸で香港を拠点とする衛星放送フェニックステレビの単独インタビューに応じ，日中関係の発展に努力する考えを示した。さらに「70年前，日本は二度と戦争の惨禍を繰り返してはならないと不戦の誓いをした。この先もずっと変わることがない」と表明し，安全保障関連法案が成立しても中国と軍事衝突が発生することは「全く想定し得ない」と言明した。習主席との2度目の会談を振り返り「だいぶ胸襟を開いた率直な意見交換ができたと思う」とも述べた。

　安倍首相が2012年以降，中国語メディアの単独インタビューに応じたのは初めて。フェニックステレビは世界中に2億5千万人の視聴者がいるといわれ，中国要人も視聴していることで知られる。

　日中の首脳は既に関係改善へのシグナルを出している。中国側が対日姿勢を変化させてきた大きな背景には経済の減速がある。両国間の貿易額は減少傾向にあり，日本の対中直接投資も縮小している。

　日本貿易振興機構（ジェトロ）によると，2015年のドル建ての日中貿易額は前年比11.8％減の3032億8609万ドルと，リーマン・ショック後の2009年以来，6年ぶりの2ケタ減となった。輸出（中国の対日輸入）は中国経済の減速に伴い自動車や金属加工機械，電気機器などが軒並み減少したこともあって12.3％減の1427億1566万ドル。輸入もパソコンや太陽光パネルなどが落ち込み，11.3％減の1605億7043万ドルとなった。この結果，対中貿易収支は4年連続で赤字となった（図表5）。

　日中関係が「政冷経熱」から「政冷経冷」の様相を強める中で，日中経済協会，経団連，日本商工会議所による合同訪中代表団が2015年11月に訪中したことは注目に値する。今回は6年ぶりに訪中団と中国の国家指導者との会談が実現したからだ。

　日本の経済界は毎年訪中団を派遣してきたが，2010年の中国漁船衝突事故，2012年の尖閣諸島国有化などで日中関係が冷え込む中で2009年9月の温家宝首相との会談以来，日本側が希望した国家指導者は会談に応じなかった。

　今回は李克強首相が北京の人民大会堂で，宗岡正二日中経協会長，榊原定征経団連会長，三村明夫日商会頭ら訪中団の約200人と会談した。李首相は「日

図表5　日中貿易額の推移

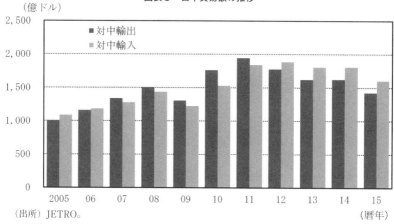

(出所) JETRO。

本の経済界はずっと中日友好協力関係の提唱者，擁護者，促進者で，長年，両国の交流・協力を促進するため重要な貢献をしてきた」と歓迎した。日本からの対中直接投資が2014年で前年比4割減と落ち込んでいることについて榊原会長が「近年の政治・外交環境が影響して日本企業が中国内での事業拡大をためらっている」と率直に伝えたのに対し，李首相は一定の理解を示すとともに投資復活への期待を表明した。中国政府としても，「新常態」の経済路線を推進するため，世界第3の経済大国との関係再構築が切実な課題となっている。

　日本としても「デフレからの脱却」と「GDP600兆円」の実現には世界第2の経済大国との協調は欠かせない。日中は「政冷経冷」から少なくとも経済の分野は関係改善が進む方向にある。

3．世界の中の「日中関係」構築へ構想力を

3.1　民間交流の拡大と相互理解

　日中は2000年に及ぶ交流の歴史があるとはいえ，人的交流は国交正常化の1972年当時は年間1万人にも満たない規模だった。ところが，ビジネス交流の拡大に加え，中国人観光客が大挙して日本を訪れるようになり，2015年の人的往来は史上初めて700万人の大台を突破，しかも訪日中国人数が訪中日本

人を初めて上回った。

　2015年は「観光立国」を目指している日本にとっては画期的な年だった。日本政府観光局によると、同年（推計値を含む）の訪日外国人客数は前年比47%増の1973万1000人となり、過去最高だった2014年の1341万人を大きく上回った。とりわけ中国からの訪日客数は前年の2倍強の499万3800人となり、国・地域別のトップになった。2015年の日本から中国への出国者数は249万7700人で、通年の日中の人的往来は700万人超となった。

　日中間の人的往来はこれまで、日本から中国への出国者数が中国からの訪日者数を大きく上回ってきた。2000年に中国人向け団体観光1次査証（ビザ）を北京、上海、広州に限って発給を開始し、2009年には個人観光1次ビザ、2011年には個人観光数次ビザを解禁するなど徐々に発給条件を緩和してきた結果、中国からの訪日者数が増えてきた。

　中国からの訪日者数は2011年の東日本大震災、2012年9月の尖閣諸島国有化などで一時的に減少することもあったが、最近は中国の経済発展に伴う中間層・富裕層の増大と海外旅行ブームに加え、アベノミクスの円安効果もあって急増、「爆買い」が流行語にもなるほどだ。訪日者数は2000年の35万人から2008年には100万人を突破、2014年に241万人と初めて200万人を超え、2015年は500万人に迫る勢いだった。

　これに対し、日本からの訪中者数は2000年の220万人から2004年に333万人と300万人台に乗ったものの、2007年の397万人をピークに総じて減少傾向にある。2013年に288万人と300万人台を割り込み、2014年は272万人、2015年はこれを下回った。その背景には日中関係の悪化、中国政府の対日強硬姿勢などがあるとみられている（図表6）。

　もっとも、双方向で700万人規模の人的交流があることは、中国のことわざ「百聞不如一見」（百聞は一見に如かず）にあるように日中間の草の根の相互理解につながる。中国からの観光客は最近、「ゴールデンルート」と呼ばれる定番の観光コースだけでなく、北海道から沖縄まで地方に足を伸ばしており、両国の地方間の交流も進んでいる。

　財務省の2015年度上半期（4〜9月）の国際収支速報によると、訪日外国人が使ったお金から日本人が海外で支払ったお金を差し引いた「旅行収支」が

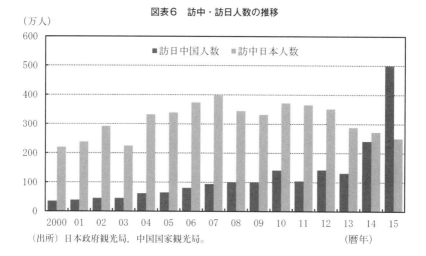

図表6　訪中・訪日人数の推移

（出所）日本政府観光局，中国国家観光局。

6085億円の黒字となり，半期としての黒字額で過去最高を記録した。

旅行収支は訪日外国人の国内消費額を映しており，2014年度に55年ぶりに黒字になった。中国人観光客の消費額は各種統計でも他の外国人より多い。中国人の訪日の急増は日本経済にも追い風となっている。ただ，日中関係の動向，中国経済の変調や人民元安が進行すれば，訪日客が伸び悩む可能性もある。

日本で暮らす中国人も増えている。

法務省の在留外国人（永住や留学，特定の職業などの在留資格で3カ月以上，日本に在留している外国人。3カ月未満で帰国する留学生や観光客は含まない）統計によると，2007年末に在留中国人は59万3993人，在留韓国・朝鮮人は58万2754人。中国人がそれまで最多だった韓国・朝鮮人を上回った。

中国人はその後も在留外国人トップとしての地位を維持し，2010年末には67万8391人に達した。2011年の東日本大震災以降，2013年末までやや減少したものの，2014年末には前年末比0.9％増の65万4777人と上昇に転じ在留外国人の30.9％を占めた。2015年12月末時点では66万5847人で，構成比29.8％である。

日本社会では今，国内に住む外国人の中で中国人が最多になった。日常的に中国人との付き合いが広がることは対日理解が進む半面，摩擦や軋轢も生む二

面性がある。日本は国内の中国人とどう向き合うのか，国内外で日中関係が交錯している。

3.2　メガFTA「経済同盟」へ法の支配・透明性を

　21世紀は「アジアの時代」といわれている中で，アジア太平洋とユーラシア大陸を舞台に壮大な経済圏構想が胎動している。世界は2国間の自由貿易協定（FTA）から多国間のメガFTAづくりの大競争時代を迎えている。

　日本，米国をはじめ12カ国で2015年10月に大筋合意にこぎつけた環太平洋経済連携協定（TPP）が各国の議会承認などを経て発効すれば，世界の国内総生産（GDP）の約4割，貿易額の3分の1を占める巨大な自由貿易圏が誕生する。一方，TPPに参加していない中国は自国から中央アジアを経由して欧州につながる陸路と中国沿岸から東南アジア，インド，中東，アフリカ東岸に至る海路の2ルートで広域経済圏を構築する国家戦略「一帯一路」構想を掲げ，2015年12月にアジアインフラ投資銀行（AIIB）を創立した。

　21世紀の通商ルールを目指すTPPは日米が中核となる。「一帯一路」構想とAIIBは中国が主導する。一見，両者は対立しているようにも映るが，そう単純な構図ではない。

　安倍晋三首相は2015年10月6日，TPP交渉の大筋合意を受けて首相官邸で記者会見し，「将来的に中国も参加すれば，わが国の安全保障にとってもアジア太平洋地域の安定にとっても戦略的に非常に大きな意義がある」と中国に将来のTPP参加を呼び掛けた。

　これに対し，中国商務省の報道官は同日，「現在，中国はこの協定（TPP）にまだ加盟していないが，中国が将来の適切な時期に加盟を申請することを排除するものではない」と表明した。北京10月8日発の新華社電によると，中国の高虎城商務相は「歴史と現実が証明しているように，広大な太平洋は中国と米国を十分受け入れることができる」と指摘。そのうえで「米国と（日本など）TPPメンバーは，TPPは中国に対するものではないし，中国を抑え込むためでもないし，中国を排斥する意図はないと何度も表明している」と強調した。中国が将来の課題としてTPPへの参加の可能性を検討しているのは間違いない。

一方，習近平国家主席が自ら提唱した「一帯一路」構想は西進戦略ともいえる。60カ国以上の沿線国にインフラを整備し，中国の最大の貿易相手である欧州連合（EU）とアジアとを結び付ける広域経済圏を築くのが最終的な狙いだ。これを金融面で支えるのがAIIBであり，400億ドル規模の「シルクロード基金」である。

世界のインフラ市場は従来，日米欧の企業が牛耳ってきた。中国がこの分野に本格参入するのは，過剰設備に悩む国内産業界の市場を国外に求める思惑もあるだろう。

TPP，「一帯一路」構想に象徴されるように，アジア太平洋から欧州に至るまで経済統合の道筋が着々と敷かれつつある。

とりわけ2015年11月，フィリピン・マニラで開かれたアジア太平洋経済協力会議（APEC）首脳会議の首脳宣言に，加盟21カ国・地域すべての地域経済統合となる「アジア太平洋自由貿易圏」（FTAAP = Free Trade Area of the Asia-Pacific）構想の研究推進を盛り込んだことは大きな意義がある。

FTAAP域内は世界の国内総生産（GDP）の6割，貿易量の5割，人口の約4割を占める。FTAAPは，TPP参加12カ国すべても包含される巨大な経済圏となる。

アジア・太平洋地域では2015年11月の日中韓首脳会談で交渉加速を申し合わせた3カ国の自由貿易協定（FTA）をはじめ様々なメガFTA構想が同時進行している。日中韓と東南アジア諸国連合（ASEAN），インドを含む16カ国による東アジア地域包括的経済連携（RCEP）は2016年中の妥結を目指す方向になったが，「経済同盟」ともいえるFTAによる経済連携は地域の一体感を醸成していく。

中国の習主席は2015年11月の馬英九・台湾総統との初のトップ会談で「一帯一路」構想とAIIBへの台湾の参加を呼び掛けた。中国はかねて日本に対し，AIIBへの参加を打診しているが，北京の日中関係筋によると，習主席は「一帯一路」構想の沿線国に日本と韓国も含めることを想定している。

つまり中国は「一帯一路」の経済圏にAPECに加盟している日韓と台湾も取り込むシナリオを描いている。2016年1月の台湾総統選挙で当選した蔡英文・民進党主席（総統就任は同年5月）は日米寄りとされ，TPP参加に意欲

を示している。日米と中国が台湾を取り合っているようにも見えるが、TPPを包含するFTAAPは「一帯一路」構想とも地域的には一部重なり合う。中国が交渉に参加しているRCEPとTPPを結合させる形で日米と中国が同じ経済圏に入り、最終的に大団円ともいえるFTAAPへと発展させることも考えられる。

こうした大きな構想力をもって主導権を発揮することこそ、アジアのツートップである日中両国のリーダーの歴史的使命である。とりわけ中国が国際社会で信頼される大国となるには国内外で「法の支配」を徹底し、政策の透明性を高めることが何よりも求められる。そうしてこそ初めて、メガFTAは「経済同盟」へと発展する（図表7）。

世界の中の「日中関係」を構築するに当たって忘れてはならない視点は、米国との関係である。日中、日米、米中の関係は歴史的に常に連動してきた。1910年代、日本が中国大陸の支配を画策したとき、中国は米国に支援を求め、1930年代の日本の対中侵略が日米戦争へとつながった。中国市場の取り合いが日米戦争の一因でもあった。

日米中3カ国の構図に関して米国の歴史学者、チャールズ・ビーアド博士は1920年代に「日米関係の核心は中国問題である」と指摘した。日米中3カ国

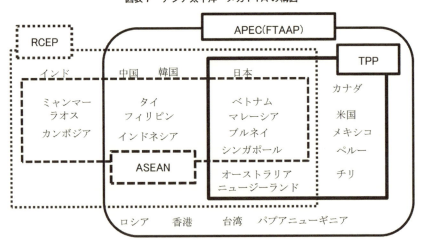

図表7　アジア太平洋　メガFTAの構図

が名目 GDP で世界 1～3 位を占めるまでになった今日でも，この格言は示唆に富む．中国にとって外交戦略上，最も重要な相手は米国である．その意味では「日中関係の核心は米国」でもある．日中両国とも米国との関係を含めた長期的な構想を描かなければならない．

3.3　日中「和解」へ世襲指導者の責任

　世界の中の「日中関係」を構築していくうえで，政治家の責任は重い．

　安倍晋三首相は 2015 年 8 月 14 日，戦後 70 年の「内閣総理大臣談話」を発表した．談話には 1995 年の「村山談話」などにある ① 侵略 ② 植民地支配 ③ 痛切な反省 ④ 心からのおわび――の 4 つのキーワードをすべて盛り込み，「事変，侵略，戦争．いかなる武力の威嚇や行使も，国際紛争を解決する手段としては，もう二度と用いてはならない」とも言明した．中国に配慮した表現も随所にみられる．この戦後 70 年談話は日中関係の改善に大きな契機となったのだろうか．

　日本経済新聞社とテレビ東京が直後の 8 月 28～30 日に実施した世論調査によると，戦後 70 年談話を「評価する」は 42％で「評価しない」の 33％を上回った．談話は先の大戦での行いについて繰り返し「痛切な反省と心からのおわび」を表明してきた歴代内閣の立場は今後も揺るぎないとしているが，このおわびの表現が「適切だった」は 41％，「もっと明確におわびすべきだった」が 30％，「おわびの表現は必要なかった」が 16％だった．

　一方，前述した日本の言論 NPO と中国国際出版集団による第 11 回日中共同世論調査では日中双方の世論で評価が分かれた．戦後 70 年談話について「評価している」「ある程度評価している」は日本側世論が 32.1％だったのに対し，中国側世論は 9.5％にとどまった．逆に「評価してない」「あまり評価していない」は中国側世論が 74.1％と 7 割を超え，日本側世論の 22.2％を大きく上回った．双方の世論の動向をみると，戦後 70 年談話が日中関係好転のきっかけになるかどうかは不透明だ．

　日中両国が「世界の中の『日中関係』」という概念を国際社会に発信したのは，1998 年 11 月，中国の江沢民国家主席が国賓として初めて日本を公式訪問し，小渕恵三首相と発表した「平和と発展のための友好協力パートナーシップ

の構築に関する日中共同宣言」である。この中で「双方は，日中両国がアジア地域及び世界に影響力を有する国家として，平和を守り，発展を促していく上で重要な責任を負っていると考える。双方は，日中両国が国際政治・経済，地球規模の問題等の分野における協調と協力を強化し，世界の平和と発展ひいては人類の進歩という事業のために積極的な貢献を行っていく」と明記した。

　安倍首相は第1次安倍内閣が発足して間もない2006年10月8日，電撃的に訪中し，中国の胡錦濤国家主席らと会談，新たな日中関係を「共通の戦略的利益に立脚した互恵関係」と定義した。それまで小泉純一郎前首相の靖国神社参拝問題もあり，日中関係は冷え込んでいたが，安倍首相は電撃訪中と「戦略的互恵関係」というキーワードで関係打開の道筋を開いた。

　その後，日中首脳の相互訪問が続き，2008年5月の胡主席の訪日時に福田康夫首相と発表した「『戦略的互恵関係』の包括的推進に関する日中共同声明」には「双方は，日中関係が両国のいずれにとっても最も重要な二国間関係の一つであり，今や日中両国が，アジア太平洋地域及び世界の平和，安定，発展に対し大きな影響力を有し，厳粛な責任を負っているとの認識で一致した」とうたった。共同声明には「両国首脳の定期的相互訪問のメカニズムを構築し，原則として，毎年どちらか一方の首脳が他方の国を訪問する」「青少年交流を継続的に実施する」などの具体的な条項も盛り込み，21世紀版の世界の中の「日中関係」を再定義したといえる。

　しかし，2010年9月の中国漁船衝突事故，2012年9月の尖閣諸島国有化などで日中関係は冷却化し，首脳の相互訪問も途絶えた。日中間に信頼関係が築かれていないことは各種世論調査でも明白である。

　戦後の欧州統合はフランスとドイツとの和解から始まった。その原点の1つが1963年1月，ドゴール仏大統領とアデナウアー西独首相がパリのエリゼ宮殿で調印した「エリゼ条約（仏独協力条約）」である。

　同条約は「積年の敵意は深い友情に場所を譲ることができる」との趣旨で，数世紀にわたって宿敵として対立してきた仏独の敵対関係に終止符を打った。首脳・外相会談の定期化だけなく，750万人を超える大規模な青少年交流を推進した。仏独は共通の歴史教科書をつくるまでに至ったのである。在日フランス大使館のホームページによると，「今日，世論調査では両国民の85％以上が

隣国に良いもしくはとても良いイメージを持っています」という。

　日中間では1978年，"不戦条約"と呼ぶべき平和友好条約を締結した。だが，仏独ほどは信頼醸成が進んでいない。安倍首相，習近平国家主席は日中版「エリゼ条約」を結ぶくらいのリーダーシップが必要である。

　日中間の公式文書にはこれまで，互いに覇権を求めないとの「反覇権」条項が盛り込まれてきた。1972年の日中共同声明には「日中両国間の国交正常化は，第三国に対するものではない。両国のいずれも，アジア・太平洋地域において覇権を求めるべきではなく，このような覇権を確立しようとする他のいかなる国あるいは国の集団による試みにも反対する」，日中平和友好条約の第2条には「両締約国は，そのいずれも，アジア・太平洋地域においても又は他のいずれの地域においても覇権を求めるべきではなく，また，このような覇権を確立しようとする他のいかなる国又は国の集団による試みにも反対することを表明する」，1998年の共同宣言には「アジア地域における覇権はこれを求めることなく，武力又は武力による威嚇に訴えず，すべての紛争は平和的手段により解決すべきであることを改めて表明した」と明記している。ただ，2008年の共同声明は以上3文書の「諸原則を引き続き遵守する」としながらも，「反覇権」の文言はない。

　北東アジアの大国である日中が共に覇権を求めないと誓ったことは，東南アジア諸国連合（ASEAN）など周辺諸国にも安心感を与えたが，最近の中国の海洋進出，軍事拡大は覇権主義につながる恐れはないのだろうか。

　中国の辛亥革命を主導した孫文は1924年，神戸で「大亜細亜主義」と題して演説した。「日本民族はすでに一面欧米の覇道文化を取り入れるとともに，他面，アジアの王道文化の本質を持っている。今後，日本が世界文化の前途に対し，西洋覇道の鷹犬となるか，あるいは東洋王道の干城（かんじょう）となるか，それは日本国民が慎重に考慮すべきことだ」との趣旨を訴えたとされる。この演説には日本への戒めが込められていたが，当時の日本は対中強硬路線に走り，自滅した。これは歴史の教訓でもある。

　20世紀の前半は日本，ドイツなど当時の新興国が急激に台頭して国際社会を揺るがした。1840年のアヘン戦争以降，西洋列強や日本の侵略にあった中国は21世紀になって世界第2の経済大国として再び世界に登場したが，果た

して「平和的台頭」と国際社会に認められるように振る舞うのか。

　安倍首相（1954年9月生まれ），習主席（1953年6月生まれ）の両首脳とも著名な政治家の2世，3世に当たる世襲政治家であり，ほぼ同世代である。安倍首相の祖父，岸信介元首相は旧「満州国」高官を務めた。習主席の父，習仲勲・元副首相は鄧小平と同世代で，抗日戦争を経て共産革命に参加した。1949年に新中国を建国した「8大長老」の1人である。

　戦争や植民地支配など過酷な北東アジアの歴史を経験した祖父や父のDNAを引き継いでいる日中両首脳は，国際社会に貢献する「世界の中の『日中関係』」の確立と真の日中和解に向けて共に王道を歩む責任がある。

第11章

中国ビジネスの将来像
――成熟化,高度化の波を捉えよう

日本経済研究センター主任研究員
湯浅健司

●ポイント
▶ 中国経済を過度に悲観視するとビジネスチャンスを見失うことになる。2015年の中国からの直接投資収益は前年を大きく上回っている。業績不振は鉄鋼や建機などのインフラ関連や高級贈答品関連の企業に多く,食品など一般の消費財関連では中国で高収益をあげる企業が少なくない。
▶ ドル換算で単位労働コストを計ると,2013年に中国は日本を上回った。労働コストの上昇や為替の変動により,中国から第三国に製品輸出するビジネスは採算確保が難しくなっている。内需開拓へと事業構造を転換する必要がある。そのためには有力な中国のパートナー探しが欠かせない。
▶ 中国の産業構造の変化を見極めることも大切だ。製造業における自動化の波,成熟化する消費者の嗜好などをとらえたビジネスは,今後も安定成長が期待できる。

●注目データ ☞ 日中の単位労働コストは2013年に逆転した(ドル換算)

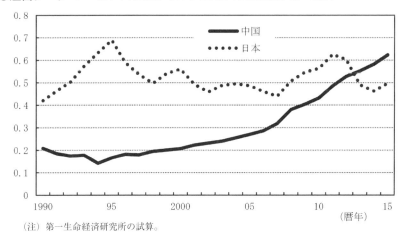

(注)第一生命経済研究所の試算。

1．中国はいまだに「もうかる市場」～日本企業の収益は 2015 年も増加

　中国経済に対する海外の見方は 2015 年以降，急速に厳しくなっている。夏場の株式市場の急落や突然の人民元の切り下げは世界を動揺させた。日本でも「中国危機」を強調する報道やレポートが目立ち，疑心暗鬼となった産業界は対中投資を抑制するようになった。企業の業績にも影響は出ている。日本経済新聞は 2015 年 10 月 28 日付朝刊で「中国減速影響　利益を下方修正」という見出しで，キヤノンや日立建機，日本精工といった企業が 2015 年度決算の業績予想を相次ぎ下方修正したと報じた。いずれも中国事業の不振が要因という。

　「中国は大丈夫なのか」。企業の疑念の 1 つの根拠に，中国政府が発表する統計への不信感がある。実態は統計よりもっと悪いのではないかという，不安が渦巻いている。日本経済研究センターは 2015 年 9 月，「第 2 四半期の実質成長率は公表値より 2 ポイント低い 5％前後だったのではないか」いう試算を発表し，大きな反響があった。

　中国経済の先行きには不透明感が漂うが，一方では，中国は 14 億という人々が暮らす巨大なマーケットを持つ，という状況には変わりはない。個別の経済指標を見ても，生産や投資，貿易が低迷する一方，消費は 2 ケタ前後の伸びを維持している。疑心暗鬼が過ぎると，ついつい中国の巨大な購買力を忘れてしまう。

　実際に日本企業はここ数年，着実に中国で収益を上げているのだ。国際収支統計で中国からの直接投資収益[1]を見ると（図表 1），2010 年以降，2013 年を除いて毎年収益は増えている。2015 年は第 3 四半期までの累計で，すでに前年を上回ったほどだ。

　報道にあるように，中国で苦戦する企業は少なからず存在はするが，中国ビジネスの状況は全面的なペースダウンではなく，好不調組が混在する「まだら模様」というのが実態である。大型の公共投資の抑制や綱紀粛正の影響で，インフラ関連や贈り物となる高級品関連などを扱う企業は振るわないが，中国の

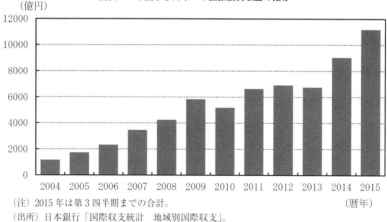

図表1　中国から日本への直接投資収益の推移

(注) 2015年は第3四半期までの合計。　　　　　　　　　　(暦年)
(出所) 日本銀行「国際収支統計　地域別国際収支」。

　旺盛な消費をとらえた企業は巨大マーケットの恩恵をしっかり享受している。航空や鉄道，小売りなども中国からの観光客の増加により業績は好調だ。日本だけでなく，アップルなど米国のIT（情報技術）大手も2015年度は中国事業が業績のけん引役となった。

　不透明さが増しているからと言って，中国の魅力があせてしまったわけではない。不透明だからこそ，正しい情報をもとに，実態を冷静に見極める必要がある。市場の趨勢を的確にとらえて戦略を練ることが，ビジネスの要諦であろう。本章では，中国市場開拓の必要を改めて確認するとともに，揺れ動く中国において地に足をつけて努力する企業の実例を検証，紹介しながら，チャイナ・ビジネスの将来性を探っていく。

2．避けられぬ「輸出」から「内需」への転換〜高収益あげる食品メーカー

　かつて日本企業は中国を日本の製造拠点の代替地と位置づけ，様々な製造業が沿海部の経済技術開発区などに工場立地した。現地での豊富で安価な労働力と人民元安を背景に，多くの企業は高い稼働率を保ち収益をあげた。2000年

代に入ると，賃金の高騰や為替レートの変化，あるいは日本をはじめとする海外市場の不振など，ビジネスの環境は大きく変化する。旧来型の輸出モデルだけでは稼働を維持できない企業は着実に増えている。

日本貿易振興機構（ジェトロ）の2015年度調査によれば，中国に進出する日系企業の現地での売上高に占める輸出比率は平均36.2%だった。省市別にみると，自動車産業や電子産業が集積する湖北省や上海，天津市，広東省などは輸出比率が低く，中国国内での販売比率が高い。一方，最も輸出比率が高かったのは山東省で，53.4%といまだに5割を超えている。同省に進出する日系企業の半数が集まる青島市のジェトロ代表所には日系企業から「どうしたら，国内向けの販売を始められるのか」という相談が数多く寄せられるが，ビジネスモデルの転換は容易でない。佐藤秀二所長は「駐在員は製造や技術畑の人が多く，販売のノウハウに乏しいのが難点」と指摘する。

2.1 独自製品により中国市場を開拓～亀田製菓，機内食採用で知名度向上

ビジネスモデルを変えないと生き残れないが，ノウハウも販売ルートも無い。多くの企業が共通の悩みを抱える青島市で注目されているのが米菓メーカーの亀田製菓だ。現地の経営トップの強いリーダーシップのもと，大胆な事業構造の転換に挑んでいる。

日本では「亀田の柿の種」や「ハッピーターン」などで有名な亀田製菓が中国進出を計画したのは2000年代の初め。もち米など原料の調達と水質を考慮して青島市を進出先に選び，独資企業「青島亀田食品有限公司（以下，青島亀田）」を設立して，2004年4月から工場（写真1）を稼働させた。

当初は海苔巻き「海苔ピーパック」を生産し，全量を日本向けに輸出した。稼働率も高く2005年には黒字化を果たしたが，間もなく日本市場が縮小をはじめ，稼働率が低下する。4年目の2007年から中国国内向けの販売を模索し始めたが，それまで輸出100%だったため「販売のやり方が分からなかった」（坂上一清董事長）という。

青島亀田を立ち上げた坂上董事長は技術畑の出身。駐在員の中で営業畑はゼロだった。営業担当の部署もなかったので，坂上董事長は秘書，財務部長の「素人」3人で内需転換を試行錯誤したが，軌道に乗らないまま，2007年に坂

写真1　青島亀田食品有限公司の生産ライン

上董事長が本社へ異動。青島亀田は経営方針が定まらないまま，業績が低迷した。

中国事業の存続が危ぶまれる中，亀田本社は坂上董事長に建て直しを託す。2013年に再び青島へ赴任し，改めて内販強化の方針を打ち出した。営業担当に上海の日系企業で実績のあった日本人営業マンをスカウトして体制を整備した。従業員も坂上董事長の熱意に応えて，販路開拓に力を入れ始める中，2014年，代理店経由で中国の航空会社向けの商談に成功。国内線の機内食として「海苔ピーパック」が採用された。亀田の製品は海苔巻きにしても「柿の種」にしても，中国では類のない製品だ。内販強化には，まずは製品の認知度を上げることが必要だ。中国全土で利用客が増える国内線への採用により，亀田製品の良さが消費者に直接伝わるようになった。

現在，青島亀田の製品構成は輸出が7品目。内販は19品目。日本の味にこだわり，内販用も日本向けの米菓をパッケージだけ変えて販売している。原料について残留農薬や遺伝子組み換えなどの有無を厳しくチェックする日本並みの品質管理と，中国には無いユニークな味付けが持ち味だ。坂上董事長は「品質と安全には自信がある。あきらめない姿勢を持ち続け，息長く中国市場を開拓していく」と話す。今後は日本製品への感度が高い上海周辺での営業展開を充実させる計画だ。

2.2 10年で35倍の成長〜爆発的に売れる不二家製品

　亀田製菓の強みは，中国には無い日本独特の製品特性にある。食品市場はこうした日本企業の強みを発揮しやすい分野の1つだろう。製品力をもって中国で急速に業績を伸ばしている食品メーカーは他にもいくつか例がある。その1つが，10年間で中国の売り上げが35倍と，飛躍的な成長を続ける製菓大手の不二家だ。棒付きのアメ「ポップキャンディ」が消費者に受け，現在も増産に次ぐ増産という状況にある。今や中国事業は本体の業績を支える重要な存在になっている。

　不二家は2004年に中国に本格進出し，アメの生産を始めた。それまで日本から香港経由でわずかな量を輸出していたが，対中投資ブームもあって現地生産に踏み切った。当時は「とりあえず，やってみる」といった考えで，中国への過度な期待はなかったという。台湾の代理店などと共同出資で浙江省杭州市内に工場を設け，「ミルクボール」「クリーム in」の生産からスタート。いずれも成型しやすい玉状のアメで，特徴がないため市場の反応は芳しくなく，操業開始から3年間は赤字が続いた。

　中国で売れる製品は何か。店頭では欧州の棒付きアメ「チュッパチャプス」や「アルペンリーベ」が売れ始めていた。不二家も日本から同じ棒付きの「ポップキャンディ」を試験的に輸入したところ量販店などで好評だったため，2007年から現地生産に切り替え本格販売を始めた。この判断が，後に不二家に大きな利益をもたらす。2007年以降は急速に事業が拡大。2014年度の中国での売り上げは約70億円を記録した（図表2）。

　成功の理由の1つは高級路線にある。ヒット製品となった「ポップキャンディ」は価格が20本入りで16元（約320円）。日本のほぼ2倍という高値だ。発売当初から同じ価格で「日本の高級菓子」というイメージを保っているため，値引き競争に巻き込まれず利益率は非常に高い。製品パッケージや店頭販促（POP）もあえて日本語を多用している。イメージキャラクター「ペコちゃん」「ポコちゃん」が子供に人気となり，地下鉄の駅の広告やバスのラッピング広告で起用して話題ともなった。さらに，「チュッパチャプス」の棒はプラスチック製だが，「ポップキャンディ」は紙製。「棒が口の中で折れて刺さらない」という安全性も好材料だ。「商品特性」がことごとく中国人に受け入

2．避けられぬ「輸出」から「内需」への転換～高収益あげる食品メーカー

図表2　不二家の中国事業の業績推移

（出所）不二家の資料をもとに筆者作成。

れられ，「チュッパチャプス」などが築いた高級アメ市場のシェアを奪う形で売り上げを伸ばした。

販路開拓には，共同出資社の台湾企業が紹介してくれた台湾人が活躍。日本人には難しい代理店とのやりとりや地元政府との交渉をこなした。製造面では売れ行きに合わせて段階的に設備増強したので，稼働率を維持するための無理な安売りが回避できた。製販ともに，中国の実情に即した戦略をとった点も成功の秘訣といえる。不二家は「こんなに成功するとは社内で誰も想像しなかった。中国経済の変調が指摘されるが，当社への影響は今のところは無い」としている。

2.3　洋風化の波をおこす～キユーピー，提案型営業が実る

2015年8月期で過去最高の純利益を計上したキユーピーは，中国事業が最高益のけん引役だった。不二家は先行する欧州メーカーのシェアを奪う形で急成長したが，キユーピーは自ら市場を創り出しながら，時間をかけて地歩を固めた。

キユーピーは1993年に北京市にマヨネーズやドレッシングをつくる工場を建設。2002年には浙江省杭州市にも工場を設け，現在は2拠点で中国市場をカバーしている。

中国人はもともと，生野菜を食べる習慣がない。消費者がサラダを食べないと，マヨネーズやドレッシングも普及しない。北京進出から10年以上は食文化がなかなか変化せず，キユーピーの苦戦が続いた。業績が上向いたのは北京五輪や上海万博が開催された2008〜10年の頃。中間層の台頭で食の洋風化が始まると，それまで地道に続けた提案型の販売促進策が効果を表わしてきた。

マヨネーズやドレッシングをどうやれば中国の食卓に乗せることができるか。当初はすっぱい味が受け入れられなかった。そこでキユーピーは日本にはない「甘いマヨネーズ」を作り，フルーツサラダにかける食べ方を提案した。このほか，ポテトサラダやサンドイッチを店頭で実際に作って消費者においしさを紹介（写真2）。目新しかった洋風の食材が徐々に消費者に浸透していった。最近では洋食だけでなく，火鍋のタレへの利用なども提案しているという。

販売促進の努力が実り，2008年以降，キユーピーの製品はじわじわと家庭に入り込み始めたほか，全国的に台頭してきたベーカリー店でもサンドイッチなど調理パン用に採用されるようになった。「食の洋風化」が加速すると，キユーピーの業績が急速に拡大する。消費者用，業務用ともに売れ始め，2014年の中国での売上高は約8億元（約160億円）にまで増加した。五輪前の2005年は1億元前後だったので，10年足らずで8倍に増えたことになる。

写真2　キユーピーによる店頭実演会

現在は欧米勢も中国でマヨネーズを販売しているが，キユーピーの家庭用のシェアは北京85％，上海60％，広州70％と，いずれも圧倒的なトップだ。杭州丘比（キユーピー）食品有限公司の金子俊浩董事長は「中国の1人当たりのドレッシング消費量は日本の3％弱に過ぎない。まだまだ成長の余地は大きい」と一段の成長へ意欲を燃やす。

2.4　食品関連素材にも商機〜凸版印刷，カートカンで活路

　消費者向けだけではなく，食品関連の資材に商機を見出そうという企業もある。凸版印刷は日本で独占的に展開している紙製飲料容器「カートカン」で，中国市場の開拓を狙う。

　凸版が包装材分野で中国に本格進出したのは2003年。上海凸版印刷有限公司を設立し，現地の日系食品メーカーなどに汎用フィルムなど包装材料を提供するための「日本基準の工場」を作った。当初は取引先も多くが輸出用の製品を手がけていたため，包装材料も日本の品質基準を求められた。しかし，ユーザーの間で輸出中心から内販へのシフトが始まると，包装材料も中国の資材メーカーがライバルとなり，競争が激しくなっていった。上海での価格競争を避けるため「凸版でしか作れない製品で中国企業と勝負する」（小林勝雄・生活・産業事業本部パッケージソリューション事業部海外本部長）という方針のもと，国内で展開していた紙製飲料容器「カートカン」の中国市場への投入を決めた。

　「カートカン」は内側にバリアフィルムを貼った紙製の筒状容器だ。長期間の品質保持と紙パックにない耐久性も備える。従来と異なる形状なので，製品を売り場に並べるとほかの製品より目立つというメリットもある。国内では機能性飲料や野菜飲料などを中心に普及している。

　現在，上海の機械メーカーと「カートカン」に飲料を詰める充填機を製作中。試験を経て，2016年秋には中国の飲料メーカーに納入する。「カートカン」の素材は上海凸版が製造販売する。容器コストは高くなるが，製品に高級感が出ることや商品棚において目立つことなどから，飲料メーカーは新製品に導入して都市部の量販店などで販売する計画という。

3.「産業高度化」の潮流にのろう

　凸版印刷は中国の飲料メーカーが繰り広げる新製品開発の流れに乗ろうとしている。日系企業が中国ビジネスを成功させるには，こうした産業界の新たな潮流を機敏にとらえる感度が必要だ。中国の製造業は今，人手不足と人件費の高騰に直面し，労働集約型から省力型の生産方式へと転換を迫られている。様々な工場の生産ラインでは自動化が急速に進み，自動化にまつわる様々な分野でビジネスチャンスが生まれている。産業界の構造転換は，習近平体制が提唱する「新常態」の柱の１つ。ここでは「産業の高度化」の波を捉える日系企業を紹介する。

3.1　50%成長の市場をつかむ～安川電機，産業用ロボットでトップに
　２ケタの経済成長が遠のいた中国において，今なお，年率50％という驚異的な成長を続ける市場がある。工場自動化のための産業用ロボット市場だ。2000年代前半まではほとんどゼロに近かった販売台数が2004年以降，急激に伸び始め，現在は日本を抜いて世界一の販売台数となっている（図表3）。爆発的な成長を続ける市場に切り込み，着実に業績を伸ばしているのが安川電機であ

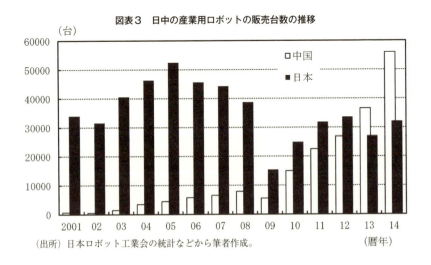

図表３　日中の産業用ロボットの販売台数の推移

（出所）日本ロボット工業会の統計などから筆者作成。

る。同社の 2014 年度の中国事業は売上高が 850 億円で，前年比で 27％ も増えた。

　安川電機はインバーターやサーボモーターなど基幹部品の現地生産を経て，2013 年 6 月から江蘇省常州市でロボットの生産を始めた。当初は月産 250 台前後だった生産量を 2015 年には 500 台に倍増した。

　プレスや塗装などをこなす産業用ロボットは，日本では自動車産業がまず導入し，他の業界に広がった。中国でも同様に自動車メーカーの旺盛な投資が発火点となり，ロボット市場の成長が始まった。安川電機の強みは商品力とともに，そうした生まれたばかりの市場において「初めてロボットに触れる中国の顧客に，きめ細かいビフォーサービスとアフターサービスを提供する」（今福正教・執行役員中国総代表）ことにある。様々な業種のユーザーに，ロボットにはどういう機能があり，どのような活用ができるのかをわかりやすく説明して，工場への導入意欲を刺激する。実際に導入したユーザーには，より効率的な製造ラインの構築や使用法，補修までを支援する。「導入前（ビフォー）」と「導入後（アフター）」の両面からつながりを強めてユーザーを囲い込む戦略だ。

　手厚いサービス体制の拠点となっているのが，2014 年 12 月に上海市内に開設した「ロボットセンター」である。延べ床面積 4000 平方メートルという 4 階建てのビルの 1 階には，合計 33 台のロボットを配備した展示スペースを設置。それぞれのロボットで搬送や塗装，溶接などアプリケーションごとに具体的な製造ラインの例を再現し，見学者に動かしてみせる。ロボットが初めての見学者でも，箱を積み上げたり部品に塗装したりしてみせるロボットの巧みな動きを目の当たりにすると，「うちの工場なら，こういうラインに導入できそうだ」とイメージが湧きやすい（写真 3）。この仕掛けが「ビフォーサービス」の要になる。センターの 2 階には補修などアフターサービスの拠点を置き，3 階ではロボットの操作法を学ぶ訓練ルームがある。

　商品力とサービス力を両輪に安川電機の中国ビジネスは快走を続ける。中国でのシェアはスイスの ABB と並ぶ 20％ 強と，トップメーカーの地位を確保した。今後は「家電業界やサービスロボットの分野も開拓していく」（今福・執行役員）戦略だ。このため，中国の家電大手，美的集団（広東省）との合弁事

写真3　安川電機のロボットセンター

業に乗り出した。美的グループを中心に家電の製造ラインの自動化に取り組むほか，介護関連のロボットの販売などを目指す。中国政府は国を上げてロボット産業の育成に取り組んでいる。安川電機には，しばらくフォローの風が吹き続けそうだ。

3.2　中小企業にも商機～ナベル，養鶏家の省力化に素早く対応

　自動化を急ぐ中国では，大手企業だけでなく，高い技術力を持つ日本の中小企業にも商機をもたらす。次に中国市場に果敢に挑戦する中小企業の例を見てみる。

　中堅機械メーカー，ナベル（京都市）の事業展開はユニークだ。独自に開発した「鶏卵選別包装装置」を中国で販売している。日本のスーパーなどの店頭でパックに入って並ぶ卵は，養鶏場が生まれたばかりの卵を洗浄からひび割れチェック，紫外線による殺菌，重さ別の振り分けをした後，パック詰めまでしてから出荷するケースが多い。以前は手作業が多かったが，ナベルは1979年に初めて一連の作業を自動化した「鶏卵自動選別装置」を国産化。現在は国内で75％というシェアを持つ。

　同社の山田寛・海外事業本部長によると，中国の鶏卵生産量は年2400万トン。日本の約10倍という規模だ。自動化装置を導入している養鶏業者はまだ全体の数％程度だが，「中国では卵は高級食材。人件費の高騰や，2015年には

改正食品安全法が施行されるなど食の安全に対する意識も高まっており，品質が確保できるなら，コストがかかっても自動化装置を導入したいという養鶏業者が増えている」という。

　新たな需要の創出をにらんで，2014年4月，資本金5000万円で上海市に販売会社を設立した。日本から機械を輸出し，販社がユーザーを開拓して売り込んでいる。最近では資金力のある不動産業者など異業種が養鶏事業に新規参入する例が目立っており，彼らがナベルのノウハウを求めている。中国ではオランダのメーカーが自動化装置で先行しており，ナベルのシェアは現在20％ぐらい。ナベルは高い洗浄力や検査の正確さなどに特徴があり，オランダ社に追いついて，トップシェアを目指す。

3.3　自動車産業の需要を切り開く～高級工具のコイズミツール

　切削工具を手がけるコイズミツール（横浜市）は資本金4000万円，従業員52人という規模ながら，「日本の品質を武器に中国で勝負したい」（小泉和弘社長）と意気込む。2013年9月，広東省広州市に進出し，自動車エンジンの部品をつくるための高級切削工具を手がけている。

　同社のターゲットは自動化が進む部品生産ライン専用の工具だ。極めて高い精度が要求される様々な形状の部品をつくるために，ユーザーの要求は多岐に渡る。コイズミツールは多品種少量生産によりユーザーの要求に応え，顧客を増やしている。現地の責任者を務める小泉英樹専務は「中国はどんどん装置産業化しており，切削工具の需要も伸びている」と語る。日系の自動車メーカーがいずれも好調なこともあり，2015年の売上高は前年の約4倍の約3億円となった模様だ。

4．成熟化，多様化する消費をとらえる

　製造業の潮流が自動化にあるなら，サービス業のポイントは消費者の志向の変化にある。2ケタの経済成長が続いた時期は，消費者は高級ブランドを追い求め，ぜいたくを楽しんだ。習近平体制となり，成長の鈍化とともに反腐敗運動や倹約令が徹底されると，人々の消費性向にも変化が現れる。米調査会社ベ

イン・アンド・カンパニーによると，2015年に中国人が中国国内で購入した高級ブランド品の総額は1130億元（約2兆円）で，前年比で2％減少したという。前年の2014年も前年比1％減だった。

消費に影響力を増している「80後（1980年代生まれの人）」を中心とする中間層は高価な商品を競うように買うことを嫌い，自分のライフスタイルや身の丈にあった消費を楽しむようになった。成熟化した消費志向は「新常態」の産物ともいえよう。

4.1 「身の丈消費」をとらえる～良品計画，加速する出店

「身の丈消費」をがっちり捉え，飛躍的に業績を伸ばすのが「無印良品」を展開する良品計画だ。2015年末時点で中国での出店数は160店。無印良品（上海）商業有限公司の山本直幸総経理は「2016年には40，50店を出店して200店舗体制を構築したい」と語る。

良品計画の歩みは当初は緩やかだった。転換期は2010年。日本の基幹システムを中国にも導入し，大量出店の体制を固めた。このころ，大陸から大量の観光客が香港に渡るようになり，香港で有名だった「MUJI」ブランドが観光客らを通じて大陸でも人気となる。海外事業を統括していた松崎曉社長の強い指導力のもと，良品計画は一気に新規出店を加速（図表4）。2013年には100

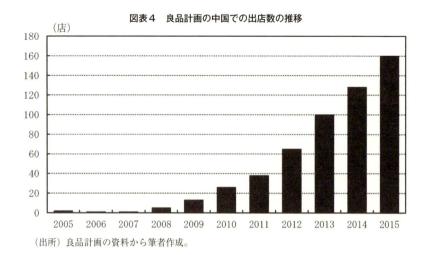

図表4　良品計画の中国での出店数の推移

（出所）良品計画の資料から筆者作成。

店を越えるほどになった。しかも，新規店舗でも当初から黒字経営が前提という厳しい姿勢だ。

　なぜ，これほど中国の消費者に受け入れられるのか。山本総経理は消費者の変化を指摘する。「以前は高級ブランド品が飛ぶように売れたが，今は消費者が付加価値を重視するようになった。贅沢でもなく，安物でもなく，若者を中心にライフスタイルとして実用的で品質が良いものを選ぶ」。成熟化した中国の消費者を，シンプルなデザインと機能性を追求する良品計画は巧みにとらえた。上海市内の店舗を訪れてみると，20～30代の客が圧倒的に多く，落ち着いた色彩の店内で静かに買い物を楽しんでいる。「7割は女性客。仕事帰りに立ち寄る人が多い。化粧品や衣料がよく売れる。販売単価は平均で500元ぐらい」と店の責任者が説明してくれた。

　上海市では2015年12月，売り場面積約2800平方メートルという同社にとって中国最大の店舗を新たに開いた。日本で展開している顧客参加型のコミュニケーションスペース「Open MUJI」や書籍コーナーなども導入し，中国の最先端を行く上海の消費者のニーズに応えていく。松崎暁社長は「今後は最新の商品を投入しながら，内陸部への出店拡大で需要を取り込む」と話す。成長が期待できる3，4級都市にも出店する計画だ。

4.2　非物販にも照準～ニューファミリー狙うイオン

　中国で大型ショッピングセンター（SC）を展開するイオンも，消費者の変化を敏感につかんで店舗づくりに生かしている。2015年9月に北京市郊外に出店した「イオンモール北京豊台」（写真4）はそのモデル店といえる。売り場面積の約5割を非物販に当てたのだ。映画館やレストラン，遊戯施設や音楽教室などが入居するほか，床面積が2000平方メートルもある巨大なスポーツジムも入っている。同社のSCの非物販が占める割合は日本では平均10％強。実に5倍の規模である。

　中国のSCの多くは専門店などが雑然と並んでいるだけという店舗構成が多いが，イオンは物販だけでは満足せず，「娯楽やサービスも楽しみたい」という，成熟した消費層を意識した店づくりで差異化を狙う。豊台店の開業式典であいさつしたイオンモールの吉田昭夫社長は「中国の消費者の成熟した嗜好に

写真4　非物販を充実させたイオンモール北京豊台店

対応して何十年も商業施設を維持するノウハウがある企業が，生き残ることができる」と話している。

　イオンが特に重視するのは，子供の教育に熱心なニューファミリー層だ。このため，各地で子供向け遊戯施設も出店を加速する。2020年には2015年の約4倍となる400店体制にする計画という。フィンランドの知育や遊びを取り入れた遊戯施設「ファンペッカ」も導入し，中国の「知育需要」を開拓する。

4.3 「知育」を通じて顧客を広げる〜ヤマハ，楽器事業が好調

　「知育」を狙うのはイオンだけではない。ヤマハは2005年から始めた音楽教室などを通じて「ヤマハファン」を育成。ピアノや電子楽器から，ギター，ドラムまで幅広い製品群を中国で展開している。2015年の売上高は8年前の2倍強となる22億1500万元（約440億円）に達した。

　ヤマハの音楽教室は2015年末時点で直営が10カ所，代理店の経営が33カ所。日本式の教育プログラムが人気で，生徒数は2016年3月末には1万7000人と，8年間でほぼ10倍に増えた。最も規模が大きい上海の教室は，ビルのワンフロアを使って大中小の合計14の部屋を用意。エレクトーンやピアノ，ドラム，ギターなどを教えている。生徒は2歳から5歳までの幼児が中心で，授業料は1回60分で190元。日本のほぼ2倍の水準だが，教育熱心な若い親が子供の手を引いて次々と教室を訪れる（写真5）。

写真5　上海で開設しているヤマハ音楽教室

　胡弓などの伝統楽器を愛する中国はもともと音楽教育に熱心なお国柄だ。各地に様々な音楽教室があるが，雅馬哈（ヤマハ）楽器音響中国投資有限公司の鶴見照彦董事長は「ローカルの教室は楽器の演奏技術を習得するのが主な目的」と話す。ヤマハは幼児らの音感を養い豊かな表現力を育てる「情操教育」が主目的だ。そうした「知育」に関心をもつ親は年々，中国で増えている。

　地道な努力により，現在は中国でのシェアはピアノが25％，電子鍵盤楽器は50％弱といずれもトップメーカーになった。最近では，テレビのコンテスト番組の影響でギターやドラムも良く売れるという。ヤマハ本体の業績を見ても，中国は海外事業の中で最も伸びが大きい。本社の期待は高まる一方だ。

5．新たな成長分野を求めて～介護事業の台頭

　中国で急速に進む高齢化。台頭する豊かな中間層をめがけたビジネスは若者や子供向けだけに留まらず，豊かな高齢者もターゲットになる。ここでは中国で介護事業を展開する2つの企業を紹介する。

5.1　MC展開で事業拡大へ～リエイ，有料老人ホームを展開

　日本で45カ所の有料老人ホームなどを運営するリエイ（千葉県浦安市）は2012年10月，北京市で介護施設を開いた。マンションの一角を使った10床

規模の小規模な施設だが，日本企業による中国での介護事業としては草分け的な存在だ。椛澤一社長は「2011年からの第12次5カ年計画で高齢化対策が取り上げられ，中国に市場性を感じた」と振り返る。北京と並行して，上海市で本格的な有料老人ホームの開設を模索。不動産業などを手がける協通集団と出会い，折半出資の合弁方式で2014年1月に介護付き老人ホームを立ち上げた。

上海のホームは現在，298床の規模。協通集団が持っていたリゾートホテルを改装した。介護保険制度が未整備な中国では施設にかかるコストをいかに下げるかがポイントだ。リエイはパートナーに恵まれた。入居者は約140人，平均年齢は82歳。完全に自立して生活できる人もいるが，全体の約3割は認知症患者だ。中国では認知症の認知度が低く，在宅介護か精神病として入院するかが一般的。リエイは認知症も受け入れているので，広告や口コミで知った家族が親を入居させるケースが多いという。入居費は食事，部屋代とサービス料を合わせて月3500～9500元（約7万～19万円）。高額の年金収入がある中間所得層がターゲットだ。

介護スタッフは約40人。地元の農民や出稼ぎ労働者らを雇用し，訓練している。強みは見守り介護にある。組織介護でスタッフの連帯も重んじている。合弁会社，上海礼愛（リエイ）企業管理咨詢有限公司の玉置哲馬総経理は「食事の衛生管理も徹底するなど日本らしいきめ細かいサービスで，ほかの介護施設との差異化を図る」と説明する。

リエイは今後，現地法人との合弁方式に加えて「礼愛ブランド」によるMC（マネジメントコントラクト）方式でも施設を増やしていく方針だ。ブランドと運営ノウハウを提供してマネジメントフィーを徴収する。これにより四川省成都市や江蘇省泰州市などに進出することが決定している。椛澤社長は中国経済の動向について「成長が鈍化しても，介護の需要には影響は無い。むしろ，スタッフを雇用しやすくなるので，バブルより安定成長の方が望ましい」と話す。

5.2　施設運営から周辺事業へ～ロングライフ

関西が基盤のロングライフホールディングは2000年代半ばに，遠藤正一社長が中国各地を回って市場調査し，その中の1つ，山東省青島市を進出先に選

らんだ。地元の複合企業，新華錦集団と2010年11月，合弁企業「新華錦（青島）長楽頤養服務有限公司」を設立。新華錦集団が造成したリゾート地にあるマンションを活用し，有料老人ホームを開いた。

建物は27階建てで161室。1階から4階は共用スペースで5階から上が個室になっている。プールや映画ルーム，カラオケルームなども完備し，「豊かな老後を過ごしたい」というニーズに応える。入居者は現在，約110人。平均年齢は70代後半。料金は毎月払いと会員制（預託金方式），月払いと預託金の複合型の3種類があり，月払いは6000元（約12万円）から1万800元（約20万円）という水準だ。大学教授や公務員，軍人らが利用している。風光明媚な青島市は長期滞在型のリゾート地でもあるため，夏場には高齢のリゾート客がホテル代わりにここで滞在するケースもある。

青島市には大手だけで20～30カ所の老人ホームがある。病院系や宝くじの収益をもとにした政府系の施設が多い。ロングライフは毎日，運動や書道，ゲーム大会などのイベント（写真6）を実施するほか，食事は毎回，異なる献立を用意し，個人によって味付けも調整している。行き届いたサービスが売り物で，約20人いる介護スタッフのうち7人は日本に呼んで研修した。施設の3階に「長楽学院」と名づけた教室をつくり，独自のヘルパー養成もしている。

合弁相手の新華錦集団は介護事業に熱心で，ロングライフは施設運営とは別に，新華錦側と新会社をつくり，紙おむつなどの介護用品の販売も始めた。他

写真6　ロングライフが運営する老人ホーム

社が運営する老人ホームへのコンサルタント事業やヘルパーの教育事業も検討する。施設を増やすのではなく介護関連の事業の幅を広げる戦略で、リエイとは対象的なビジネスモデルを描いている。

介護事業では、このほか日本の介護最大手、ニチイ学館も中国市場に注目している。同社は中国の家事代行企業を買収し、家政婦らに介護のノウハウを教え、訪問介護サービスを中国全土で展開する計画だ。

6．日本にいながら中国の需要を取り込む

最近では円安傾向もあって、あえて現地進出せずに、日本からの輸出で収益をあげようとする企業も少なくない。年々、増え続ける中国からの観光客をターゲットにしたビジネスも活発になってきた。

6.1　期待が高まる越境EC～早くも競争激化の兆し

「中国に販売ルートを持たない企業でも市場参入ができる」として、注目されるのが「越境EC」と呼ばれる国際的なネット通販サービスである。中国のインターネット通販は爆発的に拡大しており、実際に「ユニクロ」や紙おむつ、子供用品などが売れている。貿易や決済の煩雑な手続きを代行する企業も現れ、ビジネスの裾野も広がりつつある。

中国で輸入品がネット通販で本格的に売れるようになったのは、2014年からだ。ネット大手のアリババ集団が海外企業向けの仮想商店街「天猫国際」を立ち上げたほか、中国政府も越境ECに関わる手続き簡素化を進めたためだ。経済産業省の推定では、日本から中国への越境ECの取引規模は2014年が6064億円。潜在市場規模は2018年には1兆3943億円に膨らむとみている（図表5）。

企業が中国で越境ECを始めるには、①中国語サイトを開くための言語の壁②利用者からの代金回収③製品の輸送——といった課題がある。企業の負担を省くため、日中の間を橋渡しする代行サービスも増えている。三井物産は中国のポータルサイト大手、網易（ネットイース）と提携。日本のグループ各社から日用品や食品、化粧品などを調達し、まとめて中国の保税倉庫向けに輸

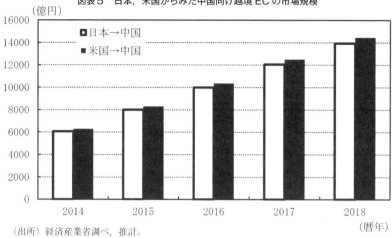

図表5 日本，米国からみた中国向け越境ECの市場規模

（出所）経済産業省調べ，推計。

出する。ネットイースは自らのサイトで受注し，必要な分だけ倉庫から運び出す仕組みだ。インターネット広告大手オプトホールディング（HD）はネット通販大手，京東集団と連携。オプトHDが京東集団のサイト内に通販モールを開設し，日本の中小企業に出店を呼び掛ける。中国の消費者から注文を受けると，企業はオプトHDが用意した日本の倉庫に商品を発送。中国への配送や顧客のサポート，決済業務などはオプトHDが代行するという。

　大手企業の中には自ら越境ECに取り組むところもある。マツモトキヨシホールディングス（HD）はアリババ集団の天猫国際に出店。日系メーカーの化粧品や日用品などを販売している。訪日観光客の間で「マツキヨ」の知名度は高く，中国本土での「爆買い」需要を狙う。同様に知名度が高いビックカメラも中国の家電量販店大手の国美電器が開く日本製品専門のサイトに出店し，越境ECに進出した。

　企業だけでなく，地方の自治体などでも特産品を中国に売り込むツールとして，越境ECへの関心は高まっている。ただ，実際のビジネスの現場では課題も多いようで，安易な利用はリスクを伴う。1つは中国のECサイトにはすでに内外の非常に多くの企業が出店しており，よほど知名度があるか巧みに宣伝をしないと，消費者の目に触れるチャンスは少ない。アリババ集団のネット通販には実に700万という企業が出店している。楽天の100倍以上の規模だ。出

店すると高額の出店料を要求される。他社より目立つ場所に出るなら，さらに高くなる。サイト上にバナー広告を出す場合も費用がかさむ。こうしたリスクを分散するため，資生堂やユニ・チャームなど日用品大手10社が連携して天猫国際に出店する，という動きもある。

6.2 インバウンドを狙う～観光客の囲い込み急ぐ旅行各社

中国から訪日観光客を獲得しようとする旅行各社の動きも活発だ。JTBは2015年11月，北京市内に訪日旅行の専門店を開設した。日本の店舗と同じホテルなどの予約システムを導入したのが特徴。すでに何度も日本を訪れているリピーター客に，オーダーメード方式で旅行のプランを提案するという。エイチ・アイ・エス（HIS）は中国のネット旅行会社，同程国際旅行社（蘇州）と提携し，同程が運営するスマートフォンの旅行アプリなどを通じて，訪日商品を販売する。異業種のソフトバンクも中国人向け専門の旅行会社を新設。主に地方都市を回る商品を企画し，グループ会社であるアリババ集団のサイトで販売するという。旅行のほか，高級宿泊サイトを運営する一休は訪日中国人向けにレストラン予約を受付けるサービスを始める。各社の取り組みは様々な領域に広がっている。

7．広がるビジネスチャンス～内需開拓にはパートナーが大切

7.1 経営トップは自ら足を運ぼう

これまで見てきた企業の中国での足跡をみると，業績が上向いたのは北京五輪や上海万博が開催された2008～10年の頃というケースが目立つ。この頃から中国では中間所得層が台頭し，消費をリードするようになった。消費の嗜好も変化しており，そうした変化をうまく捉えた企業が今日，中国で成功を収めている。

中国には，まだまだビジネスチャンスがある。習近平体制が提唱する新常態の波はこれから中国全土に広がっていく。経済発展の勢いは沿海部から内陸部へと移っていき，次々と新たな中間層が誕生するだろう。イオンは2015年12月，湖北省武漢市で同社にとって中国で最大規模となる「イオンモール武漢経

開店」をオープンした。良品計画も出店の照準を内陸部へと移している。

　日本企業に求められるのは，中国の変化を理解してビジネスチャンスを探る姿勢である。後ろ向きの情報ばかりに惑わされ，商機を逃してはいけない。1990 年代の中国では日本の家電メーカーが中国市場を席巻したが，あっと言う間に韓国勢や中国勢に駆逐されてしまった。特に韓国企業はしたたかだ。北京や上海市内では今，米スターバックスに対抗して，「twosome」など韓国のコーヒーチェーン大手が積極出店している。韓流ドラマのスターを活用し話題づくりするなど，若い消費者をたくみに引き付けている。残念ながら，日本のコーヒーチェーンは中国では成功していない。

　中国で成功した企業のもう 1 つの特徴は，経営トップの強いリーダーシップにある。介護事業を展開するリエイ，ロングライフホールディングはともに経営者が自ら中国を回り，投資先とパートナーを探した。トップの熱意が中国側の共感を呼んで，結果として最適な合弁相手の獲得につながっている。中国の事業戦略をたてるには，まずは経営トップが中国を訪れ，自らの目で市場を見ることが大切だろう。メディアの情報だけに頼っていては，冷静で的確な判断を下すのは容易ではない。

7.2　再び合弁化の波も〜「中国製造 2025」に商機

　中国国内の市場を開拓するには，日本人だけではどうしても限界がある。複雑な商慣行や地元政府への応対などには，優れた中国人の手腕に頼るところは大きい。ともに事業拡大に努力してくれる中国系のパートナーを見つけ出すことも大切である。多くの日本企業はこれまで中国の投資先において，中国資本を排除して独資化を進めてきた。輸出主体のビジネスにおいて，中国側の無用な経営への干渉を嫌ったためだ。輸出主体から内販主体に変化するにつれ，資本構成も合弁事業が見直されるかもしれない。合弁相手は中国資本のみならず，中国本土の事情を熟知する台湾や香港，あるいは東南アジアの華僑資本などが有力だろう。伊藤忠商事がタイの華僑資本，チャロン・ポカパン（CP）グループと提携して中国事業を展開しているのは，その好例だ。

　中国側にも日本企業との経済交流を望む声は高まっている。2015 年 11 月，経団連の榊原定征会長ら経済界訪中団は，北京市で中国の李克強首相と会談し

た。日本の経済団体が中国首相と会談したのは6年ぶりだ。李首相は日本側に対中投資の復活を強く期待したという。会談の10日後には中国の企業幹部による訪日団が来日し、経団連と「日中企業家・元政府高官対話」を都内で開いた。双方は貿易や金融、インフラ、環境保護など幅広い分野で協力していくことを確認する共同声明を採択している。

　中国が日本企業との交流を求める背景の1つに、政府が推進する産業政策「中国製造2025」がある。今後10年間の行動計画で、製造業の高度化を目指し情報技術やロボット、バイオなど10分野を重点産業に指定。金融や税財政の仕組みを使って集中的に支援する内容だ。10分野に含まれる中国企業は単独で技術開発するだけでなく、日本企業など外部に協力を求めている。ロボット産業における安川電機と美的集団の提携はその一環であり、他の分野でも日中連合が誕生する可能性は大きい。

　習近平体制が提唱する「新常態」は、ビジネスの現場にも様々なチャンスをもたらす。変わり行く中国とどう向き合っていくか。日本企業の戦略性が大いに問われている。

[注]
1　M&A（合併・買収）で取得した企業や新設した現地法人で出資比率が10％以上の海外法人からの配当や利子などを指す。

終章

第13次5カ年計画の概要

日本経済研究センター主任研究員
湯浅健司

　中国の李克強首相は2016年3月に開かれた全国人民代表大会（全人代，国会に相当）において，2016年から2020年を対象とする第13次5カ年計画の詳細を発表した。習近平政権にとって今回の5カ年計画が持つ意味は，2015年が最終年だった第12次5カ年計画とは大きく異なる。すなわち計画の最終年である2020年は，本書でもたびたび触れてきた「2つの100年目標」のうち，国内総生産（GDP）および国民1人当たり所得を2010年比で2倍に増やし，全面的小康社会（ゆとりのある生活）を実現するという目標年でもあるからだ。「100年目標」は習政権の絶対的な公約であり，その達成を確実にするために策定されたのが第13次5カ年計画である。

　本章では，これまで分析した習政権の一連の取り組みを総括し，今後5年間の中国の行方を考えるため，2016年3月中旬に発表された「第13次5カ年計画（中国第13次国民経済社会発展5カ年計画）要綱全文」（以下，全文）の概要を紹介し，本書の締めくくりとしたい。

1．第13次5カ年計画の構成

　計画全体を説明した全文は合計で約150ページ，8万字という膨大な量にのぼり，20編と80の章，さらに25の解説コラムで構成されている。

　第1編では，まず冒頭で「第13次5カ年計画（原文は十三五）の期間は全面的小康社会を完成させる決勝の段階である」と明記し，同計画の意義を大きく強調している。その上で，計画が目指す様々な目標や指標を並べ，それらを実現するために「創新（イノベーション）」「協調」「緑色（グリーン）」「開放」「共享（発展成果の共有）」という新しい発展理念を掲げた。さらに，計画を進めるために①人民の主体的な地位を堅持する。最も広範な人民の根本

的利益をしっかりと実現する ② 発展は科学的発展でなくてはならない。経済建設を中心とし，構造改革の度合いを強めて，発展のパターンの転換を急ぐ ③ 改革の深化を堅持する。資源配置において市場に決定的な役割を果たさせ，政府の機能をより良く発揮させる制度体系を整える ④ 法に基づく国家統治を堅持する。社会主義法治国家を建設し，経済社会の発展を法治の軌道に乗せなければならない――などの基本的な方針を示した。

第2編から20編までは，各目標について「科学技術」「新体制の構築」「税財政改革」「金融改革」「農業」「産業体系」「情報通信」「交通」「エネルギー」「都市化」「外交」「環境」など様々な側面から分析，説明している。

2．主な指標

第1編で示された5カ年計画の目標の骨子は次のようにまとめられる。

【経済発展】
・経済の中高速の伸びを維持し，2020年までの5年間で，GDPと国民1人当たりの所得水準を2010年に比べ倍増させる。目標達成のため，5年間の経済成長率は年平均6.5％以上を維持し，それによりGDPの規模は2015年の67.7兆元から2020年には92.7兆元にまで拡大させる。
・産業の高度化を進め，農業を現代化し，工業化と情報化を融合させるなどして，労働生産性（就業者1人当たりGDP）の伸び率を年平均で6.6％以上とし，2020年には12万元以上とする。労働力の「質」を向上させて，潜在的な経済成長力を下支えさせる。
・都市化率を2020年に常住人口ベースで60％（2015年時点で56.1％），戸籍人口ベースで45％（同39.9％）に引き上げる。地方から都市部にやってくる出稼ぎ農民工に都市戸籍を与えるなどして，「新型都市化」を目指す。
・GDPに占めるサービス業の割合を2015年の50.5％から2020年までに56.0％に高める。

【創新（イノベーション）の推進】
・起業と創新を力強く発展させ全要素生産性を向上させるため，GDPに占める研究開発費の割合を2015年の2.1％から2020年には2.5％に高める。科学

第13次5カ年計画の主な指標

指　　標		2015年実績	2020年目標	年率(%)
【経済発展】				
国内生産総額（GDP，兆元）		67.7	>92.7	>6.5
労働生産性（就業者1人当たりGDP，万元）		8.7	>12	>6.6
都市化率	常住人口都市化率（%）	56.1	60	[3.9]
	戸籍人口都市化率（%）	39.9	45	[5.1]
GDPに占めるサービス業の割合（%）		50.5	56	[5.5]
高速鉄道の営業距離（万キロ）		1.9	3	[2.1]
【創新（イノベーション）の推進】				
GDPに占める研究開発費の割合（%）		2.1	2.5	[0.4]
1万人当たりの特許保有件数		6.3	12	[5.7]
科学技術の経済への寄与率（%）		55.3	60	[4.7]
インターネット普及の加速	家庭用固定回線ブロードバンド普及率（%）	40	70	[30]
	モバイルブロードバンドの普及率（%）	57	85	[28]
新エネルギー自動車の販売台数（万台）				[500]
【民生福祉】				
住民1人当たりの可処分所得の増加率（%）		—	—	>6.5
生産年齢人口の平均教育年数		10.23	10.8	[0.57]
都市部の新規就職者数（万人）		—	—	[>5000]
農村における貧困人口の脱貧困者（万人）		—	—	[5575]
基本養老保険加入率（%）		82	90	[8]
都市部のバラック住宅の改築（万戸）		—	—	[2000]
総人口（億人）			14.2	
国民の平均寿命（歳）		—	—	[1]
【資源・環境】				
耕地保有面積（億ムー）		18.65	18.65	[0]
新増建設用地規模（万ムー）		—	—	[<3256]
単位GDP当たりの水使用量の削減（%）		—	—	[23]
単位GDP当たりのエネルギー消費量の削減（%）		—	—	[15]
非化石エネルギーの1次エネルギー消費に占める割合（%）		12	15	[3]
単位GDP当たりの二酸化炭素排出量の削減（%）		—	—	[18]
森林増加	森林カバー率（%）	21.66	23.04	[1.38]
	森林蓄積率（億㎥）	151	165	[14]
大気の質	地区レベル以上の都市の大気が優良な日の比率（%）	76.7	>80	—
	PM2.5の指標を未達成な地区レベル以上の都市での濃度低下	—	—	[18]
地表水質	Ⅲ類基準或いはそれ以上の水体系の比率（%）	66	>70	—
	Ⅴ類より劣る水体系の比率（%）	9.7	<5	—
主要汚染物資排出総量削減（%）	化学的酸素要求量	—	—	[10]
	アンモニア窒素			[10]
	二酸化硫黄			[15]
	窒素酸化物			[15]

（注）GDP，労働生産性の実質伸び率は可比価格。絶対数は2015年の不変価格で計算。[ ]内は5年間の累計。1ムーは約6.67アール。PM2.5の指標未達成は年平均値35μg/㎥を超えるもの。中国側の発表文を元に日本経済研究センターが作成。

技術の経済への寄与率を同 55.3％から 60.0％とし，1 万人当たりの特許保有件数は同 6.3 件から 12 件に倍増させる。
- インターネットの普及を加速させる。2020 年までに家庭用固定回線のブロードバンド普及率を 2015 年の 40％から 70％に，モバイルブロードバンドの普及率は同 57％から 85％に大きく引き上げる。

【民生福祉】
- 国民生活の水準と質を普遍的に向上させる。国民が均等に公共サービスを受けられるよう，サービス体系を一層健全化する。
- 住民 1 人当たり可処分所得を 2020 年までに 6.5％以上拡大させる。生産年齢人口の平均教育年数を長くし，都市部の新規就業者数は 5 年間で 5000 万人とする。
- 国民の平均寿命は 1 歳延ばす。農村部では 5575 万人を貧困から脱却させ，貧困県を解消する。都市部のバラック地区の住宅を 2000 万戸改築する。

【資源環境】
- 生態環境の質を総合的に改善させる。エネルギー資源の開発利用効率を大幅に向上させる。
- 5 年間で単位 GDP 当たりの水使用量を 23％，同エネルギー消費量を 15％，同二酸化炭素排出量は 18％，それぞれ削減する。
- 森林カバー率を 23.04％に引き上げる。
- スモッグ対策を強化し，都市の空気が優良な日数の割合を 80％以上とする。

【発展のための主軸】
- 経済発展の新常態（ニューノーマル）に適応するため，総需要を適度に拡大するとともに供給サイドの構造改革を重点的に推進して，過剰な生産能力を解消する。
- 公平な競争，優勝劣敗という市場の環境と仕組みを整え，ミクロの活力を最大限に引き出す。産業構造の高度化を支援する。

3．2 編以降の主な内容

1 編では主要目標を示し，2 編以降では目標に関連した分析や説明をしてい

る。以下では，2編以降の主な内容をまとめた（原文の日本語訳は中国通信を参考にした）。

【2編　イノベーションの推進】

　発展の基点をイノベーションに置く。科学技術において，基礎研究を強化し，自主革新能力を重点的に増強して，経済・社会の発展のための持続可能な原動力を提供する。

　国の既存の重大科学技術特別プロジェクトの実施を急ぐ一方で，新たなプロジェクトも立ち上げる。新世代の情報通信，新エネルギー，新素材，航空宇宙，バイオ医薬，スマート製造などの分野でコア技術のブレークスルーを図る。近代的農業，都市化，環境整備，ヘルス・介護などにおいて，系統的な技術ソリューションを制定する。宇宙の進化，物質構造，生命の起源，脳と認知などの基礎的な最先端科学研究を強化する。

　行政・産業・大学・研究機関・利用者が一体となったイノベーションネットワークを構築する。企業の基礎的・最先端のイノベーションを奨励し，ハイレベルの国立科学センターや国立技術革新センターを整備し，国際競争力を持つ技術開発型のリーディングカンパニーを作り上げるとともに，中小企業の発展も支援する。市場を導き手とする新しいタイプの研究開発機構を発展させ，分野や業界の垣根を越えた協同イノベーションを後押しする。

　イノベーションを通じて，経済全体の供給の質と効率を高め，有効需要を引き出し，消費と投資の好ましい相互作用を形成する。特に消費の高度化を促進する。消費環境の改善によって消費の潜在力を引き出し，供給の改善・刷新によって消費需要をより一層満たし，大衆の消費潜在力を掘り起こし，個人消費の拡大に力を入れる。サービス消費の拡大を重点として，情報，グリーン，ファッション，品質などを重視する新しいタイプの消費を支援し，住宅，自動車，健康，高齢者介護などを着実に促進する。

　イノベーションにより，輸出の新たな優位性も育成する。国際市場の需要の変化に応じ，貿易発展方式の転換を急ぎ，貿易構造の最適化を図る。技術，基準，ブランド，サービスを核心とする対外経済の新たな優位性の育成を急ぎ，ハイエンドの装置や設備の輸出を促し，輸出製品の技術レベルと付加価値を高

める。

【3編　発展のための新体制の構築】

　新常態における経済発展のための体制や仕組みを形成する。公有制主体の経済発展を堅持する。公有制経済を少しも揺るぎなく固め，発展させ，非公有制経済の発展を少しも揺るぎなく奨励，指導する。法に従い各種所有制経済を監督管理する。

　国有企業改革は大いに推進する。自主革新能力と国際競争力のある国有中核企業を育てる。商業性国有企業は国有経済の活力を高め，国有資本の機能を生かし，国有資産の価値維持・増加を主要目標とし，優勝劣敗と秩序ある撤退を図る。公益性国有企業は民生の保障，社会への貢献，公共財・公共サービスの提供を主要目標とし，市場メカニズムを導入して，コスト抑制，製品とサービスの質，運営効率を強める。国有企業の株式制改革を加速し，近代的企業制度と企業統治の構造を整える。国有企業のプロ経営者制度を確立し，報酬制度を整える。企業の社会的機能の切り離しと歴史的に残された問題の解決も急ぐ。

　国有資産管理体制を整える。資本管理を中心とした国有資産監督管理を強化し，資本の収益性を高め，国有資産の流失を防ぐ。国有資本の投資・運用会社の改編，設立を進める。国有資本が国家の安全や国民経済にかかわる重要業種・分野により多く投下されるようにする。すべての国有企業をカバーするクラス別管理の国有資本経営予算管理制度を確立する。

　混合所有制経済を積極的，適切に発展させる。国有資本，集団資本，非公有資本などによる株式持ち合いを支持し，公有制経済の株式多様化を推進する。国有企業が混合所有制経済を発展させることを適切に推進し，混合所有制改革の実験を進める。非国有資本が国有企業改革に参加するよう導き，非公有資本が過半を出資する混合所有制企業の発展を奨励する。非公有制経済の発展も支持する。権利，機会，ルールの平等を堅持し，非公有制経済の活力と創造力を引き出す。

　価格形成メカニズムの改革も進める。価格形成に対する政府の関与を減らし，競争分野の商品やサービス価格を全面的に自由化する。特に電力，石油，天然ガス，交通輸送，通信などの分野の競争部分の価格を自由化する。

行政管理体制改革を深化させる。政府の機能転換を加速し，行政の簡素化や権限委譲，規制緩和，サービスの最適化を推進し，行政の効率を高め，市場の活力と社会の創造力を引き出す。権限リスト，責任リスト，ネガティブリストによる管理方式を確立し，政府と市場が持つ権限と責任の境界をはっきりさせる。企業経営に対する政府の関与を最大限減らし，政府が審査・認可する範囲を最大限に縮小する。

税財政体制改革を加速する。中央と地方の職権と支出責任の区分，地方の税体系の整備，企業負担の軽減などのカギとなる問題を解決する。一般的移転支出制度を規範化し，資金分配方法を整備し，財政移転支出の透明性を高める。予算編成，執行，監督の仕組みを構築する。政府予算体系を整備し，政府性基金予算，国有資本経営予算，一般公共予算の統一手配の度合いを強め，社会保険基金予算編成制度を整備する。年度をまたいだ予算均衡の仕組みと中期財政計画の管理を実施する。

金融体制改革を進める。金融機関と市場体系を整備し，資本市場の健全な発展を促し，通貨政策の仕組みを健全にし，金融監督管理体制の改革を深化させる。透明性が高く健全な資本市場を積極的に育成し，直接融資の比率を高め，レバレッジ率を引き下げる。株式発行登記制実施の条件を整え，重層的な株式融資市場を発展させる。金利レートの市場決定メカニズムを健全にし，イールドカーブ（利回り曲線）の価格決定基準の機能をより発揮させる。マクロプルーデンス管理を強化し，現代金融市場の発展に適応した金融監督管理の枠組みを整える。通貨政策とプルーデンス管理が協調した金融管理体制を構築する。

【4編　農業の近代化推進】

農業の発展パターンの転換を加速し，質と効率を向上させて競争力を高めるとともに，安全で資源を節約し環境にやさしい農業を目指す。穀物の基本的自給，食糧の絶対的な安全確保のため，最も厳格な耕地保護制度を堅持する。建設用地として徴収された耕地の再利用を推進する。

農産物加工業と農業生産性サービス業を発展させる。農業の多様な機能を開拓し，農村の要素資源を活性化して農民の収入を増やす。農業規格の整備を急

ぎ，標準化を全面的に進める。産地での安全性管理を強め，産地出荷許可・市場入荷許可制度をとる。

　生態系にやさしい農業を発展させる。化学肥料と農薬使用量の増加ゼロ行動を実施する。栽培と飼育を組み合わせた循環型農業モデル事業を展開する。技術革新と機械化も加速し，農業と情報技術の融合を強める。多収穫高収益栽培モデルを広めていく。

【5編　近代的な産業体系の最適化】

　供給サイドの構造改革を推進し，新興産業を育成するとともに伝統産業は改造して，近代的な産業の新しい体系を構築する。

　製造業の高度化へ向けた行動指針「中国製造2025」を実施し，製造業の競争力を高める。伝統産業では製造業の重大技術改造プログラムを実施するほか，企業の合併・買収を奨励して，大企業グループを中核とする産業組織を形成させる。品質強国戦略も実施し，企業の品質管理を全面的に強化する。

　過剰な生産能力の解消に取り組む。工業企業構造調整特別報奨補償基金を設置し，企業の再編や撤退などを通じて，鉄鋼や石炭などの業界の過剰な生産能力の解消と人員の再配置を加速させる。

　企業の負担を減らすためのコスト引き下げにも取り組む。行政審査と認可の仲介サービスを簡素化，規範化して，行政にかかわるコストを抑える。最低賃金の基準を合理的に確定し，「五険一金（養老・医療・失業・労災・出産保険と住宅積立金）」を簡素化，統合し，企業から費用を徴収する割合を適度に引き下げる。増値税（付加価値税）の税負担を引き下げ，企業に関する不合理な基金も整理し，企業の税・費用負担を下げる。

　戦略的新興産業の発展を支援し，同産業の付加価値がGDPに占める割合を15％にする。具体的には，新世代情報技術，新エネルギー自動車，バイオ技術，グリーン・低炭素，ハイエンド装置と素材，デジタルクリエイティブなどの分野の産業の発展を支援する。新エネルギー自動車は2020年までの累計販売台数を500万台とする。

　先進半導体，ロボット，スマートシステム，新世代航空装備，宇宙技術総合サービスシステム，スマート交通，精密医療，分散型エネルギーシステム，ス

マート素材，高効率省エネ・環境保護，バーチャルリアリティ，インタラクティブ映像なども産業化を強力に推進し，一群の新たな成長点を形成する。航空宇宙・海洋，情報ネットワーク，生命科学，原子力技術などの分野で，一群の戦略的産業を育てる。量子通信とユビキタスの構築に力を入れ，合成生物と再生医療技術の発展を加速させ，新世代原子力発電設備と小型原子力動力システムなどの開発を加速する。国家戦略産業発展基金を設立し，新興産業ベンチャー投資指導基金の役割を十分に発揮し，新興産業分野での革新型企業の起業を支援する。

サービス業の発展も加速させる。企業向けサービス業の専門化と一般向けサービス業の品質向上に取り組む。民間資本のサービス市場への参入を拡大し，電力，民用航空，鉄道，石油，天然ガス，郵便など業務を開放していく。差別的な規定を整理し，民間資本が医療，教育，託児，養老，スポーツなどの分野に公平に参加する政策を整える。

【6編　ネット経済空間の開拓】

ネット強国戦略を実施し，デジタル中国の建設を加速する。近代的な通信基幹ネットワークを構築するため，ブロードバンドの光回線接続を推進し，都市部地域では毎秒1000メガバイト以上のサービスを提供する。大・中都市の家庭では100メガバイト以上の速度を実現する。98％の行政村で光回線を導入し，農村家庭のブロードバンドユーザーの半数以上で50メガバイト以上の速度を実現する。高速無線ブロードバンド網も普及させる。第4世代移動通信（4G）網建設を加速し，農村・町および人口が密集した行政村を全面的にカバーするほか，都市の公共地域では高速無線LANの無料接続を普及させる。第5世代移動通信（5G）も商用化する。

【7編　近代的なインフラ網の構築】

近代的なインフラ網の整備を加速し，経済・社会発展を支える。東西横断，南北縦貫，内外接続の総合輸送大ルートを構築し，新疆やチベットとの交通ルート建設を強化し，西北，西南，東北の対外交通回廊と海上シルクロード回廊を構築する。高速鉄道網と高速道路網を整備する。都市間鉄道，郊外鉄道を

大いに発展させ，在来鉄道を利用して都市間列車を運行し，重層的な交通ネットワークを形成し大中小都市と町を結ぶ。高速鉄道の営業距離を1万9000キロメートルから3万キロに伸ばし，80％以上の大都市をカバーする。全国12万キロに及ぶ高速道路を，新たに約3万キロ開通させる。

エネルギー革命を推進し，クリーン・低炭素，安全・高効率の近代的エネルギーシステムを築く。水力発電開発と生態系保護を統一的に計画し，特に西南部の水力発電源を科学的に開発する。風力発電，太陽光発電の発展を図り，集光型太陽熱発電を積極的に支援する。沿海部では独自の原発を安全に建設する。バイオマスエネルギーや地熱エネルギーの発展を加速し，沿海部では潮汐エネルギー資源も開発する。石炭資源の開発は東部地区では制限し，中部地区と東北地区は抑制し，西部地区は最適化し，大型石炭基地の採掘改造を推進し，新技術による石炭火力発電を奨励する。炭層ガスやシェールガスを積極的に開発する。原発は3000万キロワット以上を新設する。

【8編　新しい型の都市化の推進】

新しいタイプの都市化の歩みを加速し，都市と農村の格差縮小に努力し，都市と農村を一体的に発展させる。

農村からの移転人口の市民化を加速するため，戸籍制度改革と基本公共サービスの均等化を統一的に推進し，より多くの人口を都市に定住させる。都市で安定して就業，生活する能力がある農業移転人口が一家で都市に定住し，都市住民と同等の権利と義務をもつよう推進する。省都およびそれ以下の都市で，大卒者，技術者，高等職業専門学校卒業生，留学帰国者の定住制限を全面的に廃止する。大・中都市で，住宅購入，投資納税，ポイント制などの形式で定住制限を行ってはならない。

居住証暫定条例を全面的に実施し，居住証制度が戸籍を取得していない都市常住人口をすべてカバーするよう推進する。居住証所有者は居住する都市で義務教育，公共就業サービス，公共衛生サービスなどの国が規定する基本公共サービスを受けることができる。

財政移転支出と農業移転人口の市民化をリンクさせる仕組みを整え，都市建設用地の増加規模と都市が吸収する農業移転定住者数をリンクさせる仕組みを

構築する。都市に定住した農民の土地請負権，宅地使用権，集団収益分配権を守り，法に基づき自主的に有償譲渡することを支援する。

都市の発展方式を転換し，調和がとれ，住みやすく，活力に満ち，特色のある都市づくりに努力する。グリーンな計画，設計，施工基準を実行し，グリーン都市を建設する。起業パーク，革新インキュベーターを持つ革新都市なども建設する。都市の道路，駐車場，交通安全施設などの建設を強化し，都市の歩道，自転車交通施設の建設を強化する。バリアフリー施設を全面的に推進する。

賃貸住宅市場を積極的に発展させ，個人や機関投資家が在庫住宅を購入することを奨励する。賃貸住宅市場の供給源を拡大し，住宅賃貸を本業とする専門企業の発展も奨励する。不動産業の合併・再編を促進し，産業の集約度を高める。

【9編　地域間の釣り合いのとれた発展】

西部開発，東北振興，中部台頭，東部けん引の地域発展基本戦略を踏み込んで実施する。このうち，北京・天津・河北地域は人口経済密集地区の新しい開発モデルを探る。北京の首都機能を積極的に分散させ，主要市街地の人口密度を低下させる。エネルギーや水の消費量が多い企業，物流基地，専門市場，一部の教育・医療・訓練機関，一部の行政事業性サービス機関，企業本部などを重点的に分散させる。北京市行政副都心を建設する。

長江経済ベルトは生態優先，グリーン発展の戦略的位置づけを堅持し，長江の生態環境修復を最上位とする。長江の上・中・下流の協同発展，東中・西部の相互作用協力を後押しする。長江デルタ，長江中流域，成都・重慶の3大都市群機能を引き上げるとともに，上海の「4つのセンター」（国際経済，金融，貿易，水運）としてのけん引的役割を発揮させる。重慶の戦略的支点および接続ポイントとしての重要な役割も発揮させる。

海洋経済を発展させ，海洋資源を科学的に開発し，海洋権益を守り，海洋強国を建設する。海上法執行機関の能力整備を強化し，海に関連する問題の歴史研究と法理研究を深め，国家の管轄海域における海上での航行の自由と海洋ルートの安全を守る。周辺国との海域に関する対話や協力の仕組みも整える。

【10編　生態環境改善の加速】

　環境の質的な向上と生態環境分野の問題の解決を重点とし，環境保護を強化し資源利用の効率を高めるとともに，良質なエコ商品を国民に提供していく。

　省エネルギーを全面的に推進する。国民省エネ行動計画を実施し，工業や建築，交通機関など各分野での省エネを全面的に推進する。省エネ技術や製品の開発，普及に力を入れ，エネルギー総消費量を標準炭換算で50億トン以内に抑える。

　水資源管理制度も厳格に実行し，全人民節水行動計画を実施する。水資源が不足する地域では厳しく産業や取水・用水を制限する。農業総合水価格改革を進め，節水総合改造モデルを展開する。水の総使用量を6700億立方メートル以内に抑制する。

　土地の利用の無駄も省く。建設用地の新規増加を抑制して，開発区の無秩序な拡大を管理する。単位GDP当たりの建設用地使用面積を20％減らす。

　都市の大気汚染対策としては拘束力を持つ指標を厳しく実施する。地区級・地区級以上の市の重度汚染日数を25％減らす。主要な河川・湖沼の水質指標達成率を80％以上にする。工業汚染源の排出計画も実施する。工業汚染源の監督を強化し，指標未達成の企業リストを公表するとともに，期限内に是正させる。市街地で深刻な汚染を続ける企業には移転や改造，閉鎖を命じる。第2次全国汚染源センサスを展開する。揮発性有機物の総排出量を抑制し，全国の総排出量を10％以上減らす。都市のごみ処理施設の建設を加速するほか，都市，県城の汚水集中処理率をそれぞれ95％，85％にする。

　地球の気候変動に積極的に対応する。主体的に炭素排出を抑制して，排出削減の国際公約を守る。電力，鉄鋼，建材，化学など重点業種において，低炭素試験事業などを通じて炭素排出の抑制を進める。二酸化炭素以外の温室効果ガスの排出も抑制する。全国的に炭素排出権取引市場の建設を進めるほか，重点事業所には炭素排出の報告，検査，証明および割当管理制度も実行する。

【11編　新たな全方位開放の枠組み構築】

　「一帯一路」の建設をけん引役として，海外との戦略的な相互信頼，投資・経済協力，文化交流を進め，対外開放の新たな局面を展開する。

国際的な生産能力の移転を進める。鉄鋼，非鉄金属，建材，鉄道，電力，化学，軽工業・繊維，自動車，通信，建設機械，航空・宇宙，船舶，海洋エンジニアリングなどの業種を対象に，海外投資や工事請負，技術協力，設備輸出などの方式を通じて，国際的に生産能力を移転する。プラントや技術，サービスの海外進出も支援する。企業が集団で海外に進出して，現地に海外産業集積区を建設するよう促す。

外資導入も進める。外資への開放分野を拡大するほか参入規制を緩和し，海外の資金と先進的な技術を積極的に導入していく。育児，建築設計，会計監査などサービス分野の外資参入規制を撤廃するほか，銀行，保険，証券，介護市場などへの参入も広げる。外資による研究開発センターの設立を奨励する。自由貿易試験区を充実させ，サービス業や金融の開放を進める。外資への内国民待遇とネガティブリスト管理制度を全面的に実行していく。越境ECなど新しいタイプの貿易方式を円滑にするための体制を確立する。

金融業の対外開放も進める。資本取引における人民元の交換性を秩序正しく実現していく。交換性と自由な使用の程度を高め，人民元の国際化を推進するとともに，人民元資本の海外進出も促す。外貨管理ネガティブリスト制度を構築する。域外投資の際の為替送金の制限を緩和する。多国籍企業の資金の域外運用の制限を緩和して，域外融資の比率を高めていく。国内企業，外資企業および金融機関の外債管理を統一し，企業の外債登記制管理改革を推進し，元建て・外貨建て外債と資本流動のマクロプルーデンス管理の枠組みを健全にする。国際収支監視を強化する。株式，債券市場の対外開放を高め，域内機関の域外での債券発行，域外機関の域内での債券発行，人民元債券への投資と取引の制限を緩和する。

「一帯一路」の建設により，2国間および多国間協力の枠組みを構築していく。企業と公的機関が参加する重層的な資金調達モデルを築く。アジアインフラ投資銀行（AIIB）やシルクロード基金を十分に活用するなど，国際資金を導入する。中国〜モンゴル〜ロシア，中国〜中央アジア〜西アジア，中国〜インドシナ半島，新ユーラシアランドブリッジ，中国〜パキスタン，中国〜バングラデシュなどの経済協力回廊の建設を進める。欧州との間には国際コンテナ輸送と郵便定期列車を発展させる。上海協力機構国際物流パークや中国・カザ

フスタン物流協力基地を建設する。

　自由貿易圏戦略を加速させて，自由貿易協定（FTA）ネットワークを段階的に広げていく。「一帯一路」の関連国や地域とFTAを締結するほか，経済パートナーシップ協定や中国・湾岸協力会議（GCC），中日韓自由貿易圏などの交渉を加速させる。イスラエル，カナダ，欧州連合（EU）などとの自由貿易関係およびアジア太平洋自由貿易圏（FTAAP）の作業に取り組む。中韓，中国・豪州のFTA，中国～東南アジア諸国連合（ASEAN）FTA高度化議定書も全面的に実施する。

【12編　大陸本土と香港・マカオ，台湾地区の協調的発展】

　憲法と基本法に基づいて，香港・マカオの強みを生かしながらその地位と機能を引き上げ，経済発展，民生改善，民主推進を支援する。香港が国際金融，海運，貿易の3大センターとしての地位を固めることを支援する。広東・香港・マカオ大湾区の協力プラットホームの建設を推進する。

　台湾については，「92年コンセンサス」と「1つの中国」の原則を堅持し，台湾独立に断固反対する。原則的立場を堅持したうえで，両岸の経済協力を深化させ，両岸関係の平和的な発展を進める。両岸企業の株式持ち合いや共同研究，ブランドの共同創出，市場開拓を奨励する。両岸の貿易・投資の規模拡大を段階的に増やしていく。台湾に対するサービス業の開放を拡大するほか，農・漁業，中小企業，電子商取引などの分野における相互協力を強化する。両岸の人的往来も活発化させる。

【13編　貧困からの脱却の全面実施】

　農村の貧困人口に衣食の心配がなく，義務教育や医療，住宅の安全を保証する。特色ある産業の振興や移住，教育・訓練，医療保険の実施および医療救済などの措置により，約5000万人を貧困から脱却させる。資産所得による助成制度や土地の寄託，助成資金の株式換算，農村土地経営権による出資などの方法によって，貧困人口により多くの資産収益を分配する。貧困人口の動態統計モニターを強化し，精密な貧困対策台帳をつくる。

　農村部で15.2万キロの舗装路を建設する。貧困地区の通信インフラを整備

し，90％以上の貧困村にブロードバンドを普及させる。貧困世帯を優先させて，老朽家屋を全面的に改良し，住宅の安全を確保する。公共サービスも改善し，教育の質と医療サービスの水準を高める。

【14編　教育と健康水準の向上】

国民の教育，医療・衛生水準を全面的に高め，文化的で健康的な資質を引き上げる。党の教育方針を貫き，教育の質を全面的に高め，「徳育」「知育」「体育」「美育」が発展した社会主義の建設者と後継者を養成する。

義務教育の定着率を95％に引き上げる。就学前教育3カ年行動計画を実施し，就学前3年の通園率を85％に高める。高校段階の教育を普及させ，高校教育の就学率は90％以上にする。

医療改革に取り組む。すべての国民が基本的な医療衛生サービスを受けられるようにし，国民の健康水準を高める。医薬分離を推進し，都市と農村住民をカバーする基本医療衛生制度を構築する。公立病院の改革を進め，利益追求の仕組みを打破して運営コストを引き下げ，薬品の上乗せ価格を廃止していく。医療保険の管理と支払い方式を改革して医療費用をコントロールし，医療保険基金を持続可能に均衡させていく。都市および農村部での医療保険加入率を95％以上にする。

入院分娩補助制度を進める。妊産婦には出産のための基本的な医療保険サービスを無料化する。貧困地区の子供の栄養改善と新生児疾病のスクリーニング検査を実施し，乳児死亡率，5歳以下の子供の死亡率，妊産婦死亡率をそれぞれ7％，9.5％，10万人当たり18人にまで低下させる。人口1000人当たりの医師を2.5人にする。

【15編　民生保障水準の向上】

国民の基本的民生を保障し，生活水準を絶えず向上させ，全面的な小康社会を実現させる。国家の基本的な公共サービス制度を整備するとともに，医療や高齢者介護，文化，スポーツなど公共サービス以外の分野では市場を開放して，サービス商品を充実させる。サービスの供給方式を多様化し，政府と民間資本が協力して提供できるものは，民間資本の参加を促す。

雇用の確保にも力を入れる。雇用促進を優先目標とする。労働参加率を引き上げ，都市部の雇用規模を拡大させる。大学卒業生の雇用促進と起業を促す。農村の余剰労働力の移転就業や，出稼ぎ労働者が帰郷して起業することも奨励する。生涯職業技能訓練制度を推進し，中・高卒生や農民工，失業者，転職者，退役軍人，障害者のための無料の職業訓練行動を展開する。雇用失業統計指標体系を整備して，都市部失業率データを発表する。

所得の格差縮小を図る。国民所得の分配構造を最適化して，所得格差の縮小に努める。低所得労働者の所得を増やし，中所得層の比重を高める。個人所得税制度の構築を加速するほか，一部の高級消費品と高消費行為を消費税の徴収範囲に含める。社会還元と貧困層支援を後押しする税収政策を整えて，社会保障の仕組みを完全にする。

公平で持続可能な社会保障制度を構築する。国民皆保険計画を実施する。政府，企業，個人の責任を明確に区別し，社会保険料の比率を的確に引き下げる。職業年金，企業年金，商業保険を含む重層的な年金保険体系を構築し，需給対象者を持続的に拡大する。従業員基礎年金の全国統一プールを実現させる。課税繰り延べ型年金保険も打ち出す。国有資本を一部利用して社会保険基金を充実させ，社会保険基金の投資ルートを広げ，投資回収率を高める。社会保障カードプロジェクトを実施し，カード所持者を人口の90％以上とする。

高齢化社会への対応を急ぐ。人口戦略，出産政策，就業制度，高齢者介護，社会保障体系などに支えられた総合的な高齢化対応システムを築く。計画出産の基本を堅持しつつ，第2子の出産を全面的に認める。女性と子供の保健，託児などの公共サービスの水準を向上させ，第2子容認政策を効果的なものにする。出生人口の性別比の偏りを解消する。総人口は14億2000万人前後とする。

労働年齢人口の減少に対応する。漸進的に退職年延長政策を実施し，高齢者の就業能力を高める。公益性の介護サービス施設を建設し，要介護高齢者向けの施設やデーサービスセンターなどの施設建設も支援する。経済的に困難な高齢者，要介護の高齢者向けの補助金制度を構築する。介護サービス市場を開放し，各種の市場主体がサービスを提供できるようにする。

【16編　社会主義精神文明の建設強化】

　社会主義の核心的な価値観を指導役として，国民の資質と社会の文明化度を高める。国家意識，法治意識，道徳意識，社会的責任意識，エコ文明意識を強める。中国の特色ある社会主義理論体系の学習・研究・宣伝を深化させる。中国の特色ある社会主義政治経済学を発展させるため，50～100の国家レベルのシンクタンクを建設する。

　近代的なメディア体系を建設する。主要メディアを強化し，世論誘導のレベルを高める。メディアの構造を最適化し，秩序を規範化する。共産党が指導し，政府が管理し，業界が自主規制し，社会が監督し，企業・事業体が法によって運営する文化管理体制を整える。

　内外の人的な文化交流を加速させ，中華文化を世界に向かわせる。海外の優れた文化的成果，先進的文化経営の理念を吸収し，外資企業が中国で文化・科学技術の研究開発やサービスのアウトソーシングを行うことを奨励する。

【17編　社会統治の強化と刷新】

　社会統治の制度づくりを強化し，活力にあふれ安定した社会を実現する。党が指導し，政府が主導し，社会が協同し，公衆が参加し，法治が保障する体制を充実させる。政府による統治の理念を刷新して，法治意識とサービス意識を強める。

　社会組織の管理制度を整え，行政と社会の分離，権限と責任の明確化，自治に基づく近代的な社会組織を作る。法に基づく国民の知る権利，参加権，意志決定権監督権を保障する。国民の身近な利益に関わる重大な政策決定については住民会議，民主的な意見聴取などの形式で，広く意見や提案を求める。国民が法に基づいて権利を行使し，意見を申し立て紛争を解決するよう指導する。公正な陳情を全面的に推進する。

　国家安全戦略を実施し，国家の安全を確実に保障する。部門，地域にまたがる共同活動の仕組みを構築し，法に基づき敵対勢力の浸透や転覆破壊活動，暴力テロ活動，民族分裂活動，極端な宗教活動を厳しく取り締まる。反テロ国際協力と反スパイ活動を強化する。ネットの主権空間での敵に対する闘争とネット世論の管理・コントロールを強化し，敵対勢力やテロ勢力がネット空間を

使って破壊活動を行うことを防ぐ。

【18編　社会主義民主法治の建設と強化】

　共産党が指導する社会主義法治国家の建設を加速する。人民代表大会制度，共産党が指導する多党協力と政治協商制度，民族地域自治制度と末端民衆自治制度を堅持して，国民の秩序ある政治参加を拡大させる。末端の民主制度を整え，末端の選挙，議事，公開，報告，問責などの仕組みを整える。

　法に基づく国家統治，法に基づく法執行を堅持し，法治国家，法治政府，法治社会を建設し，中国の特色ある社会主義法治国家を作る。憲法を守り，憲法の実施と監督制度を整える。党の立法作業に対する指導を強化し，立法権を持つ全人代が主導する立法作業の体制と仕組みを整備し，政府立法制度を強化して立法権の境界を明確にする。社会主義市場経済と社会統治の法律制度を整備する。

　法治政府の建設を加速する。法治政府建設実施要綱を実施し，法治による政府活動を全面的に実現する。法に基づいて政府機能を履行し，行政組織と行政プロセスの法律制度を整える。厳格で公正な法執行を堅持し，自由裁量権を最大限に減らす。司法の公正も促進する。司法の体制改革を深化させ，公正で権威ある社会主義司法制度を建設する。司法権力の責任分担と協調，相互制約の仕組みを整え，司法の組織体系を整備する。行政地域を越えた人民法院と人民検察院の設置を模索する。法に基づく独立した公正な審判権と検察権の行使を確保する。審判，検察業務，警察業務，刑務所業務をいずれも公開し，人権の司法保障を強化する。

　清廉な政治づくりと反腐敗闘争は永遠に終わることがない。民衆の利益を損なう不正と腐敗の問題を断固として取り締まり，汚職があれば必ず処罰する。権力を制度というカゴに入れて制度によって権力と人を管理し，腐敗の温床を取り除く。科学的な問責制度を構築して，指導部の経済責任の監査を強化する。

【19編　経済建設と国防整備の統一】

　国防と軍隊の近代化を全面的に推進する。強軍目標をけん引役とし，新たな

状況下での軍事戦略方針と改革強軍戦略を貫き，軍隊の革命化，近代化，正規化を推進する。軍隊の党建設と思想政治建設を強化する。機械化を基本的に実現するとともに情報化を進めて情報化戦争に打ち勝つことができる，中国の特色ある近代軍事力体系を構築する。

　軍民の融合的な発展の仕組みを整える。経済分野と国防分野の技術や人材，資金，情報などの交流を進める。民営企業が軍事品の研究や生産，維持修理の分野に参入するよう指導する。軍民が連携して，海洋，宇宙，ネット空間などの分野で重大事業を打ち出す。

【20編　5カ年計画実施の保証強化】

　5カ年計画の実行を確実にするため，党による全体の統括と指導力の水準を高める。党の執政能力を向上させ，党が中国の特色ある社会主義事業の強固な指導の中核であるようにする。業績考課と賞罰の仕組みを整え，各クラスの幹部の仕事に対する積極性と主体性，創造性を引き出す。

　政府の主体的責任を明確にし，政策と公共資源の配分を定めて計画の順調な実施を進める。関係省庁は重点テーマ計画を作成し，本計画で提起された主要な目標任務を実行に移さなければならない。各地区は計画実施の組織，調整，監督・指導を強化しなければならない。計画実施状況のモニターと評価作業を進め，計画の実施状況を全国人民代表大会常務委員会に報告する。

　第13次5カ年計画の任務は重い。習近平同志を総書記とする党中央のもとに団結し，中国の特色ある社会主義の偉大な旗印を高く掲げ，中国の特色ある社会主義の道を揺るぎなく歩み，思想を解放し事実に基づいて真理を求め，全面的な小康社会の完成の決勝段階における偉大な勝利を共に勝ち取ろう。

索　引

【数字・アルファベット】

1+N　95, 96
1つの中国　252
2つの100年目標　2, 4, 239
3段階発展戦略　131
3つの代表論　149
4つの全面　142
80後　228
92年コンセンサス　252
100年の夢　152
ABB　225
ASEAN対話　157
BCIM経済回廊　156, 163
BCIM構想　164
CO_2排出量　181
EEZ　160
GDP倍増計画　195
JTB　236
LS計画　175
PM2.5　176, 183
SDR　74, 75, 77
TCL集団　102

【ア行】

アジアインフラ投資銀行（AIIB）　162, 193, 208, 209, 251
アジア経済圏　35
アジア太平洋経済協力会議（APEC）　154, 160, 203
アジア太平洋自由貿易圏（FTAAP）　209, 210, 252
アジアへの復帰　154
アベノミクス　195
アヘン戦争　197, 213
アリババ集団　234

安定成長へと移行　37
硫黄酸化物（SOx）　182
イオン　229
遺産税　62
イスラム国（IS）　169
一級企業　90, 91
一帯一路　141, 151, 153-159, 161-163, 165, 167-169, 171, 172, 193, 208-210, 250, 251
一般性移転支出　52
伊藤忠商事　103, 237
イノベーション　38, 243
以法治国　138
イールドカーブ　245
インターネット通販　234
インフレ　24
ウィン－ウィンの関係　36
微信（WeChat）　133
営改増　55
エコ文明の建設　185
越境EC　234, 251
越境汚染　182
エネルギー原単位　181
エネルギー消費量　180
エリゼ条約（仏独協力条約）　212, 213
王岐山　141, 143, 145
欧州連合（EU）　157, 165, 209
汪洋　148
温暖化ガス　189

【カ行】

改革ボーナス　17
外貨準備　84
介護事業　231
海上シルクロード　154, 156, 160, 247
外為交易センター　76, 77
科学的発展観　149

索　引　259

核心利益　151-153, 169, 203
過剰設備の削減　25, 28
過剰な生産能力　92, 246
課税最低限　61
ガバナンス改革　78, 83
株式会社制度　96
株式制商業銀行　69
株式制度の導入　89, 92
亀田製菓　218
借り換え地方債　54
為替管理の自由化　73
為替レート　19
環境5カ年計画　188
環境協力　192
環境クズネッツ曲線　184
環境行動計画　189
環境産業　187
環境白書　177
環境犯罪　188
環境保護法　187
韓国　151, 158, 160
環太平洋経済連携協定（TPP）　154, 169, 193, 208-210
がんの村　178
官民パートナーシップ（PPP）　55
気候変動　159
技術革新　9
技術進歩　7
基準金利　78
　　──対比　71
基礎年金制度　59
既得権益層　40
求人倍率　114
旧「満州国」　214
キユーピー　221
供給サイドの構造改革　242, 246
共産党第18期中央委員会第3回全体会議（三中全会）　2, 46, 50, 66, 88, 93
京東集団　235
共有税　46
許可制　81
銀行間コール市場　73, 79
銀行間債券市場　71
銀行業監督管理委員会　68

均衡性移転支出　53
金融資産管理公司　67, 68
金利コリドー　80
金利自由化　70
空気質指数（AQI）　176
区間コントロール　48
計画生育政策　15, 124, 126
景気過熱　24
経済技術開発区　217
経済のサービス化　31
研究開発費　240
現代的な企業制度　89, 97
コイズミツール　227
工業汚染　250
合計特殊出生率　6, 111, 126
黄砂　182
高速鉄道　247
江沢民　136, 152
高度成長　3, 5
後発者の利益　8
高齢化社会　254
高齢化対策　232
胡錦濤　130, 141, 144
国際金融のトリレンマ　78
国際産業協力　141
国際通貨基金（IMF）　16
国内向けの販売　218
国美電器　235
国民皆保険　15, 254
国民1人当たりの所得水準　240
国有企業　38
　　──改革　39, 88, 244
　　──改革の深化に関する指導的意見　95
　　──の混合所有制経済の発展に関する意見　95
　　──の民営化　39
国有資産監督管理委員会（国資委）　90, 97-99
国有資産管理体制　95, 98, 244
国有資産の証券化　104
国有資産の流失　106, 244
国有資本投資会社　98, 99, 101
国有商業銀行　67, 69
国有地使用権譲渡収入　55
五険一金　246

胡春華　147, 148
個人所得税　61, 254
戸籍制度　10, 14
　──改革　59, 119, 120, 248
五大発展理念　185
国家専業銀行　66, 67
国家電力投資集団公司　105
胡耀邦　140, 140
混合所有制　96, 106, 244
　──経済　88

【サ行】

債券現先市場　73, 79
財政赤字比率　57
財政移転支出　245
　──制度　52
再生可能エネルギー　190
最低賃金　116, 117
サイバーセキュリティ　159
サーキットブレーカー　81
砂漠化　183
サービス産業　32
サプライサイド構造改革　56
産業競争力　40
　──の強化　38
産業構造　9, 18
　──の高度化　242
産業の高度化　224
産業廃棄物　179
産業用ロボット　225
酸性雨　176
三段階発展戦略　139
三農　50
実質実効レート　27
自動化　224
ジニ係数　12
司法制度　256
資本取引の自由化　74
社会主義法治国家　240, 256
社会消費品小売総額　30
社会保障制度　121, 123, 254
シャドーバンキング（影の銀行）　49
上海　249
　──万博　222, 236

周永康　132, 133, 136
従業員の持ち株式制度　97
就業率　122
重金属　179
習近平　129
重慶　249
集団所有制企業　89
習仲勲　131
周辺外交　154
自由貿易協定（FTA）　35, 171, 208, 209, 252
自由貿易試験区　251
首都機能　249
朱鎔基　89
小康社会　3, 195
少子高齢化　110, 112
消費者物価　33
消費主導の成長モデル　26
食の洋風化　222
所得格差　12
所得分配体制改革　61
所有権の改革　102, 106
シルクロード基金　251
シルクロード経済ベルト　154, 163
辛亥革命　213
新型大国関係　158
新規雇用労働者数　31
新規就業者数　242
新疆　153, 165
人件費の高騰　224
人口転換　110, 111
人口動態　60
人口ボーナス　6
新常態　153, 193, 195, 197, 205
　──＝ニューノーマル　2, 25
新シルクロード基金　162
人的資本　7
人民元　207
　──為替レート改革　75
　──高　26
　──の国際化　74, 251
　──レートの基準値算定方式　26
新冷戦　169
水質汚染防止行動計画（水10条）　189
政権能力　8

生産年齢人口　7, 10, 21, 111, 112, 118
生産能力　242
製造業　32
青壮年人口　112
青壮年層　10
成長会計分析法　20
成長速度の適正化　25
西部大開発　157
政府の機能転換　245
政冷経熱　194, 204
世界同時大恐慌　42
世界貿易機関（WTO）　5
石炭火力発電　191
絶対的貧困　15
尖閣諸島　193, 194, 199-204, 206, 212
戦後70年談話　211
全国財政工作会議　58
潜在成長率　60
潜在的顧客数　34
全面的改革の深化に関する若干の重大問題の決
　　定　66
全面的小康　14
　　──社会　129, 137, 139-142, 149, 239
全要素生産性　240
戦略的互恵関係　201, 212
創新　140
総人口　254
増値税　246
ソフトバンク　236
孫政才　147, 148
僵屍（ゾンビ）企業　56, 100
孫文　213

【タ行】

第13次5カ年計画　8, 195, 239
第19回党大会　130
第1回全国金融工作会議　67
第2回全国金融工作会議　68
第2子の出産　254
大気汚染　175, 250
　　──防止行動計画（大気10条）　189
大気環境基準値　177
第三セクター　62
対中投資　34

──ブーム　220
台湾　151, 158, 161
　　──企業　221
脱硫装置　175
窒素酸化物（NOx）　176
チベット　153
地方企業　90
地方債　53
チャイナ・ビジネス　217
中央企業　90
中央経済工作会議　58
中華民族の偉大な復興　195
中高速成長　29
中国航空工業集団　104
中国事業の不振　216
中国人民銀行　67
中国人旅行客　34
中国製造2025　238, 246
中国石油化工集団　104
中国中車集団　105
中国の特色ある社会主義　150
　　──理論　149
中国の1人当たりGDP　33
中国の夢　2, 130-132, 195, 197, 202
中国・パキスタン経済回廊　156, 163
中所得国の罠（ミドルインカムトラップ）　16,
　　40, 41, 110
中信集団　102
朝鮮民主主義人民共和国（北朝鮮）　151, 158,
　　161
直接投資収益　216
貯蓄率　6
賃金水準　115
通貨バスケット　85
天猫国際　234
定年制度　121
出稼ぎ労働者　254
適格海外機関投資家（QFII）　73
適格国内機関投資家（QDII）　73
デフレ脱却　193, 197, 205
電源構成の見直し　190
騰訊（テンセン）　103
東京五輪　195
韜光養晦　153

東南アジア諸国連合（ASEAN）　134, 151, 158, 160, 209, 213
登録制　81
独資化　237
特別移転支出　53
都市化　59, 248
　――とインフラ建設　37
　――率　10, 240
都市戸籍　240
都市商業銀行　69
土壌汚染　178
　――対策行動計画　189
凸版印刷　223
取締役会制度　97

【ナ行】

内販強化　219
内陸部　229
ナベル　226
南水北調　177
二酸化硫黄（SO_2）　175
日中韓3カ国　36
　――の経済の一体化　42
日中平和友好条約　213
日本　151, 158
　――企業に対する誘致姿勢　43
　――企業の対中直接投資　43
　――企業の強み　220
ネガティブリスト　245, 251
網易（ネットイース）　234
年金制度改革　123
農村信用社　69
農民工　10, 60, 113, 114, 116
　――の市民化　120

【ハ行】

爆買い　34, 206
薄熙来　148
発展目標　14
発展理念　14
反覇権　213
反腐敗　101
　――闘争　129, 131-134, 137, 145, 146, 149, 150, 256

東アジア地域包括的経済連携（RCEP）　209
美的集団　225, 238
人手不足　224
1人っ子政策　5, 6, 124
被扶養人口　6
貧困　11
　――人口　252
　――線　13
　――発生率　13
不二家　220
物価の安定　33
不動産開発投資の低下　28
不動産税　56
不良債権額　82
不良債権問題　78
分税制　46
北京五輪　222, 236
方向を定めたコントロール　50
訪日観光客　236
法の支配　210
浦志強　135

【マ行】

マクロ・コントロール　48
マクロプルーデンス　83, 84, 251
　――管理　245
マスキー法　186
まだら模様の状態　29
窓口指導　79
水問題　177
南シナ海　153, 160
身の丈消費　228
未富先老　16, 112, 117
村山談話　211
持ち株会社制度　98
モラルハザード　82

【ヤ・ユ・ヨ】

安川電機　224, 238
靖国神社参拝　201, 212
ヤマハ　230
有効求人倍率　31
融資プラットホーム会社　51
有所作為　153

有料老人ホーム　232, 233
輸出競争力　27, 40
輸出比率　218
ユーラシア経済同盟　165
預金保険制度　71
予算安定調節基金　51
予算調整　51
予算法　46

【ラ行】

ライフスタイル　228
リエイ　231
李克強　137, 141, 143, 237
リーマン・ショック　49
流動人口　11
領海法　202
良品計画　228
ルイスの転換点　115
歴史的遺留問題　100
レノボ・グループ　102
連続処罰制度　187
労働参加率　110, 121, 122
労働生産性　9, 20, 240
労働力人口の減少　37
ロシア　169
ロングライフホールディング　232

執筆者紹介

編著者

厳　善平 _{げん ぜんへい}	同志社大学大学院グローバル・スタディーズ研究科教授	（第1章，第6章）
湯浅　健司 _{ゆあさ けんじ}	日本経済研究センター副事務局長兼中国室長兼主任研究員	（第11章，終章）

著者（執筆順）

瀬口　清之 _{せぐち きよゆき}	キヤノングローバル戦略研究所研究主幹	（第2章）
田中　修 _{たなか おさむ}	日中産学官交流機構特別研究員	（第3章）
福本　智之 _{ふくもと ともゆき}	日本銀行北九州支店長（前北京事務所長）	（第4章）
張　文魁 _{Zhang Wen Kui}	中国国務院発展研究センター企業研究所副所長	（第5章）
朱　建栄 _{しゅ けんえい}	東洋学園大学グローバル・コミュニケーション学部教授	（第7章）
青山　瑠妙 _{あおやま るみ}	早稲田大学教育・総合科学学術院教授	（第8章）
伊集院　敦 _{いじゅういん あつし}	日本経済研究センター首席研究員	（第8章）
周　瑋生 _{しゅう いせい}	立命館大学政策科学部教授	（第9章）
泉　宣道 _{いずみ のぶみち}	日本経済研究センター研究主幹	（第10章）

2020年に挑む中国
―― 超大国のゆくえ ――

2016年7月15日　第1版第1刷発行　　　　　　　検印省略

編　者　厳　　善　平
　　　　湯　浅　健　司
　　　　日本経済研究センター
発行者　前　野　　　隆
発行所　株式会社　文　眞　堂
　　　　東京都新宿区早稲田鶴巻町533
　　　　電　話　03(3202)8480
　　　　FAX　03(3203)2638
　　　　http://www.bunshin-do.co.jp/
　　　　〒162-0041　振替00120-2-96437

印刷・モリモト印刷　製本・イマヰ製本所
© 2016
定価はカバー裏に表示してあります
ISBN978-4-8309-4909-8　C3033